纪亚飞 著

纪亚飞

教孩子学礼仪

中国纺织出版社

内 容 提 要

本书为纪亚飞老师长久以来从事儿童礼仪培训工作的心得总结。全书以日常生活中方方面面的礼仪为切入点,重点介绍了儿童形象礼仪、儿童举止礼仪、儿童语言礼仪、儿童家庭礼仪和儿童公共礼仪,书中每一篇不仅讲述相关的礼仪知识,还穿插了古今中外的小故事、小常识,旨在帮助父母培养一个自信、大方、优雅得体的小绅士、小淑女。

图书在版编目(CIP)数据

纪亚飞教孩子学礼仪 / 纪亚飞著. —— 北京:中国纺织出版社,2016.9(2020.12重印)
ISBN 978-7-5180-2752-1

Ⅰ. ①纪… Ⅱ. ①纪… Ⅲ. ①礼仪—儿童读物 Ⅳ. ① K891.26-49

中国版本图书馆 CIP 数据核字(2016)第 145356 号

策划编辑:刘 丹　　　　责任印制:储志伟

中国纺织出版社出版发行
地址:北京市朝阳区百子湾东里 A407 号楼　邮政编码:100124
销售电话:010—67004422　传真:010—87155801
http://www.c-textilep.com
E-mail: faxing@c-textilep.com
中国纺织出版社天猫旗舰店
官方微博 http://weibo.com/2119887771
北京通天印刷有限责任公司印刷　各地新华书店经销
2016 年 9 月第 1 版　　2020 年 12 月第 9 次印刷
开本:710×1000　1/16　印张:17.5
字数:209 千字　定价:49.80 元

凡购本书,如有缺页、倒页、脱页,由本社图书营销中心调换

春秋时期，辅佐齐桓公成为第一霸主的管仲曾说："仓廪实而知礼节，衣食足而知荣辱。"礼仪是弥足珍贵的品质，曾经的"礼仪之邦"，经历礼仪文化的兴衰，今天被再度重视。

经济越发达，国家越强大，民众的人文素养需求就越强烈，礼貌的缺失也就成为亟待弥补的短板。

意大利外交官德拉卡萨 1558 年出版的《礼貌行为准则》里写道："礼貌是美德，或者接近于美德。虽然开明、忠诚、大方比潇洒、礼貌更重要、更值得赞美，但令人愉快的习惯、端庄得体的礼貌和语言与勇气和自信一样有用。"

根植于内心的教养和外化于形的礼仪

我在机场准备安检。

看到安检的队伍很长，我走过来有片刻犹疑，离我最近的队伍后面并排了三个人，一人在队伍笔直的线条中，另外两人正在看安检通告，仔细阅读需要单独过检的物品种类。我于是排在队伍线中，但略留余地给看安检通告的两人，因为看上去他们三人是同行者。

片刻，他们阅读完毕转头，但径直走到我的身后，安静排好。

我在那一刻以为他们原非同行者。因为司空见惯的场景是一个人排队而所有认识他的人就都会站在那个位置，并且是随时过来。

我随队伍缓慢前行，他们隔着我偶尔小声交流，是一种我听不懂的语言。

内心突然有一种莫名的尊重之情升腾而起。

终于抵达过检传送带，他们按照安检通告的提示，取出包中的洗漱用品、电脑、雨伞……快速过检。

每个城市的安检规格其实并不相同，比如在北京出港，可以携带小于 100 毫升的化妆品，但需要取出单独过检；在上海出港，小于 100 毫升的化妆品无须取出单独过检。所以阅读安检通告可以加快过检速度，避免箱包需要重复开启和过检。

真正的礼仪是对他人、环境、规则的尊重。礼仪是社会生活的准则，虽比不上法律的制裁力度，但会影响别人怎样看待你，这一点，是不是更加重要呢？

礼由心生，所谓尊重，无处不在。相比较礼节（Etiquette）而言，我想对于儿童，可能采用礼貌（Manner）这种表达更准确有效，我们希望孩子有教养，蕴含平等、尊重。

优雅礼仪 家族传承

8岁之前是孩子行为习惯的养成阶段，有些习惯一旦形成将很难改变，如同"乡音"一样如影随形。

如果可以，请放慢脚步，在孩子童年时代耐心培育，正如改掉"赖毛病"很难一样，好的习惯一旦养成也会伴随终生，如同儿时养成的饮食习惯。

无论事业多么成功，其实都没有办法替代对孩子的教育。

教育始于家庭。

以下事例说明家庭环境与氛围对孩子成长的影响力。

约瑟夫·帕特里克·肯尼迪是一位成功的商人，对政治始终有着强烈的兴趣。等到他娶了波士顿市长的女儿，便开始进入当地政治的核心圈子。

老约瑟夫·肯尼迪和露丝共生有4男5女，其中当空军飞行员的老大在29岁时因飞机失事而不幸殉职，其余的三个儿子都步入政坛，成为显赫一时的政治人物，老二约翰逊·肯尼迪在1946～1960年期间曾先后任众议员和参议员，并于1960年当选为美国总统，成为美国历史上最年轻的当选总统，登上了美国政治的顶峰，时年43岁。老七罗伯特担任过参议员、司法部长，最年轻的爱德华也是一名参议员。肯尼迪家族有26人活跃在美国政界。约瑟夫·肯尼迪的9个孩子中的老五尤妮斯·肯尼迪·史里弗如是说。

同样，这种政治血液的流传也是从童年的培养开始。

这个家里规定了严格的纪律条令：吃饭时，孩子们必须在饭前5分钟全部就座，等待父亲。母亲露丝把报纸上报道当天大事的新闻贴在通往餐厅的走廊上，以便孩子们经过时读上几条，好在餐桌上参加辩论。

从小在政治敏感度极高的环境下长大，难怪这个家族那么多人从政。

儿童时期的孩子就如同向日葵追逐阳光一般，有着天然的可塑性，他们被影响、被吸引，如果能够给予"礼仪"的滋养，对于孩子道德、人格、品质、习惯的形成都至为关键。

你是优雅的，你的孩子也会是从容的。

常常会看到穿着睡衣的父母抱着孩子出来晒太阳，甚至有时会走到小区外面的街心公园。有时七八个月的宝宝就要求下地站立或尝试着迈步，他的母亲俯下身去时，开阔的领口、宽松的睡衣令胸膛里面一览无余，而他们母子仍是旁若无人，唯有身边的同行者及路人，不知该将目光投向何处，无比尴尬。

我们都知道宝宝出门都要穿外出服，更何况他的父母呢。

其实很多人都说，这么小的宝宝就被"礼仪"束缚住了，以后还有无拘无束、自由快乐的童年吗？答案是肯定，礼仪是获得自信、尊重、良好人际关系的最有效途径，如果一个孩子从小就形成对美的审阅和欣赏能力，并且把许多礼貌修养变成自己的生活习惯，他的人生并不因此而变得拘束，反而会从中受益匪浅。而家长需要做的就是为孩子创造一个有礼貌、有修养的环境，对自己有所约束，孩子的良好行为习惯就会不知不觉被熏陶出来，而无须专门地、造作地培养。

所以，希望孩子有优雅礼仪，父母先要培育一个优雅的土壤，做行为示范的家长。

与金钱无关的品质

冈察尔说，礼貌是最容易做到的事，也是最珍贵的东西。

我的很多学生学习了"儿童礼仪"之后成为讲师，问我："老师我可不可以给福利院的孩子上礼仪课，我可不可以给打工子弟学校的孩子上礼仪课，可不可以给农村的孩子上礼仪课，他们需要吗？"

我的回答十分肯定，礼仪与金钱无关，是流淌在血液里的品质。相比较含着金汤匙出生的富二代，如果出生卑微、贫寒，则更需要学习礼仪，为自己书写一个大大的"人"字来赢得尊重。

不管出身怎样，我们都可以选择做更好一点的人。

在北京有一个餐厅非常火爆，经营台湾菜，价格较高但味道很好，由于台湾菜比较适合小朋友的口味，所以，我也经常带着孩子光顾。最近，突然在这家餐厅的洗手间发现了一个令人触目惊心的提示——请不要让孩子在洗手池便溺。想想这得是多少人让孩子在洗手池小便，才能引得餐厅如此强烈地表达。略略叹息。这样的场景，我一点也不陌生，就是在这家洗手间，我就见过有人让三四岁的孩子蹲在洗手台上小便。我曾提醒，母亲的回应是"小孩子的尿，不脏"。

有一种礼仪文化叫作"不给别人添麻烦"，这样的父母带着孩子来这家昂贵的餐厅，无关金钱，有关素养。

此刻，我很感恩您在阅读这本书。无论您是谁，都如同暗夜里明亮的星辰，让我们相信未来的光芒如此强烈。

在拥挤的水泥森林，在兴趣班层出不穷，在竞争激烈的学历教育体系，在纷繁复杂的教学理念养育规则的环抱之下，而你，选择了"礼仪"这样一条绿荫小道，道路两侧有高大的树木，一路清凉一路光阴。我深知这需要勇气。

在最适合的年纪，给予孩子最适合的教育。比如"礼仪"，这其实是选择了人生的捷径，因为未来，你将享受礼仪的绿荫所带来的美好。

8岁之前，孩子如果能够有良好的礼仪素养，他便拥有了自信、自律的品质，便具有了得体、自重的生活习惯。

相比较他一生的所谓成功，或许成为一个值得尊重的人更能够带来内心的愉悦和幸福。

用一段诸葛亮的教子书来作结尾以共勉。

夫君子之行，静以修身，俭以养德；非淡泊无以明志，非宁静无以致远。夫学须静也，才须学也；非学无以广才，非志无以成学。怠慢则不能励精，险躁则不能冶性。年与时驰，意与岁去，遂成枯落，多不接世。悲守穷庐，将复何及！

短短86字，道出"君子"之修炼真谛。尊重每一个生命，陪伴他的成长，让其得以绽放。我相信，这也是对现代父母的一种生活智慧启迪。

纪亚飞

目 录

第一篇

童蒙养正，幼学礼仪

第一章　童蒙养正，幼学礼仪

我经常说，为人父母最骄傲的人生作品应该是那个你生养的孩子，因为孩子是你的镜子。

我们先来做一个测试，看看您做到了几条，再看看你是否培养过孩子这些基本文明守则：

❀ 公共场合礼仪

（1）超市里，选好饮料再打开冰箱，选好速冻食品，再打开冷柜。

（2）在超市选好的东西，决定放弃，请放回原来的位置。

（3）预约了餐厅，临时取消，应主动告知。

（4）关门时，能回头看下，后面如果有人可以扶门停留一下。

（5）公共场合交谈以彼此可以听到，且不妨碍他人为准则。

（6）快餐店食用完毕，能够将餐具收拾整理到工作台。

（7）会说请、麻烦您、谢谢、对不起、很抱歉。

（8）乘坐电梯靠右站立，左侧留给急行的人。

（9）公共洗手间，在门口排队，而不是某个洗手间门前。

（10）在关着的门前应该敲门。

（11）自助餐只拿自己能够吃完的食物。

（12）公共区域，一个人不要坐两个座位，行李不要占座。

（13）吃自助餐夹取食物不破坏容器中剩余的干净食物，拿取后夹子能够放回原位以方便下一位顾客，厨师烹制食物后接过来说谢谢……

（14）扔垃圾不是投篮,要走过去开盖稳妥放进去。

（15）进电梯不堵在门口。

（16）结伴走路能够不并排堵路,始终留一半的空间给其他路人。

（17）从他人身边挤过时能说:"抱歉"。

（18）行进时,从左侧超越他人行进。

（19）开车不频繁按喇叭。

（20）公共场合注意保持音量不影响他人,包括任何声音。

我曾经在课堂做过这20题的测试,答案让人汗颜。请注意不是了解这些基本文明礼仪,而是真正践行这些礼仪,方能够给自己打对钩,很多时候我的课堂上做到以上各项的少于10个的人有很多。更不要说,将这些君子修养灌输给孩子,要知道,父母是孩子的第一位老师。

我想告诉所有父母,让你一生骄傲或是值得炫耀的,让你珍视的并不是有多么斐然的事业成就和财富地位,而那个延续你生命的孩子是否如你所期待的那样长大,才是最珍贵的。

现在我想问你,在宝贝呱呱坠地时,你对他的期望是什么?健康、快乐、成功、自信、漂亮、幸福……

答案总是很多,那么我想和你探讨一个几乎所有人都认为重要的词即"快乐",这是一个有诱惑力,却似乎很难企及的词,似乎要做到快乐越长大越艰难。

受人尊重是获得"快乐"非常重要的一个途径,尊重何来?前提是你必须值得尊重。

通常我们会欣赏和喜欢那些彬彬有礼、自信大方的人,而这些并非与生俱来的天赋,需要引导和培养。

越早接受礼仪的熏陶,对孩子而言越容易获得快乐的童年。

有一个词一度很流行即"熊孩子",甚至有一种说法"关爱生命,远离熊孩子"。试想一下,这样的孩子在童年仰望的那个世界中看到的都是

3

什么样的目光？嫌弃的、躲避的、厌烦的还是无奈的？他能够获得内心的自在快乐吗？我想不能。

孩子是多么渴望成人给予的爱、关怀和喜欢。

> **小贴士**
>
> 早期对孩子进行礼仪的熏陶和培育，珍视他的潜能生长期，便能够使优雅礼仪浸入骨髓，很多习惯就此养成，比如，他学会的第一个请求帮助的句式如果是"麻烦妈妈，帮我放上去"，那么很自然这就将成为他的表达习惯。同样的道理，如果他从小学会的就是"给我放上去"，这样没有称呼、没有请托语的话，那么这也将成为一种习惯。

无论成人还是孩子，都更喜欢听到哪一种表达呢？帮他忙的人的心情会相同吗？表情、态度甚至帮他放东西的动作会一样吗？

因此，对于儿童礼仪的课程，我们常常建议早一点给孩子启蒙，只不过教学的侧重点会不同，但抓住礼仪潜能培养的关键期无比重要。

小鸡的潜能生长期是出生后的4天左右，如果错过了它的潜能期，与生俱来的潜能就会消失不见，比如小鸡如果在出生4天内没有见到自己的妈妈，那么日后再有机会遇到，也无法辨识、形同陌路（纪亚飞著《幼儿礼仪图画故事》中曾使用这一理论）。小鸡识别妈妈声音的潜能生长期是8天左右，如果在这8天里未曾听到过妈妈的声音，这种潜能也会就此消失。

孩子出生就已经做好了享受母乳的准备，如果第一时间让宝宝吮吸到母乳，他便具有了这个能力，即使奶瓶比母乳直接吸吮来得更简单畅快，可是孩子仍然眷恋妈妈。如果错过了这个黄金时间，宝宝的吮吸反射在今后会有所减弱。他也许会更喜欢奶瓶吮吸的省力、快速和方便。出生后即享受母乳，不单单是享受美食，同时对孩子的心理也是一种慰藉，能够减少他的紧张感，帮助他适应新环境。

因此，我们有必要知道，在孩子的成长过程中，任何一种行为的习得都有一个关键期，如果能够给予适当的刺激和引导，这种能力就会应运而生。

在最好的时间，给予他最恰当的教育和培养。

礼仪的学习就是这样，8 岁之前这个时间段非常关键，这时的礼仪熏陶对于孩子而言是培养恰当得体的行为习惯，而 8 岁之后，一些不良的习惯已经养成，再进行礼仪教育难度颇大，因为那时就是在纠正一些不良行为习惯。比如，随地吐痰这个为人诟病的习惯，如果幼时便没有这种行为，长大自然不容易沾染，但从小当随地吐痰是游戏，是自然的，是司空见惯的行为，成人之后几乎无法抑制，并且甚难改变。时至今日，随地吐痰都似乎是个大问题，很多人无论是在哪里都能够肆无忌惮地大口吐痰，声音之响亮、动作之无忌都令人侧目。

8 岁之前，孩子的可塑性非常强，我一直说孩子天生热爱学习，当然这种学习是指对世界的探索，并不是特指某个专项技能的学习。这时的他们愿意接受来自外界的各种信息，也是模仿和学习良好行为习惯的关键时期。

从猿到人的进化尽管缓慢，比如能够用两足直立行走，头颅变大变圆，原始的犬齿变短，全部牙齿靠近在一起，这些用了几百万年的时间。但比之更缓慢的是心性的进化。在今天，我们的身上依然有非常强烈的动物性痕迹。礼仪是内修和外塑的两方面结合培养，其实这是让人更具有自我管理能力的重要途径。礼仪归根结底是使人更有教养，或许摸不到，或许无法量化评估，但给人所带来的影响则是贯穿一生的。

需让孩子学会如何自重，如何尊重他人，如何进行具有同理心的沟通。

我们提倡"童蒙养正、幼学礼仪"，礼是自律，礼是尊重，礼是谦和，礼是规则……

在儿童礼仪培养的关键阶段，我们始终强调培养孩子的"感恩心""尊重心""恭敬心""谦卑心"。否则，单纯的礼仪规则教育，会沦为一场浮夸的表演，礼仪不是作秀，不能用会做几个礼仪标准动作来论定，不能以知道多少规则来评价，礼由心生，首先源自内心的美好。

我们越来越多见的"小霸王""小皇帝"，经常看到没有任何称呼，就"使唤"自己的父母，是的，我用了一个非常强烈的词"使唤"，随意呼喝自己的父母拿这个、买那个，全无商量、请求甚至必要的尊重。

这让我们深深忧虑，如果一个孩子不懂得感激父母的付出，觉得一切都是应该的，一切都是为所欲为的，会不会有一天，因为得不到某项满足，就伤害了父母，在新闻报道中并不鲜见，而这不是我们想要的教育结果。

我曾经在一个餐厅，碰到一个名副其实的小皇帝，吃饭时什么菜一端上来全家人第一时间转盘到他的面前，他心安理得地夹取或放弃，看上去七八岁的样子。对家人将菜让他优先选取似乎司空见惯，无半点感谢，甚

服务员！

至没什么表情，完全不知"长幼有序"。爷爷和奶奶甚至要在他取菜后才能够夹菜，尽管服务员上菜会将新菜转到长辈处，却又总是被转回到孩子处。

一旁用餐的我，除了苦笑，也只能平静，因为这样的场景太常见。

及至他一挥手大声喊"服务员，给我拿双筷子"，我几乎下巴惊脱，一个小男孩筷子掉在地上冲着妈妈一样年纪的服务员连声"阿姨"的称呼都没有，直接要求拿双筷子，语气肆意，语言无理。连一句"请"或"麻烦你"都没有，更重要的是孩子的父母似乎觉得并无不妥。

这让我的汗涔涔而下。

每当哪个国家爆出有长相似华人的孩子"当街便溺"这样的新闻，几乎不用核实，媒体便一致认为是内地人做的这般粗鲁之事，过不多久，愤怒的民众开始抽丝剥茧寻求真相，有时证实并非内地人所为。

但比找到真相"究竟是谁"更重要的是：人们只要听闻这样的事情便认为是内地人。这多么可怕，我们已经被习惯性定位，我们已经被习惯性划归到会随地便溺的群体。这远比到底是谁做了不文明的事更令我们触目惊心。因为这样一种惯性思维一旦形成，也许数十年、数百年都难以得到纠正和调整。

我们和我们的子孙需要背负多少年这样的评价，这几乎让我们觉得沉重到无法承担。

那些"集万千宠爱于一身"的孩子们，在懵懂时期，尚不能分辨正确恰当与否，便习得这样的行为，有时他们竟不知这样是不得体的，甚至也不懂怎样做就得体，糊里糊涂就成了缺失良好素养的人。

有些孩子从小受到太多的无限制溺爱与满足，以自我为中心，特别缺乏同理心，当然也做不到谦让、友善、合作，也不懂团队精神。

智力的发展和礼仪的修养完全不成正比。

这样的孩子并不会因为得到太多的"优先"而感到满足，反而会因为无边界的许可和纵容，形成极端的不安全感。

试想一下，你在一个不着边际的旷野行走，和在一片原野之中有一条清晰的路上行走，哪一种会感觉更安全呢？如果是小朋友呢？

想想他们孩提时对你的依恋，学走路时可以看得到你的手就在对面的踏实，你便会知道**"真正的自由原来是拥有边界的，所谓自由源于严谨的自律之中"**。

我们没办法用表格给你画出孩子的礼仪收益，我们也没办法去量化孩子学习礼仪将获得的分值，但我们深知从小对孩子进行礼仪培养，孩子会自信、自律、友善、受人欢迎。

童蒙养正，幼学礼仪。如此重要。

纪亚飞礼仪·心语：

❶ 为人父母最拿得出手的奢侈品不是爱马仕包包、不是阿玛尼的服装、不是宝格丽的首饰，而是一个拿得出手、领得出去的孩子。

❷ 在孩子的成长过程中，任何一种行为的习得都有一个关键期，处在一种积极的准备状态，极容易接受，如果能够给予适当的刺激和引导，就会应运而生这种能力。

在最好的时间，给予他最恰当的教育和培养。

❸ 在儿童礼仪培养的关键阶段，我们始终强调培养孩子的"感恩心""尊重心""恭敬心""谦卑心"。

第二章　果敢的爱与坚定的礼仪

我给工作伙伴打电话，内容紧急而且重要。我整理好简洁的语言与她沟通，我深知每位母亲在家宝贵的亲子时间。但是依然，在我们沟通不足一分钟后，电话如往常那样出现了孩子哭闹的声音"我的陀螺哪去了，你给我找……"电话那端她有想要坚持和我说完最后一个细节的意愿，在快速的表达中我听出来了，但是不足五秒她放弃了，因为孩子的哭闹声太过响亮，她尴尬地说，我等一下打给你，就迅速挂断了。

她有一个 5 岁的孩子，我们认识很久了，但我很少给她打电话，尤其

是在非工作时间，除非情况紧急，但仅有的两三次通话里每一次都弥漫着孩子的吵闹和她的尴尬。我无意让她难堪，但她的确会难堪，因为每个妈妈都有可能遇到在孩子面前与重要朋友通话的可能性。

她很爱她的孩子，是那种以宽容为名近乎无尺度的爱。

她坚信应该理解孩子那一刻想要玩陀螺的急迫心情，她同样坚信孩子会慢慢懂得规矩。但遗憾的是从 4 年前我认识她，似乎每一次的带孩子出行见面，都让她抓狂和尴尬。

我非常理解，我们年少时因为父母高压粗暴的管教给我们带来了不美好回忆，彼时，我们的父母不止带着一个孩子，还要挣钱、工作，几乎没有什么耐心来宽容孩子的缺点和调皮。于是，自怀孕起，很多妈妈就开始学习，学习如何做一个与父辈截然不同且能够带给孩子更多童年快乐的家长。

她学会了理解孩子，学会了宽容孩子的不恰当行为，学会了高强度忍耐，学会了换位思考的体谅。但她忽视了很严重的一点，孩子也学会了理解吗？

寄希望于孩子从她的极度理解中学会"理解"吗？孩子从忍耐的脸孔中无法习得理解与忍耐。我很担心孩子在无条件的爱与理解中学会了"挑衅""耍赖"。

我很担心，有一天，她的"容忍"崩盘。

所以，家长需要"果敢的爱"，基于理解的爱，能够给予孩子必要指导的爱，勇敢面对孩子成长的管教，而不是以爱为名给放纵以借口。

孩子需要礼仪的约束吗？是的。礼仪是尊重自己、尊重他人，让孩子懂得做事的边界、尺度。

正如成人在进行通话时，孩子需要理解父母处理工作问题的重要性，需要学会等待。这是"理解"的正确做法，双方相互理解。

有的家长对孩子完全放任自流，不敢拿出礼仪的规则去约束，生怕束缚了孩子稚嫩的未来，须知，孩子懵懂的心灵需要指导，孩子需要在与父母的相互理解中学会有同理心地思考问题，需要在与同伴的彼此尊重中学会尊重。

如果你以果敢之心爱孩子，便知道他的成长需要磨炼、指导和指引。

过分的纵容、所谓的自由、无节制的放肆，会让孩子的童年充斥阴影，这种阴影来自不知"如何做会正确""如何做会更好"的茫然。如同我们堵车在路上，如果跟在一辆大公共汽车的后面，感觉会非常不踏实，因为没有目标，不知道前方发生了什么，从而也会有强烈的不安全感，大多数人会选择变道，看看究竟发生了什么，想要知道前方拥堵的原因，我们需要看得到远方。

孩子也是一样，他不是与生俱来就被别人喜欢或是不喜欢，总是某些行为引发这样的看法，有时，他做了一件事，收获了嫌弃的目光，而他不知如何就能做得更好，于是他只能更强烈地去做，但也许仍旧沿着同一轨道。比如干扰父母打电话，他也感觉到母亲的不悦，但母亲没说没管，他便茫然着继续这种行为。

他小小的心灵渴望理解他人，我问过许多孩子，他们最不喜欢父母说的一句话就是"你太小，说了也不懂"。但如果给孩子做角色扮演，请他感受打电话被干扰的尴尬，再明确地告诉他，我在打工作电话时，请尽量保持安静，良好的通话质量会让我尽快结束工作，如果有特别紧急的事情请将手放在额头上，你做这个动作我便知道了我需要立刻结束通话，那么我就会告诉对方，我一会回电话过去。接下来，再请母亲具体说明，什么叫紧急事项，比如突然肚子疼，想去洗手间但解不开裤子，事情刻不容缓。什么叫一般事项，比如想要我帮忙修理玩具，晚几分钟没有关系，相反我一气呵成可以快速处理完工作，很快地提供帮助。

孩子特别希望自己做事有分寸、很得体、能够受人欢迎，因为没有人给予必要的指导，关于规则，对他而言是个空泛无内容的词。

如果方式得当，孩子并不拒绝规矩，如同让他理解为什么排队，他就会热爱排队。

但这需要父母果敢的爱去支持自己这些有意义的礼仪培养行为。

我们不能寄希望于一个用餐时把餐具当玩具的孩子，长大后就不会拿筷子指着人说话，我们也不能寄希望于一个每天睡到自然醒经常拖拉让母亲等待的孩子，长大后会有守时的观念。我不否认有这种情况，因为长大后为此遭受过挫折时有可能幡然领悟，但为什么不让他从小便拥有行为的尺度呢？

我们非常想让孩子自信、自律、感恩、受人欢迎，但这种美好的期待需要切实有效的培育，而我们所了解的孩子，没有一个人会说，我就想成

为一个自私、无赖的人，我就是不管别人如何看，只图自己舒服的孩子，大多数孩子都会存在这种无助"不知道发生了什么，不知道需要做什么"。

如同他在餐桌玩筷子，将筷子插进米饭，别人侧目，他不知为何，因

为他不知道不能把筷子插进碗里做"香炉筷"，他也不知道筷子一定要放在筷架上。他用筷子在盘子里飞舞寻找"三杯鸡"中某块无骨的鸡肉，惹来别人的诧异目光，他很惶恐，不知道发生了什么。他每天在家都是这么上下翻飞筷子来夹取自己喜欢的食物，他并不知道，用餐夹菜不过"盘中线"。

他在所谓的自由成长中，就这样成了不知分寸、让人侧目的人。

你有过这样的体会吗？如果你去某家餐厅用餐习惯了某个座位，下次再去用餐时，你仍会选择那个位置，并非那个座位有多好，或者存在风景更好、视野更开阔的座位，但你仍选择这一个，因为你习惯了。

那么，孩子呢？如果他把"无理"当作习惯，如同你每次的座位选择一样，该怎么办？

很多人说，不要过度干涉孩子，我非常赞同。因此，我说要果敢的爱与坚定的礼仪。

纪亚飞礼仪心语：

❶ 家长需要付出"果敢的爱"，基于理解的爱，能够给予孩子必要指导的爱，勇敢面对孩子成长的管教，而不是以爱为名给放纵以借口。

❷ 礼仪是尊重自己、尊重他人，让孩子懂得做事的边界、尺度。

❸ 如果你以果敢之心爱孩子，便知道他的成长需要磨炼、指导和指引。过分的纵容、所谓的自由、无节制的放肆，会让孩子的童年充斥阴影，这种阴影来自不知"如何做会正确""如何做会更好"的茫然。

第三章 基于"尊重"的儿童礼仪

孔子曰："不学礼，无以立。"

礼仪的"礼"是尊重，而仪是体现尊重的形式，这两者需要密切融合，仅有宽厚美好的内心是不够的，需要用言行举止体现出来。

以"礼"来滋养孩子的童年。从小培养知进退、懂分寸、具有同理心的孩子。

用"仪"来启蒙孩子的行为。培养得体大方的行为习惯，给人以尊重。

❀ 礼——滋养内心

我们所提倡的"礼"，并不是人情往来的礼物，更强调的是内心的品格品性，是孩子们将来为人处世的修养，是家教的体现，是文化的体现。而能够滋养孩子一生的不是某项技能，而是他的尊重心、恭敬心和谦卑心。

✿ 尊重心

现在很多家庭都将万千宠爱给予孩子，他们得到了来自祖辈、父辈太多的关爱、呵护，甚至可以说是没有原则的溺爱，孩子是以什么来回报的呢？对家中的爷爷奶奶指手画脚、大呼小叫，很多孩子一进家门，书包一扔，瘫在沙发上开始喊"给我水，我渴了"，奶奶惶恐地端了出来，心疼地说："瞧把我孙子渴的"，并无半点不悦。

孩子心中全无对老人应有的尊重，无论是称呼，还是行动，似乎得到的一切都是应该的，这让我们很担忧，有一天，老人年迈需要孙辈照顾的时候，他们是不是、会不会比今日更加跋扈，能否知"尊老"？当老人不再能干，参与家务越来越少时，能否依然在孙辈前有尊严？

在游乐园，看到孩子大模大样、泰然自若，一边走一边把冰激凌棍扔在地上，全无对环境的半点爱护，全无对游乐园保洁人员劳动的必要尊重。

很多孩子习惯了以自我为中心，不懂礼让、不擅合作。

礼仪教育的熏陶和培养能够让孩子们学习如何自尊、自信、自律，在儿童礼仪的教学课程中，也有很多实践环节，教育需要让孩子在学习中享受乐趣和成就感。

⊛ 恭敬心

很多时候，我们看到孩子天不怕地不怕，也有很多人对我说，家中的孩子表扬没有用、鼓励没有用、批评没有用、惩罚没有用。

连对父母必要的恭敬心都没有，很多时候说教也就沦为无用，因为恭敬的对立面是傲慢。

教育不是某刻你在需要的时候，问我一个简单方法。对孩子的教育从来都不简单，对孩子品德品格的培养也是越早越好。

恭敬心来自于日常生活习惯的培养，而并非一部电影、一首歌曲、一个催泪的视频能够解决的。

在每一次用餐前能够先请长辈入座，每一次动筷子前能够等待父母先夹菜，每一次用餐结束能够感谢大家的孩子，必定会慢慢在心中滋生恭敬之念。

恭敬心的培养来自生活的细节，它不是一个名词解释，也不是一个理念而已。

⊛ 谦卑心

有时，你把自己放在最高处，其实你在最低处；有时，你把自己放在低处，其实你已在高处。

做人要谦卑，因为山外有山、人外有人。

当然谦卑与自信从不矛盾，谦卑是不妄自尊大，我们不能把狂妄当作自信，也不能把谦卑当作懦弱。谦卑是一种品德，有容纳之心，能看到别人的优点和自己的不足。

这就如同中国博大精深的语言文化中，有敬语和谦语之分，能够说谦语，提醒自己谦虚做人。

❀ 仪——修养言行

在论语中有这样的记载。

棘子成曰："君子质而已矣，何以文为？"子贡曰："惜乎，夫子之说君子也！驷不及舌。文犹质也，质犹文也。虎豹之鞟犹犬羊之鞟。"

有一天棘子成说："君子只要有质朴就够了，要文饰做什么呢？"子贡说："先生这样谈论君子，令人感到遗憾！须知一言既出，驷马难追。如果文饰就像质朴一样，质朴也像文饰一样，那么去掉文饰的话，虎豹的皮就像犬羊的皮一样了。"

子贡用虎豹身上的花纹比喻君子举手投足的气质，内心要质朴真挚，行为要大方得体。

心存谦卑，才会恭敬；心存恭敬，方有尊重。

孩子们在见到长辈时，能够懂得起立。这便是尊重的形式体现，但悲哀的是别说孩子，连很多成人都做不到，见到尊长依然大模大样地坐着，讲话时也只是抬头而已，更有甚者经常拿后脑勺与人交流。

一次，我参加儿子学校的活动"英语剧演出"，坐在了最后

一排，家长们陆续到来，而我低头用手机回复一些工作事项。儿子当时也在我的旁边坐着，他好奇地等待着节目表演，这一次他是小观众。这时一个声音在我身后响起，原来是班主任看到我，我连忙站起来与老师寒暄交流。老师离开后，我坐下，儿子开心地说，妈妈你今天表现真不错，"父母尊长呼，赶快站起来"，感觉你特别尊重我们老师。我得意地笑了。这是我们儿童礼仪儿歌中的一句，他清楚地记得，并恰如其分地表达出来。我想在那一刻，我起身与老师问候和交流的动作，已充分体现了我内心的尊重。

儿童礼仪的教育，以爱与尊重为核心。内外兼修，教会孩子规则和规矩及对人得体的尊重。总有人问我，教孩子礼仪会不会束缚了孩子的天性，我说，在规则的边界内提倡自由是教育核心。没有原则，没有边界，没有轨迹的所谓自由是最没有安全感的。

在最适合的年纪给孩子最恰当的教育，既不拔苗助长，也不贻误时机，一切都要刚刚好，教育就是这样。

纪亚飞礼仪心语：

❶ 以"礼"来滋养孩子的童年。从小培养知进退、懂分寸，具有同理心的孩子。用"仪"来启蒙孩子的行为。培养得体大方的行为习惯，给人以尊重。

❷ 能够滋养孩子一生的不是某项技能，而是他的尊重心、恭敬心和谦卑心。

在规则的边界内提倡自由是教育核心。没有原则，没有边界，没有轨迹的所谓自由是最没有安全感的。

❸ 恭敬心来自于日常生活习惯的培养，而并非一部电影、一首歌曲、一个催泪的视频就能够解决的。

第四章　传统文化与礼仪教育

我们要将孩子培养成一个什么样的人？这是父母、教育者面前的一个宏大命题。

当我们看到这样的新闻常常觉得触目惊心，一位母亲节衣缩食让孩子过着体面的生活，然而在一波波的炫目科技产品出现时，孩子的欲望越来越膨胀，和同学攀比着，当这些要求超越了母亲的支付能力时，孩子拳脚相向，甚至要求母亲割肾给她买电子产品，多年含辛茹苦换来的是一朝不能得到满足便无母子情分……

这个孩子究竟学习如何，成绩怎样，已不重要，论语有说"君子务本"。

修身远胜于某项技能的学习，因为这是立命之本。《弟子规》中即有"父母教，需敬听"，孩子对父母的教导要保持尊重感的倾听，但现在有多少孩子，父母尚未讲完，他已掉头而走。要知道倾听是一种礼貌，听并不意味着全盘认同，你仍旧可以表达自己的观点和想法。但太多的孩子，以观点不一致为由，对父母的讲话无半点尊敬。长此以往，我们几乎不敢确信，"孝"还能否在他身上延续，很多父母摇摇头说，等我老了，就自己去敬老院……

多元的世界需要兼容并蓄，经济全球化也有导致传统文化萎缩之忧。中国传统文化的精华，越来越被忽视，那种东方的拙朴、中式的端庄、君子的儒雅，淑女的谦和……让我们觉得越来越模糊。

1840 年以来，中国开始主张学习西方"师夷长技以制夷"，寻求救国的途径和真理。但文化其实并未被殖民，目前的窘境，确切说，是自我的放弃。

中国传统文化有很多精华，但在汪洋的历史长河中被流逝。

什么是我们的文化，礼义廉耻、雕梁画栋、斗拱飞檐、纸墨飘香、长袍马褂、丝竹乱耳、忠孝礼义……越来越国际化的趋势，我们是融入还是保留，看看我们流失的那些民俗、礼仪，居然有人称我们为文化荒芜之国，我们特别愤慨。

文化是国家和民族的灵魂，体现了我们的品格。

似乎我们一直以国际化为追求的目标，无论育儿理念还是教学观点，冠以国际头衔似乎就可长驱直入。当我们提倡国学时，寻找传统文化精髓时，又有人说这是倒退，很多传统是封建迷信已经过时。正如我们所知道的那样，任何一种文化都不可能万贯一世，总是在发展中被更广泛地接受，这种发展不就是我们所提倡的既融入现代生活，又有所甄选地摈弃不合时宜的内容。

信力建曾说，要想看唐代的中国就去日本，那里有唐代的歌舞和建筑，就连日本天皇的登基都是按照唐代的礼仪；要想看明代的中国就去韩国，那里保留了明代的礼乐制度，连中国的曲阜孔庙现在都会派人去韩国学习在中国失传了的"文庙祭礼乐"；要想看民国的中国，就去台湾，那里保留着传统的"仁义礼智信"和"温良恭俭让"。

因此，我们不能唯国际化为潮流，盲目追随，而应重建自己的礼仪文化，比如我所开发的版权课程《儿童礼仪》也教孩子学习西餐，但那只是六十多节儿童礼仪课程中的一节，我们在更多的课程里融入中国的传统文化精华，让孩子内外兼修，因为"礼由心生，而后成仪"。

我们有一个宏大的中国梦，也有一个执着的强国梦。但我们必须知道衡量一个国家的指标不仅仅是看"GDP"，还包括这个国家人民的综合素质，也就是软实力。

能够滋养一个国家"软实力"的是它的文化之根。

当我们将圣诞节、情人节过得热烈兴奋的时候，我们传统的热闹非凡、仪式感强烈的端午节、春节、中秋节却趋向于平淡，甚至连商家都开始背弃这些节日。

无意责怪，但颇为叹息。有时，我们甚至需要儿时的想象来充沛自己关于"春节"所有美好的画面。

与对传统节日的挽救相比，更为迫切的是礼仪，孩子们已全然不知对尊长如何称呼更准确，甚至不知道打招呼有哪些礼节可以使用，随意拿起相机对着任何人拍照，他们觉得司空见惯，攀爬在雕像上去拍照也觉得合情合理，随随便便就在珍贵文物上书写"某某某，到此一游。"

这让我们深深恐惧。

中国是传承千年的礼仪之邦，三千多年前殷周之际，周公制礼作乐，就提出礼治纲领，与今天的提倡幼学礼仪思想一致。

礼仪并不是因循守旧，正如"弟子规"在儿童礼仪教学中也是选择性进行，甄选符合现代生活及儿童心理的内容进行教学。摈弃掉一些过时，或者是不太具有操作性的部分，任何一个民族的文化都不可能万世一贯，而需要与时俱进，弃其糟粕，取其精华。

今天的儿童礼仪教育，我们从传统文化中寻找答案。我们也会教孩子如何穿着得体，但我们更强劲的发力点是培养孩子的内在。

我曾经给北京的三所小学教过"弟子规"功夫操，孩子们清澈响亮的诵读，铿锵有力的动作，端正大气的表情，整齐有序的场面让很多人震撼。有人潸然泪下，说看了以后非常感动，孩子们打拳那么整齐，诵读那么响亮，场面壮观。

而在整个过程中让我们真正触动的不是最后节目呈现的精彩，而是在排练"弟子规"功夫操过程中，孩子们的改变。

带孩子们参加节目彩排，对我而言如同洗礼，43个孩子平时嬉笑打闹，最后一次排演我说了三个"秘密约定"，关于站姿、关于安静、关于保持不动。进入多功能厅时这些6到7岁的孩子鱼贯而入不发出一点声音，5秒迅速散开，5秒迅速集合，如同军人，我心里的感动就盛放如花，因为我知道他们已有不属于这个年龄段的自驱力、自制力和荣誉感。

而其他参加节目彩排的孩子，上场前和下场后嬉笑、打闹、玩耍，老师们要一直维持秩序，唯有我们，孩子们自律且专注。而我们是参加彩排人数最多的节目。

在练习"弟子规"功夫操中，这种极富正能量、开放、积极的动作，滋养了孩子内心的正气，我们有时会就部分内容，进行古为今用的"角色扮演"，孩子们在表演中学会了正确的做法。很多人说，打过这套操的孩子都特别有礼貌。是啊，我们有角色扮演过现代版的"路遇长、疾趋揖"，我们的孩子自然也就知道礼貌问候，当然不是拱手作揖，而是点头微笑。我们不会因循守旧，而是始终结合孩子的实际生活环境进行具有强烈实践意义的教学。

儿童礼仪最好的教育时期在八岁之前，我们常说三岁看大七岁看老，在最适合的年龄给予他最好的教育滋养，是童年送给他最好的礼物，让礼貌修养根植于内心，这是肥沃的土壤，教孩子优雅从容过一生。

我们有责任、有义务继承中国的传统文化精华，中华传统礼仪体现了我们民族的核心价值。

优秀文化的因子，往往历久弥新。

纪亚飞礼仪心语：

❶ 文化是国家和民族的灵魂，体现了我们的品格。

❷ 让孩子内外兼修，因为"礼由心生，而后成仪"。

❸ 礼仪并不是因循守旧，正如"弟子规"在儿童礼仪教学中也是

选择性进行，甄选符合现代生活及儿童心理的内容进行教学。摈弃掉一些过时或者是不太具有操作性的部分，任何一个民族的文化都不可能万世一贯，而需要与时俱进，弃其糟粕，取其精华。

儿童礼仪最好的教育时期在八岁之前，我们常说三岁看大七岁看老，在最适合的年龄给予他最好的教育滋养，是童年送给他最好的礼物，让礼貌修养根植于内心，这是肥沃的土壤，教孩子优雅从容过一生。

第五章　儿童礼仪魔力教学技巧

经常有人急切地问我，孩子学了儿童礼仪会有什么变化，我总说，别急，三节课之后你会看到变化，孩子的变化和对课堂的热爱。

我的底气来自哪里，答案是教学方式和技巧。

似乎儿童礼仪的知识并不是有多么深奥，但却成为我们一生的功课。包括在我进行成人的礼仪培训时，"十字礼貌用语""乘坐扶梯左行右立"等都是教学重点，这充分说明了礼仪培养的特点"知易行难"。

那么，在儿童礼仪教学中会有相同的困惑，让孩子了解礼仪知识并不困难，而困难的是实践和行为的变化，有些需要训练、有些需要体会。

儿童礼仪教学能否成功，教学理念和教学方法是最重要的。

礼仪的核心就是尊重，因此，课堂所有教学活动的设计，都是以此为基础。我们尊重孩子的自然发展规律，尊重孩子不同年龄段的心理特点，尊重孩子在课堂上的时间管理特点。

单纯的说教，说再多也不会被吸收，如果不让孩子感兴趣，说过的所有话都会飘过他的耳朵，只有说教，孩子即便想要做好，其实也不知途径，仅有理念，孩子并不能真正落实到实践。

❀ 讲解教学法

我曾经给小朋友们讲解站立的姿态，这是站姿礼仪的第一个教学重点，因为站立挺拔才有自信感，而歪斜松垮的站立会给人以街头小痞子的感觉，而在给孩子们进行知识点的讲解时，教师必须辅助以相应的示范，仅通过单纯的语言讲解，孩子很难理解，处于直觉思维阶段的孩子，有相应的画面，就会使对知识点的理解力增强。当然在示范时，为避免强化孩子对错误行为的记忆，我们会采用老师示范不正确的行为，孩子来展示正确行为的做法。

孩子在为老师纠错的过程中强化了对正确知识点的吸收。

在用语言为孩子们讲解时，我给儿童礼仪讲师们的第一个建议是用具有画面感的优美语言进行讲解。

1. 优美的语言

我非常希望孩子在童年时吸收到的是优美的语言，因此，讲师要极力避免为迎合孩子的表达，而退化到孩子的简单重复词汇表达结构中，那样孩子将无法从老师那里吸收更多的养分。比如我们会请小朋友站得"挺拔"，而不仅仅是"站直了，不能歪头"。我们通过示范让孩子理解什么是"挺拔"，什么是"端正"。

2. 具有画面感的语言

具有画面感的语言是非常容易被孩子吸收的。

仍然以站姿讲解为例，我们不会简单重复，站直，让你的头顶去找天花板。而是会说，现在我们都是一棵棵的小树，春天来了，快点吸收阳光的能量，我们要开始长个了，哇，小草也在努力呢，小狗也把脖子伸得长长的，该我们了，使劲向上长，太阳公公看到了，加油，我们继续长个，让它看看我们多么努力。太阳公公的眼神好像一条直线哦，它提着我的头顶往上长，哎呀，我的小肩膀帮倒忙了，什么是帮倒忙呢，就是原本想要帮忙，可是方法不对，反而更长不高了，小肩膀快点放下来，因为一耸肩膀脖子就变短了，没办法长个……

在这样的语言讲解之下，我们的"站姿礼仪"课程结束之后，孩子们居然不愿意下课，按照我们常规的理解，枯燥的站立最是乏味，但有语言的引导，孩子们的脑海中有明确的画面感，如同播放动画片一般，怎么会不喜欢。

❀ 行为示范法

只是单纯的知识讲解，孩子很难理解，比如，教给孩子"尊长前、声要低"，那孩子还是仍然比较难于理解什么是"声要低"，因此，在课堂上，我们会通过"大声和小声"这样的方法，来练习什么是"大声"，什么是"小声"，我会说一句话，用不同的音量，让孩子了解音量不同而导致的感受不同，然后，我会继续示范，什么音量匹配什么场合。

有意思的是，很多父母都对自己的孩子说过一句话："你小点声"。可怜的是我们的孩子们根本就不知道多小的声音算小，多大的声音算大。

在这个部分，其实我更想强调的是言传身教。也就是说对家长和老师提出的更高要求，你的教学和对孩子的培养是贯穿在生活中的，不只是课堂上而已。

举个例子，我班上的女孩子大多喜欢双腿并拢，不仅仅是课堂教授的结果，更重要的是她们从来没有见过我豪放地分腿站立。

因此，我要说明的是行为示范，不仅仅是课堂上的具体展示，而是指自始至终的率先垂范。

❀ 游戏教学法

有些礼仪贵在实践、并且需要练习，不是讲一下规则就能够学会。有时是这样的，我们的大脑理解了，可是我们的身体依然无所适从。

在"站姿礼仪"课程中，我们有一个非常好玩的游戏，孩子们很喜欢。

站姿游戏：走走停停

目的：让孩子将标准站姿常态化、标准化。

方法

❶ 选择一个活泼可爱，具有韵律动感儿童歌曲。

25

❷ 请大家站成一个圆圈。

❸ 老师播放音乐，大家可以一边跳舞一边围圈行进。

❹ 老师随机停止音乐，当音乐停止后，小朋友要第一时间面向老师呈标准站姿。最后一个站好的人就要表演节目。

❺ 表演节目者的评价标准是：站姿不正确、方向不正确、最后一个站好、站好后摇晃不稳定。

孩子们在游戏中不知不觉强化了站姿规范，并且学会了让标准站姿生活化，随时都可以做到。孩子们对这个游戏非常感兴趣，我们经常玩，然后，奇妙地发现，他们的站姿一天天在进步，在儿童礼仪教学中有长时间让孩子站立去训练吗？也有训练，但不多，更多的是我们希望将礼仪融入生活，用润物细无声的方式，帮孩子们在潜移默化中掌握礼仪。

比如我们的坐姿游戏"营救小海豚"，在不知不觉中孩子们完成三分钟标准坐姿的强化练习，很多中国儿童礼仪教育协会的讲师把这个游戏带到了学校，甚至连中学生都玩得不亦乐乎。

如果在快乐的游戏中潜移默化，润物无声地完成高强度的练习，这算不算一种好的教学方法呢？事实上，我们在对孩子长期的监测教学中明确感受到了课堂成果，孩子们的仪态举止有了明显的变化。

在使用游戏教学法时，需要注意以下几个方面。

第一，游戏讲解需要简洁明了。

讲解拖沓时间过长就消耗了孩子想要玩游戏的积极性和乐趣，复杂、啰唆的讲解，常常会使一些孩子知难而退。因为听不懂游戏规则，就会觉得无趣，而有时并不是游戏无趣，是讲解得云里雾里一般。

第二，以积极的状态投入游戏。

在开始游戏前，家长和老师务必以喜悦的心情积极地投入游戏，游戏的乐趣很大程度上取决于游戏发起者的状态，成人如果以旁观者姿态出现，孩子们通常会觉得是一个你都不觉得好玩的游戏，他们也会失去参与兴趣，成人如果以游离状态出现在游戏中，那种敷衍的姿态会让孩子也感觉无趣。

第三，游戏需要由浅入深。

一个游戏，最好能够有 2 ~ 3 级的难度，从最简单版本开始玩，熟练之后，略有升级，使游戏始终饶有趣味。任何一个游戏太简单，孩子们经常赢是无趣的；太复杂，孩子们经常输也是无趣的。因此，游戏需要在规则上有可控的难度标准。

"儿童礼仪"课程中的每个游戏都有三级以上的难度，包括前面例举过的站姿游戏"走走停停"，这样的目的是适应不同孩子的不同接受程度，确保游戏始终有乐趣。

如果一个游戏有分级，就能够使游戏具有探索和实施的意义。

比如，我们儿童礼仪教学中有一个游戏"我爱大家"，这个游戏时训练孩子的手势礼仪，可以通过速度的变化，动作的变化，动作标准度的变化来不断升级难度，从而使孩子们乐在其中，而老师因为游戏有难度变化，并能够始终保持游戏的参与度和积极性。

❀ 头脑风暴法

每次当我说出这个教学方法后，都有人惊呼，这么小的孩子也可以进行"头脑风暴"吗？殊不知在我们的"儿童礼仪"课堂中着力培养孩子的不只是规则，真正的礼仪源于思考，因此，我们常常会采用头脑风暴的方法来完成课堂纪律的制订和目标达成方案等。

知识链接

头脑风暴法又称智力激励法、BS 法、自由思考法。

头脑风暴法（Brainstorming）于 20 世纪 40 年代由被誉为创造工程之父的阿历克斯·奥斯本在其《Your Creative Power》中作为一种开发创造

力的技法正式提出。原指精神病患者头脑中短时间出现的思维紊乱现象，病人会产生大量的胡思乱想。奥斯本借用这个概念来比喻思维高度活跃，打破常规的思维方式而产生大量创造性设想的状况，在1953年发表的一种激发性思维方法。后来，头脑风暴法被广泛地运用于商业和教育领域，在教育领域，英国英特尔试图通过聚集成员自发提出的观点，以产生一个新观点，使成员之间能够互相帮助，进行合作式学习，并且在学习的过程中，取长补短，集思广益，共同进步，进而产生了一种新的教学法——头脑风暴教学法。其本质是让参与者思维高度活跃，打破常规，产生大量创造性设想，使各种设想在教学活动中相互碰撞激起脑海的创造性"风暴"。

在研究儿童认知发展基础上产生的建构主义，不仅形成了全新的学习理论，也正在形成全新的教学理论。这种学习理论强调以学生为中心，不仅要求学生由外部刺激的被动接受者和知识的灌输对象转变为信息加工的主体、知识意义的主动建构者；而且要求教师要由知识的传授者、灌输者转变为学生主动建构意义的帮助者、促进者。

在儿童礼仪课堂中，我采用了不拘一格的方式来开展头脑风暴的教学，因为教学不是为了单纯适应孩子，而是成为一种能力的引领，带领孩子们进行更多、更深的探索。因为我所面对的课堂学员年龄的限制，我开始让孩子们用语言、绘画、拼音、涂鸦、粘贴等多种方式进行头脑风暴，目的是培养孩子的思考能力。

目前在儿童礼仪教学中实施的"头脑风暴"教学法是具有一定改善和适应性的。

（1）需要提出一个问题，来广泛征求建议和想法。

（2）选派一位小朋友做记录员，记录方式可以是绘画、拼音、文字、符号等适合孩子特点，并符合孩子接受能力的。

（3）请小朋友们积极发表意见，最大限度地追求每个孩子都发言参与，注重数量而非质量。

（4）对所有的答案进行无关项删除，同类项合并，这一环节是由老师参与进行，基于孩子们的特点进行参与，而并非直接操作。

（5）对所有答案进行排序，从而使结论客观浮出。

当然，在组织头脑风暴教学中需要掌握以下核心要素。

第一，最大限度参与原则。

鼓励更多孩子的参与，在表达中培养自信，头脑风暴的最大好处就是老师不会随意对观点发出评判性意见，保持中立的鼓励。孩子们可以自由想象、天马行空参与其间。老师仅仅是组织者，偶尔会充当记录员。

第二，鼓励倾听。

极力鼓励孩子们倾听不同的声音、不同的见解、不同的想法，其实这也是培养倾听礼仪的途径之一。

第三，广泛搜集答案。

尽可能让更多的孩子发表观点，尽量不让一个孩子游离于课堂之外。

第四，学会表达的语言。

在参与中，老师会通过对语言的适度重组和整理，让孩子完成一次正确表达自己观点的学习。

第五，让答案客观浮出水面。

不加任何评论性观点，让答案在收集、删除、合并、排序之后自己浮现出来，通过这样的方式得到的结论通常更容易被大多数认可。

❀ 绘画教学法

在"儿童礼仪"课程实践的七年中，最受孩子们欢迎的当属一个教学项目——"图说礼仪"，是请孩子们对每节课"熊猫礼仪"进行涂色，对涂色完全没有要求，老师在涂色前以熊猫的动作进行礼仪知识点的回顾引导教学，孩子们爱极了这个环节，他们可以天马行空，熊猫也是儿童礼仪课程的代言人，孩子们对它有特别的好感，憨态可掬的熊猫做着标准礼仪示范，非常可爱。

在七年儿童礼仪的教学实践中，我们发现绘画、涂鸦、染色都是孩子们至爱的教学方式，因此，在仪态礼仪教学中我们采用了绘画法，在"中餐礼仪"教学中我们采用的是"手指画"。

绘画是一种复杂的精神活动，是儿童最直接的、最自由的、最便捷的情绪表达方式。他们通过图画、染色、勾勒，充分表达自己的内心情感和对礼仪的感受。在此阶段培养创造力，培养他们传递想法观点的能力。

每一种绘画形式都引发孩子的课堂热情，并且在一笔笔的勾画中完成了对礼仪知识点的回顾。

❀ 音乐教学法

在儿童礼仪课堂上从来都不缺少音乐，在孩子练习仪态时，我们会放让孩子身心愉悦放松的音乐，在孩子绘画时我们也会放孩子们喜欢的歌曲，在音乐剧中，我们会请孩子们自己选择配乐和演唱歌曲，在礼仪知识点上我们也会运用音乐教学法。

例如，在教小朋友仪容礼仪的时候，我们就会用儿童歌曲的方式让孩子巩固礼仪知识，欢快的歌曲声中，我们将礼仪的种子埋在身体里。

❀ 情景剧教学法

情景剧教学法是让孩子们的两颗珍贵的种子之一"主动性"获得发挥的最好方法之一，儿童礼仪教学通常会将儿童礼仪故事（纪亚飞著）改编为情景剧。我们会使每个孩子都承担一定的任务，这是孩子们非常感兴趣的部分，每个人都能够发挥所长，在情景剧中发挥自己的创意和能力。

方法

❶ 分配任务。我们通常会请孩子们自己来申请或者竞选，有导演、编剧、道具、音乐、歌曲等。

❷ 分配角色。可以孩子自选，也可以轮流扮演。

❸ 各司其职地进行准备工作，包括剧本的改变，场景的创意，集体制作道具，在老师帮助下选择音乐等。

❹ 孩子们集体演出。

在整个情景剧的排演和表演中，孩子们的团队精神、协作能力、冲突解决等均获得了锻炼，而亲自演绎角色也就能够更深刻地体会到礼仪的精髓，通常我们都是以《儿童礼仪图画故事》为蓝本进行。

❀ 儿歌教学法

儿歌的特点是语言生动、节奏明快、朗朗上口、简洁易懂，结合了词的韵律流动感，所以具有可以唱诵的特质。

儿童礼仪儿歌可吟可唱、章幅短小、结构单纯、节奏明快、童趣盎然，一首儿歌说明一个主题。它主要是一种由听觉感知的听觉艺术，是活在孩子们口中的礼仪。它浓缩了礼仪知识的精华，运用儿歌这种教学方式方便儿童记忆。

比如，在手势礼仪教学中，我们就用儿歌《手势歌》进行礼仪知识讲解。

手势歌

四根手指并并拢
大拇指也靠过来
伸出小手邀请你
我亲爱的小伙伴
一根手指在发怒
永远不要伸出来
手掌指示才文明
礼貌修养在双手

在手势歌的讲解教学中让孩子们了解正确的手势要领和规范动作，甚至这首礼仪儿歌也被很多礼仪培训师带到了企业内训课堂和成人礼仪课堂，可见朗朗上口、易读好懂的教学方式也很受成人欢迎。

❀ 故事教学法

故事一直是伴随孩子们长大的一种生活方式，甚至我很难界定它为一种教学方式。故事简直就是伴随我们童年的美妙享受。爱听故事是孩子的天性，是孩子们最乐意接受的一种艺术形式。娓娓道来的语言是在这个快速发展的社会中给孩子最珍贵的童年礼物，孩子们是如此喜欢依偎在您身边听故事，礼仪故事可以激发孩子内在的美好，让他们感受自尊、自律、自信，他们自己会从中获得启发和蜕变，您完全不用唠叨。

每一个礼仪故事都有情节、冲突、隐喻、成长，孩子们可以用心感知。很多次，这些故事让孩子们充盈着感动、勇气和力量。每一次的成长都是那么无声无息却又分明存在。

儿童礼仪故事都充满了画面感，每一次孩子倾听似乎在观看一部电影，这是孩子们喜欢的故事——充满画面感和想象力。请您在讲故事时，投入感情，用美妙的语言使孩子听到那些"美丽画面"。（可参见附录"礼仪故事"）

❀ 角色扮演法

角色扮演是使儿童礼仪回归生活具有实践意义的重要教学方法，我们一直希望学以致用，学即能用，对于礼仪教学而言，角色扮演就是让礼仪"落地"的最好方法。

在美国的幼儿教育领域，关于成人对幼儿角色游戏的干预，一直存在两种不同观点，一种以埃里克森为代表，他们认为应当完全让幼儿自主开展游戏，成人的指导会影响幼儿想象力的发挥，妨碍幼儿创新能力形成。另外一种以马奇为代表，认为只有在成人的带领下，角色游戏才能真正有助于幼儿创造性的发展，成人要结合幼儿游戏的进程，通过启发、提问，帮助幼儿拓展游戏范围，通过鼓励和引导，加深幼儿参与游戏活动的程度，促进幼儿创新能力的发展。

在儿童礼仪教学过程中，适度的引导是适合的，做一个鼓励和支持的人，不过分干预，但给予必要的正确的建议。比如我们在课堂上会请孩子们表演现代版的"弟子规"片段，并让孩子们自己来扩充情节，例如"近必趋、退必迟、问起对、视勿移"等，孩子们就以父母呼唤、询问、应答等来进行角色扮演，这是让孩子感受换位思考最好的时机。因为在角色扮演中，老师不参与演出，仅作为支持者，孩子们扮演尊长或是父母等角色，扮演的过程就体会到了对方的心境，对于心智发展有促进作用。

心理社会能力是以共情能力为基础的情绪管理、人际沟通、自我探索和社会适应能力的总称，俗称"心智"，是与知识、智力等"脑力"相对的概念，相对于人生的未来而言，心智的作用远远大于脑力的价值，角色扮演是非常好的促进心智发展的方法，在角色的情绪、故事的推进中感受和学习。

❀ 手工活动法

在儿童礼仪丰富的教学方法中，还有很多是动手活动，比如礼物礼仪中的"做贺卡"环节，孩子们利用不同材料为妈妈做贺卡，然后学习递送和接受礼物的礼仪。比如微笑礼仪教学中，会用到"木鸡蛋"，一个个笑脸跃然在木鸡蛋上，代表着孩子的期许和美好的心境。在旅行礼仪中也会用到"编织手工"，通过编织一米线，让孩子们理解为什么要有一米线，一米线有什么作用，怎样正确排在一米线后……

在丰富的手工活动中，锻炼孩子的语言表达能力，因为每一个作品的完成，我们都有讲解环节，孩子需要运用自己的想象力来用语言表达想法；还能够锻炼孩子的手眼协调能力，上过儿童礼仪课程的孩子都非常心灵手巧，因为在编织手工活动中非常考验孩子的细心，尤其不能漏针错针；同时也能够培养孩子的耐心，因为每一项手工活动都不能一蹴而就，必须一点点完成，但经过努力完成后的巨大喜悦也是不言而喻的。

这些教学方法只是我们在儿童礼仪教学中所采用的部分教学方式，几乎所有的方式稍加修改和变通即可运用到家庭教学中，甚至最复杂的情景剧表演，也可以是父母和孩子一人分饰多个角色。

所以，和我们一起去感受培养孩子礼仪的魅力吧，甚至成人可以重温儿时的快乐。

懂礼貌，会让你留给人美好的第一印象；懂礼貌，会让你在与人交往中游刃有余；懂礼貌会让身边的人感受温暖的人格魅力。教孩子礼仪就是交给孩子一把开启美好未来的钥匙，教孩子礼仪就会学得轻松适应社会的能力。

纪亚飞礼仪心语：

❶ 礼仪的核心就是尊重，因此，课堂所有教学活动的设计，都是以此为基础。我们尊重孩子的自然发展规律，尊重孩子不同年龄段的心理特点，尊重孩子在课堂上的时间管理特点。

❷ 能够在快乐的游戏中潜移默化，润物无声地完成高强度的练习，没有痕迹的教学，对孩子而言是高效的教学。

❸ 儿童礼仪儿歌可吟可唱、章幅短小，结构单纯，节奏明快、童趣盎然，一首儿歌说明一个主题。它主要是一种由听觉感知的听觉艺术，是活在孩子们口中的礼仪。

❹ 在儿童礼仪教学过程中，适度的引导是适合的，做一个鼓励和支持的人，不过分干预，但给予必要的正确的建议。

❺ 懂礼貌，会让你留给人美好的第一印象；懂礼貌，会让你在与人交往中游刃有余；懂礼貌会让身边的人感受温暖的人格魅力。教孩子礼仪就是交给孩子一把开启美好未来的钥匙，教孩子礼仪就会学得轻松适应社会的能力。

第六章　建立礼仪规则五部曲

在孩子童年时，究竟应该给他"自由"，还是教他"规矩"。

这是一个备受争议的命题，却其实是个伪命题。两者从来不矛盾，如果你真正理解自由，如果你真的了解礼仪。

无度地释放自由，孩子便如野马没有规矩可言。那么，不懂规矩、不守规则，就会在集体活动中显得格格不入，就会在公共场合放肆无忌，惹人厌烦。

其实最可怕的就是结果。他们究竟收获了什么？"自由"的快感，还是……

这些过度自由的孩子在童年收获怎样的目光，才是最值得深思的。

每个人都希望自己的孩子非常自信。自信何来？其中一个因素就是这个孩子能够得到周围人的喜欢和认同，比较容易拥有自信。

想想一个孩子如果从小因为彬彬有礼会收获多少喜欢和欣赏的目光啊，在这样的视觉环境下长大的孩子，多么容易形成良性的自我激励，越发彬彬有礼、大方自信啊。

很多人曲解了自由，把放肆当作自由；很多人曲解了自由，把无忌当作自由。

当然，也曲解了规矩，知进退会思考是礼仪学习的前提，具有同理心是学会规矩的前提。儿童礼仪培养孩子自尊和尊重他人，而且在最好的阶段给予最有效、积极的培养和引导。

童蒙养正，幼学礼仪。

在儿童礼仪的课堂上，有时我们需要与孩子一起学习规则，建立规则，因为礼仪的很多内容都是人们约定俗成的规矩。

建立规矩简单，但实践规矩则会比较困难。很多规矩我们都懂，只是我们做不到，比如在公共场合应该安静，可是我们还是控制不住地想要聊天，并且声音很难自控。孩子也是这样，对于规则的第一反应是"我不要"，既而行动开始抗拒。那么有没有合理有效的方式来定规矩，让孩子愿意参与其中呢？

接下来，我们一起看看行之有效的建立礼仪规则的五部曲。

第一：情绪启动，如果这样做会有多美好

孩子们会对美好的具有画面感的行为有内在驱动力。孩子从来都不拒绝美好的事物。没有哪个孩子的人生初始乐趣就是："我想让人讨厌"。他们都是愿意做受欢迎的孩子，但有时不知道如何才能受欢迎，如何做才是最得体恰当的。

有时，他们采取过激行动、鲁莽行动，恰恰是因为不知道该怎么做，没有人告诉过他们，只有自己随性发挥。

决定和孩子建立规矩时，情绪启动的第一要素就是彼此目光接触，能够看到彼此的脸，信息的接收度会大大提高。先给他们分享目标，如果我们这样做就会有什么样的结果呢？

比如，很多孩子在学习时不能自律，总是一边写作业一边玩，如果生硬地制止，可能换来的是抵触，不如先这样，坐在孩子旁边看着他，不带任何成见，只是分享，如果我们能够在 15 分钟内做完作业，我们就有时间下去荡秋千，可是如果拖拖拉拉，却感觉一个小时都在写作业，也许一会天黑就没办法再下楼去玩了。不如我们让 15 分钟高效完成作业，留下时间快乐游戏。

孩子有时拖拉，是没有准确评估快速完成作业给自己带来的益处，如果速度加快，减少中途离开、走神、拿东西、磨蹭的时间，就会结余时间

来游戏呢。

给孩子描述一个美好的画面十分重要，这将成为他的动力。

第二：欢迎孩子对规则发表看法

这是培养孩子自控力的关键步骤，孩子参与到规则的制订之中，就会对规则的理解和可行性有一定的思考和评估。无论是成人还是孩子，大多会对自己提出的规则比较愿意遵守。

接纳孩子的情绪和想法，但不满足不正确的要求，欢迎是指开放的态度来欢迎孩子的想法，并不急于打击或否定，如果总是被否定，那么这一步形同虚设，而任何一步都是至关重要的，只需要理解孩子的想法并不需要认同或仓促制止。

第三：规矩要简单、直接、清晰、易懂

每次开儿童礼仪家长沙龙课程，我都会问家长们一个问题："你是否希望自己的孩子是一个懂礼貌的人。"

答案永远是肯定的，我想你也是这样。但是什么样的孩子算是有礼貌的孩子呢？我也问过许多家长，大多语塞。这就是问题的核心所在，你经常对孩子说，要懂礼貌，却没有给他清晰的指导"怎么做"就叫懂礼貌。

因此，定规矩时要简单清晰，不要笼统泛泛。比如，让孩子有礼貌，就不如告诉他，长辈提问要应答。回家爷爷奶奶问："今天上了什么课？"不能不搭理就回房间，要回应长辈："今天上了数学课。"

第四：行动示范，你也可以这样做

身为教师和父母率先垂范，无比重要，因为"行大于言"。8岁之前的孩子处于直觉思维阶段，他看到什么对他行动的影响力非常大，他们的模仿能力是极强的。比如，我们看到爷爷奶奶问孩子"今天上了什么课"，他像没听见一样转身去了自己的房间，我们感觉很没礼貌，那么首先要回顾一下自己的行为，父母看到自己脸色不好，关切询问："怎么了，出什么事了吗，脸色怎么那么难看？"我们是不是敷衍地说："没事，您甭管了。"

孩子总是在模仿中成长。

我的一个学生曾经问我："老师，我的女儿才 7 岁，可是她所有的精力似乎都放在穿衣打扮上，极其热衷，每天梳头发照镜子，半天出不了门，光是别小发夹就得十几分钟。"

我问的第一个问题就是："家中有人非常热衷打扮吗？或是她看过有这样情节的电视吗？比如过于成人化的电视剧？"

回答说："是的。"

我几乎十分肯定这些行为，孩子是模仿而来的，她不可能凭空爱上了这些，一定是耳濡目染。

因此，你希望孩子做到的，务必自己先做到。有时，甚至无需太多言语，你的行为就会使他学习到正确的标准。

第五：坚持统一标准、率先垂范

规则一旦确立，就要坚持执行，不能有太大的弹性，比如和孩子通过讨论，决定每天九点前上床，以保证足够的睡眠时间，那么就不要在遇到自己喜欢的综艺节目时忽略和孩子的约定。比如规定孩子每天玩电子游戏的时间不能超过 10 分钟，那么遇到闯关的电子游戏，父母也不能兴头上来就硬要胜利了再结束游戏。我们需要成为彼此的镜子，才能让孩子更有规矩地成长。家长也要率先垂范，不能天天捧着手机刷朋友圈，抱着平板玩游戏，这些都是对孩子的负面影响。

我们和孩子们去建立一些礼仪的规则，并不是为了束缚孩子的天性，事实上，在参与规则建立的过程中，孩子们学会了思考，学会了对行为边界的理解，是鼓励孩子做正确的事情，鼓励他们学会对自我进行管理，有所约束，增强自控力。

在多年的儿童礼仪教学实践中发现，那些规则感比较弱的孩子，通常自控力也会差一些。更多的观察和追踪发现，自控能力比较差的孩子，大多比较任性，受自我感知和情绪影响，有时甚至为所欲为。比如，随时插话，边吃边玩，注意力不集中……

那么为什么要通过规则建立来培养孩子的自控力呢？

这里首先要分清自控力也有主动和被动之分，拥有主动自控力的孩子，是对事情有一个更明确的期待，为了完成一个更强大的愿望，而主动约束自己的行为。比如，写作业，专注和用心，不经常起立去喝水、拿东西，能够快速完成作业，就会留给自己充裕的户外娱乐时间。这就是主动控制，为了达到去户外骑自行车的愿望，快速高效写完作业。相反的被动自控力，是源于外界的压力，比如家长严厉的斥责，迫于压力，他在专心写作业。

之所以推荐规则建立五部曲，是通过这样的步骤，循序渐进地和孩子共同完成一个主动自控力的培养过程。同时让孩子学会：**去做正确的事情，约束自己不做不正确的事情**。

20 世纪 60 年代，美国心理学家沃尔特·米歇尔（Walter Mischel）曾经做过一项实验：让一些四岁的孩子单独待在小房间里，给他们每人发了一颗糖果，如果能够等研究人员回来再吃可以奖励另一颗糖果，如果趁此时机就吃掉了，就没有。

研究人员离开后，发现有些孩子立即吃掉糖果，有些孩子则能忍住冲动，抵御得了糖果的诱惑，一直坚持到研究人员回来才吃。

14年后的追踪研究发现，立即吃糖果的孩子在青少年时期显得缺乏自信，同学的相处不是十分融洽。而等到最后才吃糖果的孩子大多富有主见，学习成绩比较优秀，有良好的人际关系能力。

这项实验说明，能够延迟满足、有高自制力的孩子长大后更容易获得成功。他们具有较强的主动自控力，也就是为了达到一个目标，可以适当忍耐，有所自制，克制欲望，抵御诱惑。相反，如果孩子缺乏主动自控力，则有可能缺乏学习动力，甚至在青春期的懵懂阶段，对扑面而来的诱惑不能很好地克制，容易有早恋、吸烟、酗酒甚至吸毒等不良表现。

我一直说，礼仪是为孩子在空旷原野展示一条道路的存在，孩子可以更加具有安全感地选择跳跃、奔跑或行走通过。

过分的空旷有时会让孩子陷入强大的不安全感中，无所适从，无从入手。礼仪就像远处的一棵葱翠的树，展示一种方向，至于如何抵达，孩子可以自由选择。

别把放肆当作自由，那样会在最适合培养良好行为习惯的阶段错失了最适合的教育。

别把盲目当作自由，那会让孩子置身于盲从和发泄的洪荒之中，找不到出路。

别把无忌当作自由，那会让孩子从小受到嫌弃、鄙视、冷漠的目光，他将如何顽强地生长出自信？

礼仪的核心是"尊重"。

"礼"是由心而生的自重和尊重他人，而"仪"是体现尊重的形式。也就是说，"礼"由心生，而后成"仪"。

礼仪从来都不是生硬的枷锁，而是让人更受欢迎、更加自信的基础。

在儿童礼仪的教学中，我们一直提倡玩中学，乐中学。

广州南方教育集团经过两周的审慎评估后，引进了我的版权课程《儿童礼仪在校园》，负责承担课程组织和教学的广东儿童礼仪教育协会会长徐燕玲老师说："广东儿童礼仪师资团队进入广州南方中英文学校第二周，第一周还很淘气的孩子们，这周已经有了很明显的改善，才走到教室门口，就听到孩子们齐刷刷地问老师好，还有孩子跑过来说，徐老师怎么礼仪课一周只有一节呀，听到孩子们的话，儿童礼仪师资团队的老师们热泪盈眶。"

我想，这是最好的答案。孩子们是热爱礼仪课程的。

真正的自由是成为一个强大自信的人，拥有人生更多的选择，想要获得真正的自由，需要从严谨的自律中获得成长。

纪亚飞礼仪心语：

❶ 很多人曲解了自由，把放肆当作自由；很多人曲解了自由，把无忌当作自由。

当然，也曲解了规矩，知进退会思考是礼仪学习的前提，具有同理心是学会规矩的前提。儿童礼仪培养孩子自尊和尊重他人，而且在最好的阶段给予最有效积极的培养和引导。童蒙养正，幼学礼仪。

❷ 我们和孩子们去建立一些礼仪的规则，并不是为了束缚孩子的天性，事实上，在参与规则建立的过程中，孩子们学会了思考，学会了对行为边界的理解，是鼓励孩子做正确的事情，鼓励他们学会对自我进行管理，有所约束，增强自控力。

❸ 礼仪是为孩子在空旷原野展示一条道路的存在，孩子可以更加具有安全感地选择跳跃、奔跑或行走通过。过分的空旷有时会让孩子陷入强大的不安全感中，无所适从，无从入手。礼仪就像远处的一棵葱翠的树，展示一种方向，至于如何抵达，孩子可以自由选择。

❹ 真正的自由是成为一个强大自信的人，拥有人生更多的选择，想要获得真正的自由，需要从严谨的自律中获得成长。

第二篇
形象礼仪

第一章　你是孩子形象的榜样吗

一个女人最拿得出手的奢侈品就是她那个懂礼貌的孩子。那么，您是孩子最引以为傲的父母吗？

我的一个朋友在孩子读到三年级时，她突然很着急地来找我，她说你给我上形象课吧。因为对孩子的关注，她从孩子出生就辞去了原来很好的工作，一心一意照顾孩子，成为一个全职妈妈。为了孩子，他们举家租房到孩子学校附近，孩子一直学习优秀，也令她觉得所有的付出都是值得的，尽管她因此而放弃了自己的专业。

但不久前的一件小事触动了她。

她发现最近每次接到孩子，她依旧很热烈地想要拉着孩子的手帮她背书包，但孩子总是不经意地放开她的手，并刻意保持一定距离，总是要转弯之后，只有她们两人时才会牵上母亲的手。

这令她非常心痛，当孩子有一天用嗔怪的语气对她说："妈妈你也打扮一下自己好吗？你看上去比同学们的妈妈老很多。"她突然觉得天空塌陷，如果不能赢得孩子的尊重，所有的付出，结果都是失败。

我说，这不是孩子的错，尽管我们说儿女不该嫌弃母亲，但作为父母，不过早放弃自己的形象也很重要。我们以为，当生活压力不断增加，当家庭趋于稳定，当我们已经人过中年，似乎就可以放松和懈怠，殊不知，保持形象是对自己的生活负责任。

有时，太多父母过早放弃了自己的形象。

个人形象就是一个人的外在容貌、仪表仪态，也是反映一个人内在修养的窗口。良好的形象是美丽生活的代言人，是走向人生更高阶段的扶手，是走向成功的资本。都说父母是孩子的榜样，也许我们更多把关注目光投射到父母对孩子的品德知识等方面的影响，却忽视了自己形象对孩子的影响。

　　如果一个母亲每天不施粉黛，素面朝天，衣着品位糟糕，那么孩子久而久之也会忽视形象的重要而变得邋遢；如果父亲不打理自己的形象，皮鞋上斑斑点点的泥土，裤子褶皱已经看不出形状，那么他的孩子耳濡目染也会觉得鞋子干不干净不重要。我想每一位小朋友都听过儿歌《小邋遢》，也知道小邋遢不受小伙伴们欢迎的原因，但是为什么有的小朋友就是不喜欢洗澡不爱干净呢？弗洛伊德说过：每个人的每一种举动都不是无端做出来的。所以当小朋友有这样的行为的时候，请父母反思自己有没有做好孩子的形象榜样。

　　玲玲每天最难为情的一刻就是早上妈妈送她上学的时候，她故意在家里磨蹭，不是因为厌倦上学，而是她总希望能换个人送她。因为他的妈妈

每天早上送她的时候都会穿着松垮的家居服，头发胡乱地挽起来，这成了班里的一个笑话。玲玲不止一次向妈妈抗议，可是妈妈总是振振有词：这也不走光，谁规定不能穿出去？再说学校和家的距离那么近，不用再穿衣打扮了，你们小孩子不懂审美。所以，每次玲玲和妈妈都是一前一后走到学校，只要一过马路，她就迅速离开妈妈进校园。

这里真的有必要好好普及一下知识，服装真的是内外有别，而这种区别并不仅仅是是否走光来界定的。很多父母，尤其是全职的父母，早上经常是不洗脸不刷牙，穿着家居服，天冷的时候就在家居服外面披件大衣就送孩子上学，这的确是一个让人感到难为情的形象。家居服，顾名思义是适合在家里穿着的服装，并不适合穿到室外，甚至去接送孩子。

进入炎热夏季，一到家就换上凉爽居家服成为大家的习惯。于是不少男士习惯穿着紧身内裤、女性穿着吊带低胸内衣在家中来回穿梭。但对于家中有 3 岁以上孩子的父母来说，在家穿衣还需谨慎，一不留神，性感衣着很可能唤起孩子的性冲动。对于孩子来说，其内心深处的好奇和自责是父母难以理解的。

家长首先要注意到的形象要求：

❶ 整洁干净：在人际交往中，所有裸露的皮肤都是你个人素质的宣言，不仅仅指服饰外表，美丽彩妆。细节往往会诠释一个人的真正品位。如果一个母亲的手都是脏兮兮的，那么我们很难想象这一家人的饮食安全，我们更加不可以去想象孩子看到这一幕后，也不会经常洗手，指甲里嵌满污垢。所以身为父母，我们要保证我们的皮肤是干净的，这包括脸部、手、手臂、腿部、指甲、脚以及我们的头发。

❷ 精致淡妆：一个好的妆容会让我们看上去神采奕奕。化妆不是为了掩盖真实的自己，而是为了放大我们的优点，弥补我们的不完美，化妆是使人放弃自卑，与憔悴无缘的一味良药。在孩子小的时候，觉得世界上最

漂亮的就是妈妈，最伟岸的就是爸爸。所以我们亲爱的父母，也请为孩子纯洁的想法而努力打造出美丽的外表。

❸ 得体服装：工作时，妈妈端庄规范的制服，画龙点睛的丝巾，大方得体的皮鞋，爸爸一丝不苟的西装，彰显个性的领带，低调内敛的公文包，休闲时一家三口爱意满满的亲子装，这些穿衣打扮的原理，孩子都看在眼中，耳濡目染。

从现在开始，改变自己随意的着装，多阅读时装书籍，做一个得体的潮爸潮妈。父母是孩子最好的老师，在为孩子做好榜样的同时也是在充盈自己的人生。养孩子是为了什么？不是传宗接代，也不是养儿防老，是为了参与一个生命的成长，而参与就意味着付出、欣赏、互相陪伴与共同成长。孩子需要成长，而父母也同样需要不断学习来肩负起每个生命阶段的责任。

第二章　形象从"选择"开始

我想大部分家长都会遇到过这样的情况：早晨要出门了，发现宝宝又将衣服穿反了；逛街买回来的衣服宝宝却不喜欢，一定要穿着他自己中意的衣服才肯出门。不少家长大动肝火，强制他穿上，家里少不得又爆发一场服装选择战争。

让孩子做主自己的形象

其实，作为母亲，这样的事情，我也曾经历。买回小熊内衣，宝贝却不肯穿，我也百思不得其解，小熊的图案，憨憨的非常可爱，而且颜色也适合男孩子。可孩子却说什么也不穿，我说服教育半天，也是不情不愿。

于是，我和他进行更多沟通，原来，正是因为小熊憨憨的模样，他才觉得不可爱，觉得很笨很蠢的样子，他从来不喜欢小熊图案。那时，我发觉每个人的视角不同、理解不同，看到的世界也不同。衣服归根结底是孩子穿的，何必为了自己的喜好而完全无视他的钟爱呢。

我选择和他商量，请他理解这一次的选择。并且承诺，下一次，我会邀请他为自己的服装做出选择，让他穿自己喜欢的衣服，开开心心地生活，何乐而不为呢？

今天幼儿园的舞蹈课让穿黑色的舞蹈服和黑色的舞蹈鞋，安妮的妈妈一拿出这套黑色的衣服就遭到安妮的拒绝，小安妮不喜欢全黑色的衣服。

安妮的妈妈没有采取粗暴的方式命令他穿好，而是一直在和安妮说，这是学校的规定，每一个小朋友都要遵守，大家上课都穿黑色的舞蹈服，如果

你穿粉色公主裙会不方便训练，舞蹈课的衣服强调的不是漂亮，而是它的功能，可以帮助小朋友更好地练习和掌握动作。小公主裙很美，但有可能一抬手臂，袖子拽破了，那可就难为情了。妈妈用嘴发出"撕破"的声音，小安妮也咯咯笑了起来，然后说，那好吧，我也穿舞蹈服，千万不能把公主裙撕破。妈妈一边帮忙穿一边说，瞧瞧，舞蹈服是不是非常有弹性，穿上也很舒服呢。

上学路上，安妮仍然很好奇地问，衣服还有哪些种类，安妮妈妈耐心给孩子讲服装的作用，有时是为了美观，有时是为了方便，有些特定的服装就是为特殊活动制作的……

圣贤孔子和子路初次相见的一段对话，或者也为父母与孩子的沟通带来一些启迪。

49

子路见孔子，孔子问曰："汝何好乐？"对曰："好长剑。"子曰："吾非此之问也，徒谓以子之所能，而加之以学问，岂可及乎？"子路曰："学岂有益哉。"子曰："夫人君而无谏臣则失正，士而无教友则失听。御狂马不释策，操弓不反檠，木受绳则直，人受谏则圣，受学重问，孰不顺哉？毁仁恶仕，必近于刑。君子不可不学。"子路曰："南山有竹，不柔自直，斩而用之，达于犀革。以此言之，何学之有？"子曰："括而羽之，镞而砺之，其入之不亦深乎？"子路拜曰："敬而受教。"

大意是：子路拜见孔子，孔子问道："你爱好什么？"子路回答说："喜好长剑。"孔子说："我不是问这方面。以你的天赋，再加上学习，谁能比得上呢？"子路说："学习难道有好处吗？"孔子说："驱赶狂马的人不能放下鞭子，操拿弓弩的人，不能丢下正弓的器具；木材经过绳墨作用加工就能取直，人们接受直言规劝就会通达；从师学习，重视发问，哪有不顺利成功的！"子路说："南山出产竹子，不经加工，自然就很直，砍下来用它（做箭），能射穿犀牛的皮，为什么要学习呢？"孔子说："把箭的末端装上羽毛，把箭头磨得更加锋利，箭刺入得不更深吗？"子路施礼道："感谢你的指教。"

本章选自《孔子家语》，记载了孔子与子路最初相见时的一段对话，面对子路的疑惑和反问，孔子因势利导，语言简明而深入地纠正了子路的观点，让人无可辩驳。从中我们可以体会到孔子循循善诱、诲人不倦的教育思想。"不愤不启，不悱不发"。

每次当我的公开课结束，就会有家长感慨地说，发现自己平时的教育有太多不恰当的部分，没拿"父母"上岗证就直接上岗还真是不行。其实，我更想说，陪孩子一起成长成熟，共同学习进步是一件幸福的事情。

有时，我们就是需要以极大的耐心去面对孩子的教育，因为这是对自己至亲的人，而非物。

　　孩子好不容易开始自己穿衣服，可早晨要去上幼儿园时，还常会穿反衣服、扣错扣子，家长们不免有些心急和困惑。有些家长怕上学迟到，会急匆匆地帮孩子重新穿一遍，还有的家长为要不要立即纠正孩子的穿衣行为而犹豫。家长应该放平心态，把孩子穿错衣服看作一个认知的过程，这是孩子在学习任何一种能力的时候，都会经历的犯错过程。孩子在穿反衣服的过程中，是能够逐渐体会到衣服的正、反、前、后、里、外之分的，这就是让孩子自己尝试的意义所在。家长在孩子穿反、穿错衣服时，不要立即就帮孩子整理好，而是要让孩子自己发现不当之处，教给他一些方法，当然，也不是家长指点一次，宝宝就不会再穿错了，下一次穿衣如果孩子不能够穿整齐也是很正常的，家长们需要有耐心。

　　如今的小朋友都很有主见，爸爸妈妈包办选择衣服已经行不通了。但孩子自己搭配的衣服，往往与家长的意愿和审美相距甚远。孩子有自己的审美观和喜好，给孩子一定的选择衣服的权利，这其实也是在不知不觉间培养他们的个性和自主性，家长应该为孩子的自主意识感到欣喜。从幼儿园小班起，家长就可以适当地让孩子自己挑选衣服，这有利于孩子能力的发展。但孩子受年龄和认知范围的局限，难免会选出不合乎成年人审美观的东西。这时候家长要避免将自己的喜好强加于孩子，而是应该建议孩子多观察生活，在观察的基础上让孩子自己动脑筋再做一次选择，这个培养和引导的过程尤为关键。当孩子一定要选择穿某一件衣服时，家长应该倾听一下孩子这么做的原因，或许是因为孩子想把穿着的这件衣服介绍给朋友，或许是因为孩子非常喜欢这件衣服。做了这样沟通后，一方面尊重了孩子的意见，另一方面也有助于家长能想出更好的"应对"和说服的办法。

　　家长给孩子选择服装的时候要注意以下几个问题。

　　首先，是服装的颜色。孩子对颜色有着原始的敏感和独特的喜好，在帮助小朋友选择衣服之前要首先询问小朋友喜欢的颜色和不喜欢的颜色，有些妈妈觉得小朋友年龄小，给有些小男生穿着粉红色或者是女生的服装，这是十分错误的行为。给小朋友选择服装的颜色应该明亮活泼，色彩的纯度和明度都应该高于成人服装。不光有天蓝色、草绿色、明黄色和粉红色，可以给男孩子选择一些驼色、灰色等。但当帮小朋友选择浊色和中间色的时候一定要注意款式和服装的质感，避免老气横秋。驼色、灰色也会显得儒雅和俊秀，给人一种"淡妆浓抹总相宜"的感觉。

　　其次，考虑到儿童的天性，衣服的舒适性也很重要，穿着舒适潇洒的运动服既利于孩子的身体发育，也利于孩子跑步游戏，选择的布料应该结实、柔软等。比如，在我们做过的调查中，大部分父母都喜欢给孩子买牛仔裤，与之相反的是大部分孩子都不喜欢牛仔裤，孩子们喜欢舒服的运动裤，或者是仿牛仔的运动裤。因为厚实的牛仔裤活动起来颇为不便，而孩子的天性好动爱玩，他们更喜欢柔软舒适的服装。

　　最后，考虑到孩子的个性，如果孩子的课外兴趣是跳街舞，可以在服装中添加嘻哈的风格。如果孩子在兴趣班中学习小提琴，也可以帮孩子买几套漂亮的小西装。但是新潮的服装和过于个性的服装也要分清楚场合再穿。

那么，怎样去训练孩子的服装搭配能力呢？我们所提倡的一直都是未雨绸缪的教育，不是马上出门才和孩子为穿哪一件衣服大动干戈，家长可以和小朋友设计出一些穿衣打扮的游戏。比如可以给芭比娃娃搭配不同场合的不同造型，也可以和孩子一起动手给芭比娃娃缝制衣裳。在游戏中告诉孩子怎样的场合应该选择怎样的服装。

孩子选择衣服，我们应该放手，给予他们选择的权力，也提出合适的意见，无论孩子选择得对错，这都是成长。

小贴士

着装的"TPO"原则（Time 时间、Place 地点、Object 目的）

毛豆是冬天出生的，而北京的冬天寒冷并且狂风经常肆虐，所以他一直到三个月时才有机会出门，每次出去时间都很短，十分钟或者十五分钟。由于北京的春天经常刮沙尘暴，因此，他每次出去只能是不刮风或是风比较小的时候。我每一次出门之前会先把自己收拾利索，脱下家居服换上轻便的运动装，把头发梳理整齐，而这一切连五分钟都用不了，然后，我会给毛豆套上外出服，戴上帽子，仔细把他的小手小脸用湿纱布擦拭干净，抹上护肤霜，对他说，毛豆好漂亮好干净啊，我们出去晒太阳去喽！

这一切并不烦琐，甚至还很有趣，我只是要传达给孩子一个观念：有些衣服是家居服，有些衣服是外出服，它们适用于不同的场合。

在他一百天的时候，我们邀请了一些朋友一同为他庆祝。这是一个很重要的场合，也是毛豆第一次参加这样大的活动，第一次被隆重介绍给大家认识，也是第一次会有许多人用不同的目光来看望他。所以，我很精心地为他选择服装，因为我知道毛豆穿得漂亮得体与否，会使他接受到成人不同的目光，敷衍的赞美或是由衷的赞叹、礼节性的笑容或是感慨惊喜的笑容、简单的问候或是热情的抚摸拥抱，这一切给予毛豆的感受是很不同的。来自成人欣喜的目光、亲热的动作、温暖的语言就是对他的肯定和鼓励，他小小的心灵感受得到。而他还太小，这些需要母亲的悉心帮助和打扮才能使他获得。

毛豆还不能独自坐着，我选择衣服就要挑比较合身，抱着他时不容易变形的质地，我首先摈弃了爬服和连体服，因为一直没有找到特别可爱的造型，这类衣服如果没有任何造型的话，它其实就是家居服和睡衣。我给他买了一条质地非常柔软的牛仔裤、一件白色的T恤衫和一件淡蓝色的毛背心，脚上还像模像样给他买了一双软底皮鞋，其实这双鞋的底和面是相同质地的，原本也不能用来走路，就是小宝宝们保暖用的鞋。

当然，之后的过程就无须赘述了，在他过百天庆祝会的时候，毛豆出尽了风头，每个客人无一例外都给予了他亲切呼唤和亲热动作，毛豆风光无限地应承了一会，在我怀抱中带着笑意沉沉睡去。

❀ 不同场合不同穿着

孩子的衣服首先要选择一些纯棉的、亲近肌肤的质地，他穿得温暖舒服才会有愉快的心情，是否名牌并不重要，有很多外贸服装质地和款式及价格都非常可取，当然这需要母亲练就一双火眼金睛。毕竟品牌服装面料和染料还是比较可靠的，不亲民的是它的价格而非质量。而小店服装所需要考虑的就是质量了。不过，我的经验是内衣买品牌的，因为它直接与宝宝肌肤接触，而外衣我则会选择一些性价比较高的服装。孩子的所有衣服在买来后我都会认真清洗，并且让太阳晒出温暖的香气后才会给毛豆穿。毛豆的衣服一直都是混搭派的，既美观又经济。

其次，一定要从小传达给孩子一个观念就是衣服如同人的修养和品位，不能随意乱穿。毛豆的衣服我会分得很清楚，外出服和家居服，并且在每次更换衣服的时候都会把原因讲给他听，比如出门前我会说，现在我们要出去玩了，毛豆要穿得干净漂亮一点哦。回家后我会说，回家了，我们换上舒服的衣服吧，因为毛豆一会就要睡觉了。甚至毛豆吃饭的围嘴，我也会留一个专门外出使用，去外边的餐馆就餐或是去朋友家做客我就会给他带上外出用的围嘴，因为在家使用的围嘴上面染有一些苹果汁番茄汁的印渍很难洗掉。这样做的目的是使孩子明白不同的衣服适合不同的场合，但并不是就此束缚住孩子，为了保持外出时的整洁，在家就要保持衣服洁净，讲究礼仪不是要捆绑孩子的生活。

毛豆刚刚会爬的时候，到处乱爬，我基本不太限制他，我所做的只是在家给他穿上一件小罩衣或食饭衫，每天用清水拖干净地板。吃饭的时候他会张牙舞爪抢夺勺子或食物，我会分一把勺子和一点食物给他，弄脏食饭衫我也不会指责，他还太小，小手的精细动作完成不了但又渴望参与进食，这一切都没有问题，他长大些小手灵巧了，自然就会保持用餐时的衣着干净，现在他需要母亲的帮助。

还有就是夏季服装的选择，夏季的北京总会有桑拿天，十分闷热，很多小宝宝就只穿一件肚兜，而我每次都会给毛豆穿好短裤和背心，他也并未因此而生痱子。事实上柔软的纯棉短裤背心非常吸汗，穿上这样的衣服反而比只穿个小肚兜露着小屁屁舒服，这样小宝宝在妈妈怀抱里时也不会彼此的身体湿黏在一起。宝宝的小屁屁和生殖器官都属于非常私密的部位，不应该随意裸露。我经常在小区院子里看见某个人指着小宝宝说，你看他的小鸡鸡多小啊，甚至还过去摸一把。其实这是对宝宝的不尊重，这个时候我感觉悲哀，孩子的尊严就这么轻易地没了，人们观赏他、品评他，甚至动手去摸他，而他的父母全然不在意。如果是成人，你愿意这样吗？如果不愿意，那么也别这样对待孩子。所以，作为父母，首先要为孩子选择适合的衣服，无论多热，也要给孩子穿整齐，轻薄一点的质地绝对不会让孩子感到更热，我们要让孩子从小便有羞耻心。

第三章 点击儿童形象礼仪关键词

孔子说，不学礼、无以立。因此，想让孩子成为一个风度翩翩、彬彬有礼的人，从小就要培养他良好的礼仪习惯，行为举止优雅得体的人在今后的生活和学习中会获得别人的尊重，会让自己更加自信。对孩子的一生都大有裨益。

孩子的每一次外出，无论散步、晒太阳还是和小朋友玩耍，不管是在妈妈的怀里、婴儿车里或是独立行走，对他们都是一次外出、一次人际交往过程。会收获大家羡慕、赞赏的目光和语言，还是遭遇到路人的鄙夷、嫌弃的态度，很大部分取决于宝贝的外表，英国的形象设计师罗伯特·庞德说，这是一个两分钟的世界，你只有一分钟展示给人们你是谁，另一分钟让他们喜欢你。

因此，孩子的着装也是有讲究和有礼仪的。

曾经有一次，我在企业培训，员工们穿着制服，白色衬衫蓝色条纹领带，但很多男员工将袖子挽起来，由于夏天天热，领口解开领带歪斜。看到的第一感觉是员工很懒惰，企业也没有凝聚力，因此，我在上课时就提到了《弟子规》中的"冠必正、纽必结……"培训结束，企业的老总很感慨地说："谢谢纪老师，让我们重拾中华文明。企业发展到今天，我们却连弟子规都没有做到，也确实该好好反思一下啦，先不妄谈走出国门，扬我国威，能够把小事做好就不容易，这也是企业高速发展到今天，我们需要做的一件事，我会要求我们所有员工一起学习《弟子规》。"

因此，在讲到儿童礼仪形象关键字时，我想以弟子规中的部分内容作为开始。

知识链接

《弟子规》是清朝康熙年间秀才李毓秀所作，又名《训蒙文》，训在《说文解字》中注释为：说教。蒙的注释为：没有知识，引申为还未受教育的小孩子。它是古代教育儿童在家庭、外出、待人、接物与学习上应该恪守的法则。分为"入则孝、出则悌、谨、信、泛爱众、亲仁、余力学文。"七个部分。在弟子规中"谨"单独构成了一个重要的部分，这部分要求孩子做到谨慎小心、规矩低调、有自我尊严的生活习惯。穿衣戴帽本是生活的小细节，人人都会，可是《弟子规》中还是用大段的章幅来详细说明穿戴整齐的标准。

小朋友穿衣打扮的关键词。

❀ 齐整

《弟子规》中说："冠必正，纽必结，袜与履，俱紧切。"就是帽子要带正，纽扣全都要扣好、袜子和鞋子都要系好系紧。但是当今的时尚却与古人不太相同。帽子以歪戴为潮流，很多时候小朋友会把帽檐戴到后面去；纽扣扣上没有潇洒的样子，于是小朋友敞怀穿；袜子一只一个颜色，鞋带松松地塞到鞋里不用系好。这是日韩、欧美衣着潮流流行到中国引起的变化。《弟子规》是古代教导小朋友的书籍，而现如今社会风貌已然大变，那么《弟子规》中对衣着打扮的要求还有实效性吗？

我们要做的就是古文今看和古今结合。在公众场合中非表演状态下，帽子和衣服是要戴正系好的。系好鞋带也是对自己安全的保证，以防被绊倒或者绞入自行车中。这是对他人对自己以及对场合的尊重。大方的仪表一定不是由太过个性的服装组成的。

朱熹就谈到要做到"三紧"——帽带、腰带、鞋带要紧。今天看到一些嘉宾访谈时甚至歪戴帽子，会给孩子们散漫的印象，而正戴会给孩子们提示作用。每个扣子都要扣上，军队检查风纪，最上边的是风纪扣，再热也要扣。大凡正式场合，腰里有腰带。鞋子一定要系紧鞋带。做到了"三紧"，人的精气神就出来了。三个地方都松垮垮，客观上会让人觉得玩世不恭。

现在，孩子们上学都会要求戴黄色安全帽，但很多孩子都是歪斜扣在头上，其实这个年纪最需要的不是所谓酷，而是规范、安全。莫把明星着装当作审美标准，要分清楚生活着装和舞台着装，不同场合不同需求。

《论语》中提到子路的地方有四十七处，他是孔门弟子当中非常重要的一个人。在孔子的弟子中子路是年龄最大，性格最直率坦荡的，豪爽侠义。子路就是这样一个非常可爱又有才华的人，可惜最后死在了帽子上。卫国发生内乱，子路看不过去要骂这些乱臣贼子，结果有一个人一下把子路的帽子给打歪了。谁知道，子路说："君子死而冠不免。"说我可以死，但是我帽子不能打掉，所以他就把帽子给系好，这么一弄，就被乱臣贼子砍成肉酱。

子路死就是因为帽子，所以"冠必正"对古人来讲是很要的。是他的尊严和人生态度。

孔子的七十二弟子之首子路确实因帽子的问题而丢掉性命，今日看来虽有迂腐但也可以看出"冠必正"对古人的巨大影响。

而今日，我们需要小朋友着装首先要做到的就是齐整，你穿的是不是名牌、是不是流行没那么重要，穿戴齐整的衣服可以体现对生活的态度，甚至可以影响你的性格。俗话说，播种一种思想，收获一种行为；播种一种行为，收获一种习惯；播种一种习惯，收获一种性格；播种一种性格，收获一种命运。着装的第一部分要求就是需要穿戴齐整。我们每个人在穿着上，都不要小看自己的衣服。人与人见面，看衣服的样式就基本知道你的立身处事的风格，看色调就可以知道你的文化素养。看你的穿法，这帽子是正着戴的，还是歪着戴的，衣服是散着还是扣着的，就可以知道你的基本生活态度。

所以服饰加上容貌表情就构成了你的文化形象。

子贡有一天拜见一个朋友，走得太急没修饰容貌，到了人家门口，被拦住了。认为他不够资格与主人交朋友。子贡也认识到了，赶紧钻到马棚里，把衣服打理整齐，再求见，人家就让他进去了。说明你衣衫不正，会被人瞧不起的。

这个故事就是著名的马棚修容。

知识链接

古代诸侯盟会，叫衣裳之会。如果家族有了好事，称为家族的衣冠盛世。中国人在衣服上展示的文化是其他国家难比的。古代做将军的有将军的服装，士兵有士兵的服装，官有官服。官服前有补子，表示几品官。在古代，衣服能够体现出职业。

古代法官有服装，传说尧舜时有个法官叫皋陶，很有名。他每次判断不了案子时，会找一角神兽帮忙，獬豸（像羊，只一角）能立刻知道谁是坏人，打官司知道是谁错了。皋陶牵出它来，"杵不直行"。一审，果然是。法官后来戴帽子叫"獬豸冠"。

❀ 得体

得体的基础就是适合，适合孩子的年龄阶段，适合孩子性别的颜色，适合孩子的着装场合。比如参加新年音乐会和户外采摘的服装就应该有不同，前者可以是精致的公主裙，后者则是以休闲运动为主的运动服。再比如学校和家庭中的着装也有不同，在学校以校服为主，在家则以舒适简单的居家服为主。

儿童的服装根据着装场合分为三类：

❶ 礼服：比如孩子参加演出，随父母参加婚宴，担当"小礼宾""花童"，或是出国参加艺术类等比赛项目。

❷ 生活服：孩子们日常最多的穿着，朋友家做客，逛街去超市，去游乐园等。

❸ 运动服：孩子们在打球、踢球、跑步、跳绳等进行体育运动时所穿着的服装，根据每个项目的特殊性，服装要求也不尽相同。

其中需要特别强调的是生活服又分为家居服和外穿服。那么就要求家长能把外出服和家居服清楚地区别开来。家居服是介于外出服装和内衣之间的一种服装，它的范围不仅仅是睡衣，而是在家中所穿的服装。其面料柔软，通常以棉、麻、丝为主，色彩清新、自然、柔和，款式宽松。以方便舒服为主要原则，面料大多柔软，廓形不明显。

外出服则较为正式，款式多种，面料较为挺括。而很多父母在带小朋友下楼散步玩耍时经常会为了方便而让小朋友穿家居服出门，甚至很多父母就大摇大摆穿着家居服出门，并且振振有词说："不走光，不裸露就可以。"

2010年的上海世博会是中国近几年的盛事之一，但据《中国新闻周刊》报道，在世博会召开前夕，上海市政府开展了劝阻市民穿睡衣出门的活动。距离世博会展馆较近的小区纷纷打出"睡衣睡裤不出门，做个文明世博人"的标语。

早在2006年，上海社科院社会发展研究所曾开展"上海市家庭文明状况调查"其中就将睡衣外穿作为不文明现象。

❀ 童真

小朋友的服装要贴合年龄阶段，要保持童真的款式及色彩，避免过于深沉的颜色，可使用艳丽明媚的色彩，很多女孩子在年幼的时候都曾偷穿过母亲的服装或是高跟鞋，这是好奇心理，也是女孩天生的爱美之心。这时身为家长一定要正确引导，告诉小朋友每一个年龄段都有不同的美丽，而在儿童时期最美的就是童真和无邪的笑靥，在儿童时期穿大人的衣服不仅不合适、不美丽，反而会掩盖儿童身上原有的童真的光芒。

因此，当我们看到很多父母为孩子烫发，并且穿着船鞋时，其实会有小小的担忧，过早成人化的穿着并不符合孩子的心性发展，家长们满足了自己有一个明星宝贝的愿望，殊不知，穿着同样带给了孩子早熟，如同催熟的果子。

过分注重外表的美丽，并且是成人视角的美丽，其实就在孩子心中种下了一些不正确的生活方式和理念，或许会因此滋生早恋等情形，或许懵懂，但孩子的关注点在哪里，有时生活重心就在哪里。

我们仍是建议不同场合不同穿着，而孩子的大部分服装应该保有童真性，方便活动。

❀ 干净

衣服的整洁与否直接体现的是一个人的精神面貌。古人极其重视修身。历史上有这么一个故事，就是从一双鞋子是否洁净去看修身对人的重要性。

相比较服装的品牌、款式等，我们十分强调整洁干净，这是良好的生活习惯。

在《德育古鉴》里，有一个人叫张瀚，他在都察院任职，非常能干，是个人才。当时的台长非常重视他，但是怕他像有些人那样，虽很有才华，后来却走上了歪路，所以就想试探试探他。于是这个台长找到张瀚，说："张瀚你十分有才华，我很看重你。昨天下朝的时候，我走到街上，看见前面有个人抬轿子，我注意到轿夫脚上穿了一双新鞋子，非常干净。从东头走到西头，他小心翼翼，都挑干净的地方走。因为他穿的是新鞋子，所以这个轿子抬得非常稳，鞋也没弄脏。当他走到西城，拐弯向南走的时候，一不小心，这个鞋子被旁边飞驰而过的马车带起来的泥水给搞脏了，新鞋子一下子变成脏鞋子了。于是这个轿夫肆无忌惮，到处乱走，专门找泥坑踩，这个轿子越抬越颠簸，我看坐在里边的人颠得够呛。"听到这，张瀚马上就说："台长，我明白了，您是用鞋子来告诉我一个道理，这是修身的要道，一个人千万不能失足，一旦失足，恐怕就会无所不做。"

这个故事说明古人绝对不会仅把鞋是不是跟脚，是不是干净，看作一件不重要的生活小节，他要从中观察你有没有一种意识，有没有一种修养，有没有一种戒慎戒惧的态度。

同时，我们也深切体会，做好每一件小事，才能够始终行走在修养之路上。偶尔为之是一种哗众取宠或者趋于功利的表现，真正的修养是无论有否人观看，无论环境是否变化，都坚持自己的标准。

美国的"全美最佳教师"雷夫·艾斯奎斯曾说过，教育无捷径。我认为家庭教育也无捷径。那些干净得体，表现杰出的孩子，透过他们背后的家庭，总能看到那些身体力行的父母的辛勤汗水。

儿童礼仪老师讲故事：小猴子皮皮

作者：曾雨霏

皮皮是一只漂亮的小猴子，它总是喜欢在森林的树梢上蹦来跳去的，金色的小尾巴勾着树枝荡来荡去，漂亮极了。尤其是在夏天，森林里到处开满了鲜花，树上结满了各种果实的时候，皮皮几乎是天天都要在森林里玩耍。可是，因为皮皮太爱跳来跳去的，所以身上的衣服总是会被树枝划破，皮皮妈妈为这个可是没少头疼，皮皮也没少挨骂！

这天，皮皮约着小伙伴小狗奇奇、小猫豆豆去森林里玩。皮皮兴奋地在树梢间蹦来跳去的，树下的奇奇、豆豆看得眼花缭乱的，高兴得直拍手。真高兴呢，突然听到"撕啦"一声，皮皮的衣服下摆被树枝挂烂了，皮皮吓得从树上跳了下来，拽着衣服跳着脚说："哎呀，又挂烂了，怎么办呀，回去妈妈又要生气了！"奇奇和豆豆见状，赶忙跑上前，扯起皮皮的衣服左看右看，希望能够找到补救的办法。可是衣服的口子撕开得太大了，只能回家拿针线才能补了。三个小朋友想了想，实在没有办法，但是又想玩一会儿再回家，所以皮皮干脆就把衣服脱掉放在地上，然后光着膀子又跑到树上去荡秋千了。没穿衣服的皮皮在树梢间玩得更欢畅了，不用担心衣服被挂着，而且觉得好凉快啊，开心地笑个不停。奇奇和豆豆看着皮皮光着膀子跳来跳去的惬意得不得了，也干脆脱掉了自己的上衣，在草地上打滚、捉蜻蜓、扑蝴蝶，玩得不亦乐乎！

转眼，太阳快要下山了，皮皮和奇奇、豆豆准备回家，可是身上好多汗，还沾满了灰尘、杂草。三个人合计了一下，说："那咱们干脆就不穿衣服直接回家吧，回去洗澡好了！"于是，三个小伙伴拿着衣服甩开膀子哼着歌曲向家里走去。皮皮、奇奇、豆豆的家住在繁华的镇上，要想从森林回到自己的家得穿过镇上最为热闹的步行街，三个小伙伴说说笑笑地准备穿过步行街回家。可是走了没一会儿，皮皮就发现有点不对劲，他发现从它们身边走过的人总是看着它们，皱着眉头，还会小声地嘀咕。皮皮有点奇怪，它问奇奇和豆豆："哎，咱们都相互闻闻，是不是咱们身上有味道啊，为什么从我们身边经过的人都要皱着眉头嘀嘀咕咕呢？"三个小伙伴相互闻了闻，发现也没有啥特别的味道啊，它们挠挠头实在是想不出为啥，只好当作没看见继续往前走了。走着走着，碰到兔妈妈和兔宝宝迎面过来，兔宝宝看到奇奇它们，立马躲到了妈妈身后，兔妈妈扭头问兔宝宝："宝宝，这是奇奇哥哥它们啊，你干吗要躲起来啊？"兔宝宝捂着眼睛说："妈妈，我知道是奇奇哥哥，可是它们没有穿衣服，还那么脏，好丑啊！我们老师说有礼貌讲文明的小朋友都是会穿得整整齐齐干干净净的呢！"皮皮、奇奇、豆豆听到兔宝宝的话，相互之间都看了看，发现他们真的看起来好邋遢，再看看周边过往的小动物们都穿得很干净很整洁，也感觉到自己的样子实在是有点难看了，于是不好意思地低下头红着脸赶快把衣服穿了起来，一溜烟地跑回了家。有了这次的尴尬之后，皮皮、奇奇和豆豆从此以后再也没有把衣服脱掉过，即便是去森林里玩也会特别小心或者穿上适合运动的衣服，即便是再热的天气它们也再没有脱掉过衣服了。

第四章　小淑女的形象塑造

中国自古有言：谦谦君子，雅雅淑女。

淑女气质表现在穿衣戴帽，也见诸于举手投足，更流露于眉宇和谈吐之间。

香奈儿说过："如果你穿得邋里邋遢，人们首先会注意到你的衣服，如果你穿得无懈可击，注意到的才是你这个人。"

首先，小淑女应该做到的就是干净整洁。小淑女应该保持面部的干净，每天早晚要洗脸，正确的洗脸方式可以维持血液的良好循环和新陈代

谢的正常运行。洗脸的正确方法是首先用温水湿润面部，然后把适量的洗面奶、香皂用手由下向上揉搓打圈，手经过鼻翼两侧到眼眶周围正反打圈，从上额到下颌反复打圈。并且在每次用餐之后都需要擦嘴，用餐过程中也应注意保持整洁，如果类似椰蓉面包这样有比较多碎渣的食物要及时擦拭。

其次保持口腔洁净。清水漱口是清洁口腔，保护牙齿的最简单最基本的一种方法，在儿童礼仪教学课程中，我们会有多种方法让孩子享受乐趣般地爱上刷牙。

再次，保持眼部的清洁。要及时除去眼角的分泌物，如果有佩戴眼镜，请保持镜片的洁净。都说眼睛是心灵的窗子，所以要培养小淑女就要养成良好的用眼习惯，家长应该控制孩子对电脑电视的使用时间。

此外，小淑女要注意着装禁忌。

一是避免过于成人化。有些四五岁的小女生就穿着船鞋，初夏就穿着紧身袜子和裙装，对于这个年龄段的孩子而言其实不是最好的选择，小女生穿船鞋，不太方便活动，船鞋固然很美观，由于无带的设计，成人穿着会显得腿部修长，但不太跟脚。我自己由于培训的关系，经常要穿船鞋，站得久了走得多了，都会觉得如果有鞋带该多好。想想我们的小女生，活动量要比成人大很多，船鞋并不方便她们游戏，而且船鞋材质大多比较硬，这样才能有形状，也就必须要牺牲舒服来换取美观，对这个年龄段的孩子而言，并不是最好的选择。至于紧身裤袜，连成人都不建议经常穿着，出于弹性的考虑，紧身裤袜大多不是纯棉的，接触孩子们娇嫩的皮肤，有可能会诱发一些疾病。

有时炎热夏季，也会看到小女生穿吊带装、露脐装，先不讨论服装是否具有这个年纪的美感，从孩子的生长发育而言也不建议小女生穿露脐装，肚脐处于腹部正中央凹下处，是婴幼儿脐带掉落后所残留下来的，在中医经络系统中归于任脉的穴位神阙穴。肚脐不光是人身的原点，周围一圈是身体唯一横向的一条脉络——带脉，带脉起上下沟通、推陈出新的作用。古人有脐为五脏六腑之本、元气归脏之根的说法。肚脐是最怕受凉的处所。脐下无肌肉与脂肪结构，血液管道丰满，肌肤较薄，过敏度高，并有渗透性强、纳入力快等特征。因屏障性能不好，在身体又属对应薄弱之地，如果肚脐和腰部裸露受寒，对人体的伤害是很大的。

此外，露脐装比较性感，带给孩子的审美和穿着体验也是我们更应该考虑的。

正如爱德华兹的名言："教育的伟大目标不只是装饰而是训练心灵。"

着装的选择不只是好看与否，不同的着装会给孩子带来不一样的情绪，而端庄大气的服装带给孩子心灵的滋养也是必要的。

小女生的服装色彩以明媚丰富和谐为主，样式以大方为美，舒服自然，可以彰显个性，但个性绝对不是奇装异服。

二是避免过于隆重。在幼儿园经常会看到小女生穿着华丽的公主裙，为了整体搭配协调，通常需要配皮鞋和发夹，这样的穿着固然很美观，但不太符合孩子的日常生活需要，迪斯尼动画片里的公主裙大多款式复杂，裙摆较大，孩子活动起来颇为不便，行走和跑跳容易绊倒自己。

公主裙其实还有另外一层含义：公主的裙装。

所以，经常穿着公主裙，也比较容易让孩子慢慢有一种自己是小公主的感觉，如果仅仅是这种公主情结也就罢了，我见过一些小公主们指手画脚的样子和旁若无人指挥父母的样子，这就不好了。

一次，我去剪头发，真正见识了"小公主"的魔力。一个小女孩，七八岁的样子，和奶奶一起走进来要盘发，据说下午有演出，并且一定要正在给我剪头发的师傅给她盘某个独特的发式。当时，我已经在剪头发，师傅便让她半个小时之后再来。"小公主"非常不高兴，脸一下子耷拉下来，开始任性并且耍脾气。奶奶在旁边低声劝说，并且再次询问学校的具体发型要求，保持克制，保持温柔，小女孩完全没有正面回答，只是说：你懂什么，老师就让盘成那个样子，只有这个叔叔会盘……

"小公主"一边说一边发泄地走来走去，自始至终都没有看过奶奶一眼，奶奶唯有尾随，从未看到过孩子的眼睛，因为"小公主"不是翻白眼，就是斜楞眼看奶奶。看到老人和小女孩错位的身份和尊卑，我倍觉心酸。传统中国教育一直讲究"长幼有序"，是谁让小小女生趾高气扬成为了公主？

孩子的心性培养并不是完全来自语言教导，她穿什么衣服，她做什么动作，都有可能影响她的情绪，而8岁前的孩子的内心是纯洁的世界，并不懂得筛选，对很多信息经常是一股脑地接收，家长们在选择服装时应充分考虑孩子的年龄特点，太过隆重的服装或许会给孩子们造成过度优越感。

但不少父母为了圆自己心中的公主梦，常常这样让孩子穿着。这样的衣服可以视场合偶尔穿着，但日常装扮要保持童趣并讲究舒适度，符合孩子的年龄特征和生活特点。

三是避免过于中性。现在，我们常常看到女孩子的打扮越来越阳刚，而有些男孩则颇有阴柔的感觉。受到电视剧的影响，也受到时尚潮流的冲击，孩子们似乎有时背离我们的传统。所以，我们要从培养孩子的性别意识开始，改变这种现象。通常3岁是一个分水岭，3岁之前孩子们对性别意识模糊，3岁之后可以有意识培养孩子的性别观念。

小女生的性别意识培养是非常重要的，让孩子能够学会自我保护。什么是她的启蒙性别教育呢？我想，着装应该是带给她最直观的体验。

因此，我建议男女有别，着装上有明显的区分，明显的性别特征。正如我一再强调的，不同的穿着是会影响孩子心性的。

四是避免追求名牌。在儿童礼仪课程中会强调美观，但不会过分让孩子追逐名牌，我们的课堂教学对这一点也十分小心谨慎，唯恐给孩子们幼小的心灵投下对品牌的阴影。对于孩子而言，品牌绝对不是重要选择依据，比较具有安全和质量保证即可，很多昂贵的儿童服装是品牌附加值，而非产品本身的奢华昂贵。在孩提时代，在未能自食其力的阶段，我们希望孩子们对形象的认知和了解，更在于是否得体、整洁、美观，而不是陷入对品牌的追求。

有些大一点的小朋友喜欢追逐潮流打扮，上学的时候都穿校服，比拼的就是脚上的鞋子，你穿的是阿迪达斯、耐克的经典款，我穿的是品牌的限量款。小朋友选择的衣服应该是彰显青春气息的服装，太执着于追求时尚会形成嫉妒攀比的不良心态。

孔子反对穿着华丽，一天赞扬学生子路"衣敝缊袍，与衣狐貉者立，而不耻者，"与穿狐裘的人站在一起，并不感到羞耻。他甚至说："邦无道，富且贵焉，耻也。"意思是在国家无道的情况下，富贵反而成了一种耻辱。

衣服的基本功能有了，内在更丰富，才能相得益彰，否则只有奢华，内在并无轩宇之气，也很难使服装具有它应有的美感和神韵。

穿着并不昂贵，但服装得体整洁，眉宇仍有自尊与自信，这才是我们中国的文化精神。

1925 年陈寅恪先生留洋归来，在清华大学就穿着长衫，一个布包袱包着书就去上课了，衣服干净得体，同样深受学生尊重。无论什么时候都要更多地追求内在，外在要合乎礼仪要求，整洁干净。

"童子不衣裘帛"，从小养尊处优不好。对孩子而言其实并非丰盛的童年。《弟子规》说"准德学、惟才艺，不如人、当自砺，若衣服，若饮食，不如人，勿生戚"，一个真正的君子，是不会在物质方面和别人比较谁富裕，他们只有在品德、学问或才能、技术上不如别人的地方，才会勉励自己向上。

培养孩子清澈的人格品质，对孩子的童年而言是无比珍贵的。

五是同学生日会、学校演出时。小朋友在参加同学生日会的时候可以选择华丽明快的衣着，穿着隆重以示对伙伴的尊重，同学过生日，如果选择比较正式的餐厅，切忌穿着太过随意和休闲，这样的打扮并非不拘小节，而是不够尊重对方，不够尊重场合。但注意不要喧宾夺主，以免抢了"小寿星"的风光。

学校汇报演出的时候可以选择一些点缀有亮片、珍珠、水钻的服装，通常在舞台上的服装是专属的舞台装，会有闪亮的装饰。

回想起令人着迷的童话故事，我们着迷的不光是公主身上善良勇敢的品质，还有每一位公主的漂亮着装。2015年上映的电影《灰姑娘》吸引了众多观众，不仅仅是小朋友，很多成年人也都去观看，原来每一个女孩、女生、女人的心中都有一个公主梦。

知识链接

专门为《灰姑娘》设计衣服的服装设计师Sandy Powel，她曾17次提名奥斯卡，3次获得奥斯卡最佳服装设计师，为了这部电影，在开拍两年前就已经开始筹备服装设计，他从 19 世纪和 20 世纪 50 年代的着装中寻找设计原型，光舞会的礼服，18 个裁缝花了 50 多个小时才制作成功。这件礼服通身水蓝色，从里到外有 12 层，用了真丝、尼龙、聚酯纤维等多种面料。这条裙子用了 250 米线，10000 颗施华洛世奇水晶，裙摆庞大，气势逼人，灰姑娘参加完舞会跑出来的时候，整个裙子像云一样鼓鼓地飘起来，如同泼墨山水画一般。

每一个女孩都希望自己可以成为公主，穿着如公主般的华服。很多女孩无论天气怎样都会选择公主裙为自己的出行装扮。家长可以这样来引导孩子，芭比娃娃为什么有那么多套衣服？为什么不光有公主裙也有简单的

短裤和小 T 恤？可以每说出一个场景就让小朋友来搭配描述出一套合适的服装，如沙滩派对、新年音乐会、学校运动会，这样孩子就更加容易接受不同的场合搭配不同的服装。

知识链接

《女儿经》中曾这样说过：勤梳洗，爱干净，穿衣裳，旧如新。修女容，要正经，一身打扮甚非轻，光梳头发净洗脸。不必绫罗缎，梭棉衣服要干净。

在培养小淑女的形象礼仪时，整洁、干净、得体、大方是非常重要的，在可能的情况下逐步培养孩子的审美观，使她们从小受到良好的美学熏陶，在这方面似乎父母就是一面镜子，希望自己的女儿是小淑女，母亲也必须是淑女。

第五章 小绅士的形象礼仪

现在，社会上非常流行的一个词就是"绅士"，但也有一种误解，觉得绅士与财富有关，其实不然，"绅士"是一种品质。它是一个人道德、品性、形象、举止等的综合体现。

我们到底要把孩子培养成什么样子的？学识方面是渊博的，人品方面是正直的，那么在仪态仪表气质内涵方面呢？家长就会觉得这个问题的答案有些朦胧了，我们也许会用一个词汇来回答这些问题，就是我想把孩子培养成绅士或淑女。那么我们就要建立绅士或者淑女的特征和价值观的设计蓝图。什么是绅士品质？沃尔特·拉雷爵士以其绅士精神而闻名，他把自己的斗篷铺在泥泞的路上让从马车上下来的女王伊丽莎白一世走过。

知识链接

在中世纪的英国，"gentry"是一个社会阶层，社会地位仅次于贵族。

此阶层的男性成人当时称为"gentleman"，绅士英语"gentleman"一词，做个拆字游戏的话，"gentle"在字典中，解释为优雅、上品，可爱、宽大、稳健、亲切、有礼。"man"为男士。绅士风度是西方国家公众，特别是英国男性公众所崇尚的基本礼仪规范。要求在公众交往中注意自己的仪容举止，风姿优雅，能给人留下彬彬有礼和富有教养的印象。是中上层阶层男士所追求的一种社会风尚。考究的着装，文雅的举止，尊重女性，尊重人格，彰显男人的刚毅、坚韧、含蓄、深沉与宽宏大量的人格之美。

现在有些家长希望培养孩子的"绅士风度"，因而让孩子上贵族学校、上外教课程、打高尔夫球等，培育孩子的绅士风度。家长们的这种做法能否培养出绅士风度，有待商榷，但无论如何，家长培养孩子"绅士风度"的意愿却是值得赞赏的。

想要把孩子培养成小绅士，就从形象开始。

❀ 发型

一张好的形象名片从"头"开始。现在发型设计的发展使得发型不仅仅是女孩的选择，男孩子的选择不只停留在"寸头"，一系列韩式美男的发型席卷中国，或帅气或俊秀。无论头发或多或少，都应以"清洁清爽"为第一原则。

男孩子运动量普遍要大于女孩，经常出汗，要避免头发油腻而产生的不洁气味，所以要经常洗头发。而且发型的选择要突出男生的英俊之感，不要蓄留过于厚重的发型，也尽量不要为孩子烫发。儿童发质与成人的相比，发质层薄而嫩，头发细软，烫发会对孩子的头发造成很大损伤。成年人的美发用品，其中含有易挥发的有机溶剂，特别是含有甲苯等对人体有害的化学成分，且一些化学制剂可能会通过皮肤的接触渗入身体，对正处于发育阶段的孩子更加有害。

一些所谓标榜儿童专用的产品，由于国家并无相关规定，因此无论代购或是网购，其实都是有风险的，家长最好不要随意给孩子使用。如果在节日或是演出时想要为孩子做卷发造型，可以利用发卷等短期造型工具。

现在有一些家长给男孩留一个小辫子，一直要保留到孩子 12 岁才剪掉。这是在一些农村里盛行的习俗，是为了给孩子避灾祸。但是这样的发型会使得孩子在上学的时候引人侧目而且颇不方便。

孩子的发型还是自然简单保持童真为好，建议家长不要随自己的心性和审美观点而伤害了孩子的头发和健康。

✿ 着装

《弟子规》定下的原则是："衣贵洁，不贵华，上循分，下称家。"就是不赞成衣服华丽，而是要整洁。

对于男孩子来说，衣服的整洁与干净非常重要，甚至在美国华尔街也有这样一句俗语："整洁是一个人地位、身份的标签。"

因此，所谓绅士，先从整洁开始。一般来说，男孩子的运动量会比女孩子的大，因此更要注意清洁，要知道男子汉气概和不讲卫生是不能画等号的。

男生整洁度自我检查：

❶ 做到饭前、如厕后洗手。

❷ 每天至少刷牙两次，饭后漱口。

❸ 早上出门前梳理头发、洗脸。

❹ 每两天至少洗澡一次。

❺ 指甲干净，修剪整齐。

❻ 饭后洗手擦嘴。

❼ 衣服扣子系好，衣裤齐整。

❽ 鞋子干净，无明显陈旧污垢。

❾ 身体无口气、汗味等其他异味。

❿ 不当众挖鼻孔、打喷嚏、掏耳朵、剔牙等不雅行为。

这些是与金钱无关，与自我修养有关的形象基本要求，每位小绅士都应该这样严格要求自己。

除了整洁以外，还要与自己的身份相称，即"上循分"，要与自己的家庭情况相称，比如一个小朋友天天上课时穿着各样的奢侈品名牌，一般大家会觉得不妥当，因为这与学生的身份不相符。甚至在很多国家，这样奢侈的着装习惯可能会给孩子带来不必要的负面影响，比如"公子哥""小少爷"等称谓，因为，很显然，在还未能自食其力的年纪，过分豪华等同游手好闲靠父母。

学生干干净净，比较简洁，能够尊重课堂教育的氛围就可以了。

"下称家"，古时候是有等级制度的，比如丝绸质地的服装只有做官的人才能穿着，就算是有良田百倾的富商也是不可以的；再比如古代妇女一定是自己的丈夫有秀才以上功名的才可以穿红色的鞋子，一定要是夫人、太太才可以穿红色的裙子。但今天我们当然没必要有这种等级观念，只要与自己的家庭情况比较吻合，如父母收入比较高，或者家庭条件比较好，那么孩子穿衣服稍微好一点，是可以接受的。但是如果经济状况不允许，孩子还要吵闹着穿名牌运动鞋、名牌衣服这都是不妥的行为。要让孩子知道，腹有诗书气自华。

阮咸是西晋时期著名的文学家，文学史上地位较高。小时候家里非常贫寒，饮食、衣服都很平常，他安贫若素，在有钱人面前泰然自若，一点都不自卑。中国有一个传统习俗：南方湿度比较高，每年农历的六月初六都要晾晒衣服，叫"晒箱子底"，就是晒家里的衣服。在六月六日这一天，因为民俗里相信六月六日的太阳力量最大，那么也就是说杀灭细菌的强度最高，所以要把家里的衣服堆出来晒一晒。很多人就会不晒，或者挑一些稍微像样的衣服出来晒一晒，担心被人嘲笑家境不够好。

阮咸不是这样的，他非常坦然。家里有什么衣服他就拿出来晒什么衣服，然后堆了一地的破衣服。阮咸家晒衣服的时候，因为阮咸在当地很有名，旁边的人都来看，大家想不到居然他们家的衣服那么破，而且他也拿出来晒。他不和大家比衣服，他和大家比才华。

阮咸晒衣的故事教育孩子，不要凭你的富贵去看不起别人，不要因为你的贫穷而感到自卑，重要的是你是不是通过努力拥有了才华。

很多人问我，谁适合学礼仪，我常常说，礼仪并无门第之分，也无贫富之别，礼仪是让你为自己的人生抒写一个大大的"人"字。家境贫寒，尤其需要用端庄的品格、整洁的着装、自信自律的精神，赢得尊重。服装无谓贵贱，所谓不同，其实更多的是穿着者的心态。

如果是炎炎夏日小男生光膀子符合着装礼仪吗？天气古今是差不多的。《礼记》里有话："劳毋袒，暑毋褰裳。"再劳动也不能光膀子，因为不文明；再热不能衣服上撩，一旦面向公众，走到社会生活中，要穿戴整洁，不能因为天气热而放松要求。

风格、服饰加上容貌表情，就构成了人的文化形象。宋朝著名理学家朱熹说，小的时候大人对自己交代，帽带要紧，腰带要紧，鞋带要紧。北京在举办 2008 年奥运会的时候，就曾经大力治理过街头"膀爷"，礼仪的核心是待人如己，很多人说，我光膀子怎么了，这就好像中国女游客在国外机场晾晒内衣，图片被网络大力传播和批判的道理是一样的，有碍观瞻，妨碍公共场合的形象秩序。

国庆 60 周年时，是 50 年来的酷暑，有上万名参加国庆阅兵的人，后来庆典过后，许多训练的资料表明，在阅兵村里两个月，没一人因为天热光膀子操练。这体现了很高的文明素养。孔子叫学生"约之于礼"，我们每个人也要想到自己的行为是受到文明约束的，不能为所欲为。

当然，真正的绅士是以品格的力量而成就的，但行为举止、外在形象的端庄大方也是绅士的重要表现，小小绅士、谦谦君子就要从整洁大方、得体自信的仪表开始。

儿童礼仪老师讲故事：小绅士 Nemo

作者：陈曦

在一个很美丽的小镇上住着一个很可爱的小男孩，邻居们都很喜欢他，大伙都很亲切地叫他 Nemo。

"咚咚咚"家里传来了一阵敲门声。

"是谁呀，这么早就来敲门了？"Nemo 带着疑问把门打开，一看原来是小镇上的艾力克来了，他告诉 Nemo 镇上要举办音乐会了，并且给小 Nemo 带来了音乐会的邀请函。

"哇噻，太棒了！" Nemo 开心地跳了起来。这个消息让小镇热闹了起来。这么重要的场合，一定要好好打扮一下，Nemo 决定穿上最隆重、最华丽的衣服去参加音乐会。可是……到底该穿什么呢？ Nemo 挠挠头，努力地在脑海里搜索着答案。是运动装好还是休闲装好呢？对了！妈妈曾经说过，正式场合一定要穿得正式一些才好！翻翻衣橱，挑来选去，Nemo 选中了一套西装。穿上西装，虽然正式，但看上去黑漆漆的一身，没有"亮点"不好看，必须要想办法再装饰一下！

Nemo 正在发愁怎么让自己看起来更好看的时候，艾力克来了。Nemo 发现今天的艾力克打扮得特别帅气，笔挺的西装，戴着领带，连发型都不一样了，看上去就像是换了一个人似的。Nemo 就问艾力克："艾力克，你帮我看看，我怎么觉得自己身上还缺了一些什么呀？""其实选择穿西装很不错啊。像我一样再系上领带或者领结，就已经是很合适的装扮了呢。"艾力克向 Nemo 建议道。

按照艾力克的建议，他穿着合体的小西装，闪亮的小皮鞋，脖子上系着宝蓝色的领结，口袋里插了一块折好的方巾。站在镜子前面，Nemo 觉得自己真像个小绅士。这样的装扮真是太适合去听音乐会了。他决定，今晚的一举一动，都要以一个真正的绅士的标准来要求自己。

第三篇

儿童举止礼仪

第一章 礼由心生，而后成仪

很多小朋友非常喜欢唱"站似一棵松，卧似一张弓，不动不摇坐如钟，走路一阵风……"我们也常说"站有站相，坐有坐相"，殊不知，姿态并不仅仅是美观与否，更重要的是姿态也影响人的心理发展，影响人的品格形成。

一次，我在乘坐飞机时，遇到一家人出行，其中有一个七八岁大的女孩。他们一家人坐在了两排，于是从登机开始，这个女孩就一直在玩一个游戏，从前排爬到后排，再从后排爬到前排，她穿着裙子，每次的翻腾，小底裤就会清晰地露出来，但她全然不在意，也不会考虑，以她的身高，这样来回攀爬，在飞机狭小的空间，其实会给旁边人带来不便。毕竟经济舱的空间很狭小，几乎容不得如此大的活动量。在这样的游戏中，她不时发出响亮清脆的笑声，正在阅读的人们不止一次抬头侧目。

好不容易飞机滑行，空姐进行安全检查，她坐下了，但身体几乎坐滑到地面，安全带形同虚设，空姐不得不一再提醒她坐好，把安全带系紧，但她就像没有骨头一般滑坐在椅子上。

那一刻，真是"坐没坐相"。

站没站相，坐没坐相，似乎现在在孩子们身上司空见惯，歪斜地像个小痞子一般地站立似乎显得更酷，两腿伸得很长的懒散坐姿似乎更加潇洒。

我几乎很难想象，这样的孩子会对她的父母有尊重之心、体谅之心、感恩之心。在她全然无忌无度的行为中，我看到的是纵容。每一个人的行为都不是单纯的行动而已，很多时候，行动本身也对自己的修养和心情有影响力。

新西兰的一项研究表明，不同姿态对人的心理情绪有非常大的影响。研究人员发现，坐姿差，不仅对我们的脊背健康有害，而且会令人情绪低落、无端生气。研究人员还发现，姿势不端正的人讲话更消极，更有自我意识，甚至自恋。

为研究姿势好坏的影响，研究人员对 74 名新西兰人展开试验。这些试验者分别采取"歪斜"或"端正"的坐姿，并被带子捆绑住不能动，之后执行了一系列任务，以评估他们的情绪、自尊感和压力水平。同时，研究人员对他们的心率和血压进行持续监测。结果发现，坐姿好坏对试验者心理方面的影响大相径庭。坐姿端正的试验者感觉更热情、兴奋、强健，而坐姿差的试验者则更恐惧、紧张、安静、迟钝、懒散等。加拿大多伦多市约克大学曾研究发现，92%的人坐姿端正时比坐得歪斜时更容易产生积极的想法。还有多项研究证实，坐姿甚至影响学业表现，坐姿好的学生比那些坐姿不端正的学生成绩要好。

礼由心生，而后成仪。"礼"是内心的恭敬尊重，"仪"是体现尊重的形式，一内一外，使礼仪既滋养滋生又尊重了他人。但如果背离了"礼"这个内核，所谓的"仪"就成了一场浮夸的表演。

儿童礼仪的教学也是一样，必须与成人礼仪有所区分，不能一概而论。童年时期应该对孩子进行培养和引导，且需要符合儿童心理发育特点，不能一概而论，更不能将成人礼仪直接照搬教授。

归根结底，儿童礼仪的教学，不是为了培养"礼仪小姐"，而是真正融入血液骨骼里带给孩子尊重的力量。因此，在儿童仪态的教学中不会把诸如"双手虎口相对自然交，置于肚脐位置"这样的成人礼仪教学内容进行直接运用，这既不符合孩子的身心发展特点，也背离了培养儿童礼仪品质的初衷。

一个人在餐馆里吃饭，吃完后，一摸口袋，发现自己忘带钱了，于是对老板说，老板真对不住，今天出门走得着急忘带钱了，我这就回去取。老板看看他说，没关系，下次路过带过来就行，不用专门取一趟。

这个事情被一个无赖看到了，无赖心想这倒不错，吃饱了一摸口袋就说忘带钱了，就可以混吃一顿。

他也进去大模大样要了一桌子酒菜，吃得不亦乐乎。吃饱了，他一抹嘴说，老板今天出门忘带钱了，我这就去取。

老板说，你一看就是混吃混喝的人，还说什么忘带钱了，给我拿钱来。

无赖急了，为什么刚才那个人没带钱你就让他走了，我却不行。

老板说，人家吃饭拿起两根筷子在盘子里对齐，你拿起两根筷子在自己胸脯上对齐；人家吃菜一筷子一筷子斯斯文文地吃，你端着盘子往嘴里扒拉；人家喝酒一盅盅喝，你端起小酒壶往嘴里倒，喝高兴了还把一条腿踏在凳子上，一看你就是个居无定所、食无定餐的无赖之徒。

老板是通过一个人的吃相来判断他的身份的。举止并不是只体现行为的美观，往往可以帮助人们判断一个人的很多内在信息。

儿童时期仪态举止的熏陶和培养，我更强调的重点是"长者站、幼勿坐"，而非鞠躬的时候身体呈标准姿态。相比较眼睛所及的美观，我更在意融化在骨骼里的品性。

一次在一个公交车站，目光却被一个容貌清秀的女孩子蜇了一下。她正站在那里打电话，也许是等得无聊在煲一个电话粥，双脚叉开站立，靠在站牌的柱子上，一只脚在地上来回地蹉动，有时还拿鞋跟磕磕站牌柱，她自顾自地聊天，对自己的身体动作全然不在意。某个时刻会有一个等公车的人站在她的身前，踮起脚尖看站牌上的站名和线路，目光越过她的头去盯着路牌看。看不清楚时，冲她摆手示意让开，她则略微蹲身，仍旧倚靠在柱子上。其实，她的长相雅致清秀，可是她的举止却粗糙随便，使得整体的形象大打折扣，甚至使人对她说话的态度很是随意，摆手让她让开就像挥一只苍蝇。

我无比遗憾地看着这一幕。我知道她如果能够有一个优雅端庄的站姿，她的美丽是毋庸讳言的。

每当我说到站姿都会有人说，站谁不会呀，太简单了，这是我从孩提时就会的本领，还需要特别学习和练习吗？站的确很简单，但站得漂亮站得优雅站得有气质就不那么容易了。

也许有人会说，这么小的宝宝就被"礼仪"束缚住了，以后还有无拘无束、自由快乐的童年吗？答案是肯定的，礼仪是获得自信、尊重、良好人际关系的最有效途径，如果一个孩子从小就形成对美的审阅和欣赏能力，并且把许多礼貌修养变成自己的生活习惯，他的人生并不因此而变得拘束，反而会从中受益匪浅呢。而家长需要做的就是为孩子创造一个有礼貌、有修养的环境，对自己有所约束，孩子的良好行为习惯就会不知不觉被熏陶出来，而无须专门地、造作地培养。

因此，在儿童礼仪的系统教学中，我们摈弃了哗众取宠的表演教学，就是希望借由行为将高贵的品格融入孩子的自我修养之中。

儿童礼仪老师讲故事：小老鼠和小天使

作者：苏晓航

有只小老鼠，它有个好朋友——小天使玩具娃娃。

小天使的衣服上有漂亮的小珠珠，闪闪的，可美了。小老鼠也喜欢这件衣服，它经常拨弄那些珠子，有时还想把它们摘下来看看。

小天使不喜欢这样，在小老鼠用力摘那些珠子的时候，它会被勒到胸口和脖子特别难受。不过小天使不想让好朋友不开心，总是忍着，从来没有跟小老鼠说过自己不舒服的事情。

有一天，小天使生病了，身上那件漂亮的衣服显得那样破败，好些珠子都掉了，还破了些洞，就连她的皮肤也仿佛皱巴巴的，像是长了些霉菌。

小老鼠吓坏了："小天使，小天使，你怎么啦？"

小天使睁开眼睛，用很微弱的声音说："珠子是保护我身体的，如果珠子掉了，我就会生病的。"

小老鼠想起来了，自己经常去摘珠子，它又难过又内疚，于是伤心地哭起来。

小天使说："你喜欢我的时候摸摸我就可以了，我会很快好起来的。"说着，小天使拿起小老鼠的手，在自己的衣服上轻轻摸了几下。

第二章　站出儿童自信心

步从容、立端正、揖深圆、拜恭敬、勿践阈、勿跛倚、勿箕踞、勿摇髀。这是《弟子规》中关于小朋友仪态的要求。意思是走路时从容不迫，站立时姿势端正，抬头挺胸；打躬作揖要拱手弯腰，跪拜行礼要态度恭敬。脚不可踩门槛，身体不可歪斜；坐下不可张开双腿，不可摇晃大腿。

可是现在，我们经常会看到很多孩子松垮歪斜的站姿，吊儿郎当不拘小节，弓腰驼背的更不在少数，看他们的站姿感觉像是老迈的几十岁老人，可面容却又年轻秀丽。

长孙俭是北周河南人，本名庆明。他年少时就为人端正，品德高尚，神情严肃，虽然在自己家里，仍能整天保持端庄稳重，周文帝非常敬重他，赐他改名为俭，以表扬他仪态的端正。

后来长孙俭当上了尚书，曾和群臣一起坐在皇帝身旁陪侍，周文帝对左右的人说："这位尊公举止沉静文雅，站姿犹如青松，我每次和他说话，总会肃然起敬，生怕自己有所失态。"

荆州地区刚归服时，周文帝授命长孙俭统领三荆等十二州。因为荆州蛮荒之地，民风尚未开化，年轻人不知尊敬长辈，不知仪态的大方端庄。在长孙俭的辛勤劝导下，风俗大为改观。

官吏和人民上书陈请，为长孙俭建构清德楼，立碑赞颂他。

长孙俭能够赢得皇帝的尊重和欣赏，最初竟然是从大方的仪态开始的。

在故事中，一个人良好的仪态可以得到皇帝的尊重，可以给自己带来好的仕途，甚至可以影响整个地区的风貌。

在日常生活中，父母们不妨留心一下孩子的站姿，无论是排队等待，还是和别人聊天，很多孩子的站姿是两手抱胸，双腿叉开，身体太过放松，整个人的身高不止降低三厘米，长期不注意身体的姿态，久而久之还会引起脊柱病变。

前不久有一张北京地铁的照片，一个女孩子双腿分开蹲在地铁的排队等候区，姿势庸俗粗陋。照片曝光后，很多人说，她一定是累了，蹲着等地铁有什么关系。礼仪其实是这样：放肆了自己，也许就放低了自己。

🌸 标准站姿

标准的站姿应该是怎样的？小朋友的站姿应该做到直、高、挺。

第一，把脖颈挺直，双目平视向前，下颌微收，面带笑容，动作自然平和，不要矫揉造作。给人挺拔的感觉。

第二，双肩放平，吸气向下压，身体有向上挺拔的感觉，自然呼吸。

第三，躯干挺直，直立站好，身体重心应该在两腿之间，防止重心偏移。并且要做到收腹、挺胸、立腰。让人觉得活泼、有朝气。

第四，双臂放松，自然下垂于

体侧，手指自然弯曲。

第五，双腿立直，两脚的脚跟靠拢，双膝靠拢。

第六，全身以对称为主，目光直视，表达出自信和坚定，这样训练有素的站姿会逐渐形成自己的风格，会形成好的习惯，影响小朋友一生。

第七，站就要站直，脊椎要呈自然状态。身体姿态的不正，有时甚至能影响内在的正直。所以古人讲内外互相提示。

钱穆先生 1949 年时到香港，后去了台湾，80 岁时眼看不见了，开始讲述自己的一生，晚年写书《师友杂忆》，他曾在江苏一所学校当老师，当时有一位名叫刘伯能的老师教体育，他让学生立正，不是看抬头、挺胸、收腹、敛臀，而是要求立正时，要做到白刃交于前，泰山崩于后，能够凛然不动。要有大丈夫的气概。立正要往内求，然后外发，做到以上始得为立正。立相也讲礼，不仅仅是仪，礼是由心而发的，立相勿跛倚，立之正气，如孟子曰：吾善养吾浩然之气。气要养，在礼仪场合的立正是要内外兼具。

《弟子规》中不仅有立端正的要求，还有勿践阈、勿跛倚的要求。它的意思是不要站在门槛上，不要一条腿撑着身体随便倚靠在其他物体上。这是《弟子规》中对站姿的要求。

其实，在《弟子规》里面很少见如此严厉的语气。由此可见，古人对身体的正气，和以内养外的重视。

古代的门槛都比较高，有一个功能就是挡洪水，阻挡这些雨水不要流进来，所以门槛修建得都比较高。

现在去旅行时参观一些古迹，包括在很多古镇都有开放的老宅子，游人如织纷纷参观，一边为古代建筑之精巧啧啧赞叹，一边随意触碰展品，并且站在老物件上拍照，也经常看到好多孩子过门槛的时候一脚踏过，更有甚者站在门槛上跳来跳去，这个是不庄重的行为。

过门的时候要跨过门槛，但是千万不能先踩在门槛上再进去。

清朝最后一个皇帝溥仪有一位老师名叫庄士敦，这位老师是中国几千年帝王史上第一位也是最后一位具有"帝师"头衔的外国人。1874年生于苏格兰首府爱丁堡，原名雷金纳德·弗莱明·约翰斯顿。1898年，作为一名东方见习生被派往香港。从此，庄士敦以学者兼官员的身份在华工作生活了34年。1919年2月，他赴京，开始了"帝师"生涯。庄士敦是一个汉学功力深厚，具有学者素养的人，他广猎经史子集，喜欢中国古典诗词与饮茶之道。他曾给溥仪买了一辆自行车。故宫里面都是门槛，皇帝说那我不能走还得扛过去，下令把门槛给锯了。每个门槛开个窟窿让他骑车走，当时在宫里大家都觉得是一件非常失礼的事情，因为门槛不能随便碰。

"勿跛倚"就是不要一条腿支撑身体而另一条腿弯曲，斜靠在物体上。现在很多小朋友觉得这个动作很放松、很时髦，大概很帅气。港台电影，或者有些电视剧里黑道人物经常采用这样的站姿。这是非常轻浮、不雅观的站姿。

❀ 站姿训练

十一点靠墙法

十一点为后脑勺，双肩，双股，双小腿肚、双脚跟、双手靠墙站立，让后脑勺、脊背、臀部和脚后跟形成一条直线，后脑勺靠墙，下颌微微收回，双腿绷直尽量全部靠在墙上，可以尝试把手塞在腰和墙之间，如果空隙太大会让腰部受力过多而受伤，那么可以慢慢靠墙蹲下，再站起来，空隙减小。这样的训练坚持一天两次，最初的练习可以视孩子的年龄和接受程度从一分钟开始，然后逐步增加。

双人训练法

小朋友和父亲或母亲配合两人一组，为了配合小朋友身高，父母可以坐在地上身体和腿成 90° 直角，要求两人背靠背紧贴。每天共两次，最初的练习可以视孩子的年龄和接受程度从一分钟开始，然后逐步增加。

顶书平衡训练法

在正确体态的基础上，将一本书放在头顶的训练方法可以纠正儿童外肩斜颈的姿态，具体做法是，在十一点靠墙的正确体态基础上，双手自然下垂，将下巴微收，双眼平视前方，表情平和自然。双脚并拢，双腿靠拢，大腿和小腿的肌肉有收缩感，收紧腹部与臀部，双肩打开下沉，将脖颈拉长。然后将书放在头顶，保持这个站姿。

通过以上训练，可以让孩子培养成挺拔端正的站姿，一个良好的站姿可以给孩子带来中正向上的心态和气质。

各位想必都听过"鹤立鸡群"这个成语，指像仙鹤一样立在鸡群之中。比喻一个人的才能或仪表在一群人里头显得很突出。语出晋·戴逵《竹林七贤论》："嵇绍入洛，或谓王戎曰：'昨于稠人中始见嵇绍，昂昂然若野鹤之在鸡群。'"

知识链接

南朝·宋·刘义庆《世说新语·容止》中也有说"嵇延祖卓卓如野鹤之在鸡群。"

其实，"鹤立鸡群"这个成语故事的主人公就是竹林七贤之一嵇康的儿子，叫嵇绍。

他在晋朝皇室任侍卫官，体态魁伟，聪明英俊，在同伴中非常突出。他十岁的时候，嵇康就去世了，所以他从小是没有父亲的，但是在母亲的严格教养下成长，对母亲极度孝顺。当时的武帝下诏要征用他，所以他就到了洛阳当官。当时有一个非常重要的大臣，没有见到他，就问见过嵇绍的人，想知道这个人到底怎么样，因为他父亲很有名是嵇康，嵇康的儿子怎么样？名父是不是出名子？那个人就回答道："昨天我在人群当中一眼就看出谁是嵇绍，因为他气宇轩昂，鹤立鸡群。"

晋惠帝时，嵇绍官为侍中。当时皇族争权夺利。互相攻杀，史称"八王之乱"。嵇绍对皇帝非常忠诚。有一次都城发生变乱，形势严峻，嵇绍奋不顾身奔进宫去。守卫宫门的侍卫张弓搭箭，准备射他。侍卫官望见嵇绍正气凛然的仪表，连忙阻止侍卫，并把弓上的箭抢了下来。不久京城又发生变乱，嵇绍跟随晋惠帝，出兵迎战于汤阳，不幸战败，将士死伤逃亡无数，只有嵇绍始终保护着惠帝，不离左右。敌方的飞箭雨点般射过来，嵇绍身中数箭，鲜血直流，滴在惠帝的御袍上。嵇绍就这样阵亡了。事后，惠帝的侍从要洗去御袍上的血迹，惠帝说："别洗别洗，这是嵇侍中的血啊！"嵇绍在世时，有一次有人对王戎说："昨天在众人中见到嵇绍，气宇轩昂如同野鹤立鸡群之中。"后来就用"鹤立鸡群"比喻一个人的仪表或才能在周围一群人里显得很突出。

一个人的站姿绝不仅仅是姿态而已，更体现了内心的修养，希望各位小朋友可以站出风景，站出淑女的亭亭玉立，站出绅士的铿锵有力，宛如每一棵白杨树般挺拔，来面对未来人生中的流澜虹霓与雾霭风雨。

第三章　坐出儿童规矩感

有一次，我去朋友家做客。

朋友家很大，视线开阔，装修华丽，进去后，看到她的小女儿在沙发上坐着，因为以前见过面，因此，我很热络地打招呼："倩倩，你好啊。"她把视线从平板电脑上抬起，说："阿姨好"。之后，纹丝不动。

朋友有点尴尬，说"倩倩快站起来，欢迎阿姨"。

其实相比较她的无动于衷，她本来的坐姿也很让我诧异，一个女孩子把腿向两侧呈八字形打开，双腿伸长，说实话，这就是古人的"箕踞"啊，这是最无礼的一种坐姿，更何况她穿着一件家居裙。

朋友的尴尬溢于言表，不断向我解释，不断训斥孩子。

古人一直都很重视个人的行为举止，除了站有站相，坐有坐相的要求之外，甚至还提出了立如松，行如风，坐如钟，卧如弓的具体规定。坐如钟就是说坐着像古代的铜钟，古人是盘腿坐的，像一口钟的样子，肩也是端的。所以像铜钟一样稳健。

古人的坐姿

跌坐：是盘腿而坐，类似宗教中的修行者，这样的坐姿是在没有长者在的情况下，较为随意。

踞坐：古代一种较为省力的坐法，即蹲踞。姿势是脚板着地，两膝耸起，臀部向下而不贴地，和蹲一样，所以《说文》说："居，蹲也。"《论语·乡党》："寝不尸，居不客。"意思是睡觉不像死尸一样直躺着，有客人在的时候不要采取"居"的坐法。

箕踞：最不恭敬的一种坐法。姿势是：臀部贴地，两腿张开，平放而直伸，像箕一样。《礼记·曲礼上》："立毋跛，坐毋箕。"箕，即指箕踞。在他人面前，箕踞是对对方的极不尊重。《史记·刺客列传》："(荆)轲自知事不就，倚柱而笑，箕踞以骂。"箕踞有时是不拘小节的表现。《世说新语·任诞》："卫君长为温公长史，温公甚善之，每率尔提酒脯就卫，箕踞相对弥日。"

孟子休妻的故事，其实也与"箕踞"而坐有关。

孟子的妻子独自一人在房里休息，两腿叉开地坐着。孟子进屋看见她这种样子，心里很不高兴，就去告诉自己的母亲说："我的妻子不懂礼数，请您允许我把她休掉。"

孟母问："为什么要休掉她？"孟子说："她竟然两腿叉开地坐在屋里。"

孟母说："你怎么知道的呢？"孟子说："我进屋去亲眼看见的。"

孟母说:"你进房间去,她知道吗?"孟子说:"她不知道,我直接走进去的。"

孟母说:"那就是你自己不懂礼数,不是你妻子不知礼。《礼记》不是这样说过吗:'进门以前先要问一下里面有谁,要上厅堂时一定要高声说话,要进房间时眼睛一定向下看。'(将入门,问孰存。将上堂,声必扬。将入户,视必下。)这都是为了让我们不要在别人毫无准备的情况下突然闯入。现在,你到她闲居休息的地方去,进屋时又不预先打个招呼,这才看到她两腿叉开坐着的样子。所以我说这是你的错,不是你妻子的过失。"

于是孟子承认了错误,不敢再提休妻的事。

跽:跪时挺身直腰。这时身体似乎加长,故又叫"长跪"。跽是将要站立的准备姿势,往往表示跽者将有所作为。《日知录》卷二十作《坐》:"古人之坐,皆以两膝着席,有所敬,引身而起,则为长跪矣。"这是最正式、最尊重的坐姿。

❀ 儿童坐姿礼仪

坐姿端正

坐的基本要求是上身端正。中国人文化里面,做人要正直。人正则心正,坐要有坐相。很多家长等到孩子上学才开始关注孩子的坐姿,因为坐姿不正而导致的近视眼、脊柱弯曲的儿童人数正在逐步增加,坐姿不正确是造成孩子视力缺陷及脊柱发育不良的主要原因之一,对孩子身体的健康发育十分有害。

很多孩子喜欢趴在桌子上看书,吃饭用餐也趴在桌子上,老人看了常常会说,现在的小孩像得了软骨病似的。

这是因为孩子们没有正确的坐姿意识,需要大人提醒,坐姿正不仅能保证孩子的视力健康和体格的正常发育,而且有利于孩子集中注意力,对孩子专心学习及思考十分有益。一般来说,孩子学习的时候,我们都要求孩子坐直、自然放松，这是一个需要从小养成的生活习惯，并不能等到眼睛近视、身体发育不良时再来关注。

孩子的骨骼在生长发育，他坐着的时候如果腰不能挺直的话，他身体的重力就会使他的脊梁弯曲。如果他学习的时候脊梁是弯曲的，这样会影响他身体的血液循环，进而就会影响他大脑的葡萄糖供应。此外，如果他没有一个很好的坐姿，他也容易疲劳。

生活坐姿

儿童的生活坐姿要求坐下时要挺直腰背让身体重心下垂，8岁之前的儿童为培养内心的规则感和恭敬心，双腿应并拢，双手可以自然地放在腿上，臀部不要坐满椅子，后背不能靠在椅背上，大腿和小腿呈90°角，体现出儿童的自信。

社交坐姿

女生在社交场合的坐姿为坐满椅子的三分之二，背部以上直立。身体的重心垂直向下，双腿并拢，大腿和小腿呈90°直角，双手虎口相交轻握放在左二分之一处。挺胸抬头面带微笑。一般可以在比较正式的场合或者拍照时让小朋友使用这样的坐姿。男生的生活坐姿和社交坐姿是相同的。

传递尊重的坐姿礼仪

与尊长相见，不能坐满椅子。

与长者在一起，聆听长者的教诲，后背挺直不要靠在椅背上，略前倾身体，以示恭敬。

与尊长相见姿态要端庄，不能有跷二郎腿、抖腿等其他腿部小动作。甚至有些男孩子的二郎腿架得十分夸张，一条腿架在另一条腿上，连脚也翘在上面如同一个大大的"井"字，这是十分倨傲无理的姿态。

女孩子任何时候都不能双膝分开，古人认为人双膝叉开不雅。箕踞是不礼貌的，放肆的人才会如此。

入座次序

首先要从前往后坐。在学校开会，或者有大型集会演出等，常常看到观看表演的时候几百个座位的礼堂里，最前面的地方坐着少数几个人，越靠后越满。古代入座讲究不能留虚席，要从前往后坐，迟到的进来不影响大家，如果留着虚席，是不尊重。

其次，坐下后不随意离开。长辈或尊长在的时候不能频繁走动或起立。

也许会有小朋友抱怨，为什么连简单的站、坐、蹲、走都会有这样多的规矩。其实礼仪绝对不是仪态的负担，而是指导小朋友养成良好习惯，变得更加优雅。风度翩翩的身体语言、良好的坐姿不仅有利于小朋友的身体发育，也会塑造一个更加朝气蓬勃、知礼懂事的好孩子形象。

经常有家长认为内在的知识远比外在的仪态重要得多，其实不然，美国心理学家艾伯特·梅拉比安总结了一个公式：在情感的表达上，声音占7%，内容占38%，身体语言占55%。由此可见，行为语言十分重要。

儿童礼仪老师讲故事：猴子老师上课啦

作者：米晓莉

森林里今天好热闹啊！听说是新开了一家眼镜店，很多小动物都跑去那里凑热闹。小猴子也没闲着，蹦蹦跳跳地来到眼镜店，推开门一看，小白兔、小松鼠和熊猫哥哥早就到店里啦，只见它们一个个愁眉苦脸坐在那里，原来它们可不是来看热闹的，而是被妈妈带来配眼镜的。

"小白兔，你的眼睛那么漂亮怎么戴眼镜了啊？戴上眼镜多不好看啊！小松鼠，你的眼睛怎么近视的啊？戴上眼镜后你还能像以前那样跳着走路吗？熊猫哥哥你也来配眼镜啊……"小猴子热情地和它们打招呼，只可惜它们都扭转头不理它。特别是小白兔，眼圈红红的，都快哭出来了。小白兔妈妈说："我家小兔一写作业就弓着背，脑袋越来越低，都快碰到桌面啦，你看看，这样就近视了，唉！"小松鼠妈妈也发话啦，"是的，是的，我家小松鼠每天放学回家都趴在桌上写作业，一学期下来就近视啦！"熊猫妈妈激动地说："小猴子你可不能像它们一样哦，这样的话你爬树就看不见咯！树上的桃子也看不清啦。"听完妈妈们的话，小猴子着急啦！小白兔、小松鼠和熊猫哥哥都是它的好朋友，可是它们眼睛都近视啦，不行，我一定要为它们做点什么。于是，小猴子跟三个妈妈说："三位妈妈不要着急，今天下午我来教会它们正确的坐姿好吗？"妈妈们连忙拍手说："太好啦，小猴子，如果你能帮我们教它们坐姿的话，我们给你买桃子吃！"小猴子说："阿姨，不用的，我们是同学，互相帮助是应该的！"

下午，三位好朋友来到小猴子家，小白兔坐下去后抱着双腿，身体趴在腿上；小松鼠直接蹲在椅子上，大尾巴甩来甩去；熊猫哥哥斜躺在椅子上，还时不时挠挠肚皮，打个哈欠。小猴子急得直挠腮，大叫道："不对，不对，难怪你们要近视啊！正确的坐姿应该是这样的，大家跟我一起做，我们坐在椅子上首先要后背挺直，双脚双腿并拢，坐在椅子的三分之二的地方，我们把小手放在大腿上，眼睛平视前方。"小伙伴们觉得这很有趣，都认真地跟着学起来。

小伙伴们都礼貌地跟小猴子说再见，这时天色已晚，森林里又恢复了平静，只听见萤火虫在嗡嗡地叫着。

第四章　走出儿童稳健步伐

周末我带着毛豆去逛家乐福超市，超市的一层是食品，二层是日用品及小家电等，它的进入口在二楼，于是，进了超市，我和毛豆只能再乘坐电梯下楼去选购食品，一楼至二楼的滚梯中间是一个狭长的商品展示区，里面堆满了薯片和小包装的纸巾，有些人拿起放在购物车中，即将离开滚梯时又犹豫着放了回去，有些人在乘坐电梯的时候把玩和挑选着这些物品，最终心满意足地选到自己想要的商品。这是一个很方便、很有创意的商品陈列方法，你可以排遣乘坐电梯的无聊，也可以顺势将忽略的小物件收纳在自己的购物车中。突然，我的目光被对面上升滚梯上的一个行为吸引了。

一个女人一边乘坐滚梯，一边顺手将上下扶梯之间的展示商品扶拢归位，码放整齐，她做得很顺手，不刻意，甚至在动作的间隙也会和自己的儿子聊天，那么随意，仿佛这个动作只是聊天中的手势而已，他的儿子很懂事地站在她的身前，某个回头说话的瞬间想要与她并排站立，她努努嘴，儿子就又乖巧地站立在滚梯的右侧。他们母子一前一后紧贴着扶梯的右侧站立，偶尔一个急行的人从他们身体左侧经过，但很快停止，因为能够依滚梯右侧站立的只有他们而已。

这是在行走过程中很微小的一个礼貌行为，但却能够反映出一个人、一个民族的素质，是否贵族、有否气派不是自己能够说了算的，细微的生活小节便能够将一个人的学识和教养真实地暴露出来。

这么多年，我一直从事儿童礼仪讲师的培养和儿童礼仪教学工作，很多人和我探讨说，其实我也希望自己的孩子知礼节、懂礼仪，可是我自己都不知该怎么去讲。我特别理解，对于孩子的教育，很多家长只知道理论而无从下手，关于礼仪修养的培养就更是一个尴尬的事实。

因为很多成人也不知礼仪的分寸，那些传统的家规和家教，在所谓"开放式""自由式"的教育冲击之下几乎荡然无存。

说实话，"或饮食、或坐走，长者先、幼者后"这种景象在当今社会绝对是奢侈品，我常年从事儿童礼仪教学，真的和长辈一同进电梯出电梯能够礼让的儿童少之又少。我看到的大部分景象是电梯门一开就抢先进去，最后进去电梯的反而是爷爷或奶奶，电梯门一开，他们又从里面快速挤出来。

走路时关门连头都不回，一甩门就走了，殊不知，回头看一眼的关照才是真正的礼仪，并非单指多么优雅的走姿而已。

儿童走姿礼仪不单要走出自信稳健的步态，还要懂得行走的快慢、前后的分寸。

走姿能够体现动态的美感。中国古代形容美女的步态为"其形也，翩若惊鸿，宛若游龙""飘飘兮若流风之回雪"，可见步态可以达到极美的境界。优雅的仪态往往能给人们留下深刻的印象。

如果说，谦逊优雅、知书达理是小朋友需要的"内修"，那么，养成良好的仪态，则是小朋友不能忽略的"外炼"。正确的走姿能走出风度，走出优雅，走出美感来，更能彰显一个人的活力与魅力，小绅士的走姿应步伐稍大，要矫健有力，小淑女的步伐应该轻盈娴雅。

知识链接

《红楼梦》第七十四回《惑奸谗抄检大观园、矢孤介杜绝宁国府》王夫人对凤姐说晴雯："上次我们跟了老太太进园逛去，有个水蛇腰、削肩膀、眉眼有点像你林妹妹的。"脂砚斋评："俗云水蛇腰，则游、曲、小也；这里有云美女无肩，又曰削肩膀，皆至美之形也。"这里的"游"就说的是晴雯富有魅力的走姿，都是极富美感的。都说晴为黛影，林妹妹的走姿也是行如弱柳扶风般的轻盈温柔。

走姿不仅仅是展现一个人仪态而且还可以看得出这个人的性格，甚至可以预测出一个人的未来。

史记成公十六年，公会诸侯于周，单襄公见晋厉公视远布高，告公曰："晋将有乱。"鲁侯曰："敢问天道也？抑人故也？"对曰："吾非瞽史，焉知天道？吾见晋君之容，殆必祸者也。夫君子目以定体，足以从之，是以观其容而知其心矣。目以处谊，足以步目。晋侯视远而足高，目不在体，而足不步目，其心必异矣。目、体不相从，何以能久？夫合诸侯，民之大事也，于是乎观存亡。故国将无咎，其君在会，步、言、视、听必皆无谪，则可以知德矣。视远，日绝其谊；足高，日弃其德；言爽，日反其信；听淫，日离其名。夫目以处谊，足以践德，口以庇信，耳以听名者也，故不可不慎。偏丧有咎；既丧，则国从之。晋侯爽二，吾是以云。"后二年，晋人杀厉公。凡此属，皆貌不恭之咎云。鲁成公会见单襄公时，谈到晋对鲁的责备以及郤犨在晋侯面前诬陷自己的事。单襄公说："你有什么可担心的呢？晋国很快就要发生内乱，国君和三郤恐怕都要大难临头了。"鲁成公说："我担心躲不过晋的问罪，如今你说'晋将有内乱'，请问这是从占卜得知的天意呢，还是根据人事推测的呢？"单襄公答道："我不是盲乐师和太史，怎么会知道天意呢？我看到晋君的神态，听到三郤的言谈，觉得他们必将惹来灾祸。君子以目光确定行动的方向，脚步随之配合，所以观察他的神态就可以知道他的内心。用目光来观察怎样行动合适，以脚步与之配合，如今晋侯眼望远处而脚步抬得很高，目光不支配自己的行动而脚步又不与之配合，他的内心一定在想别的。目光和举止不相配合，怎么能长久呢？与诸侯会盟，是国家的大事情，由此可以观察兴亡。所以，国家没有灾祸，它的国君在盟会上的一举一动必定都无可指责，由此可以知道他的德行。眼望远处，常常看不到合适的地方；脚步抬高，常常会失去应有的德行；言谈反复常常会丧失信用；胡乱纳言，常常会削弱自己的名声。眼光用来关注礼仪，行为用来履行道德，言谈用来恪守信用，耳朵用来明辨是非，所以不能不小心啊。这四者疏忽了一个就会带来灾祸，国家也跟着遭殃。晋侯疏失了两个方面，所以我说他将有祸。"

这个小故事说的是柯陵盟会上，单襄公看到晋厉公走路时眼望远处，脚步抬得很高，又见到晋国的郤锜语多冒犯，郤犨谈吐善绕弯子，郤至则自吹自擂，齐国的大臣国佐说话毫无忌讳。

因此，仪态举止其实不只是一个人的外在体态而已，很多时候与内心的想法息息相关。对于儿童，我在提倡良好举止的同时，更在乎举止之中给孩子带来的中正之气，在儿童礼仪教学中，我们摈弃所有消极动作、封闭动作、成人化的动作，而是强调每个姿态的正直气息对孩子内心的滋养。

我们都知道了拥有良好走姿的重要，那么怎样让小朋友从小就拥有这样的好习惯呢？上一节我们讲到了良好站姿的训练方法是十一点靠墙，那么走姿也是在站姿的基础上进行训练。

❀ 走姿训练

躯干姿态

躯干的仪态：头正颈直，肩膀放松下沉，露出漂亮的颈部，挺胸收腹，挺胸的时候要尽量伸展脊背，腰部和脖颈，同时收回腹部，这样就是最好的体态。走路的时候目光要平视前方，自然微笑。

站直了，走路挺拔是一种修养，走有两个关键字，一个是"稳"，一个是"高"，而这两个关键字的前提是站得挺拔。

"稳"是指行走时，身体姿态稳定、不左右晃动，气息沉稳，步态从容。

"高"是指行走时，始终保持姿态的挺拔，重心向上提。拖着脚步走路会给人以疲累之感。

摆臂练习

双臂要自然下垂前后摆动，保持平稳，从腰部以下行动，双手要自然和谐地摆动。这时父母可以纠正孩子的双肩僵硬，双臂左右摆动，摆臂时肩膀乱晃，手抱在胸前或者背着双手走路的问题。

单臂练习：让孩子先左臂向前，手心半握空心拳，小臂摆向身前肚脐延长线，高度不要超过肚脐，大臂不要甩动而有控制感，向后摆动时，不要小臂失控，保持控制感，前后成为一条直线。之后再换另一侧手臂进行单臂训练，这样训练的目的是避免双臂同时训练会使肩膀前后甩动，等待单臂训练时，身体及躯干姿态良好再进行双臂摆动训练，精细化的训练可以确保动作的规格。

双腿和双脚的练习

起步的时候身体向前倾，身体的重心落在前脚掌上，不要落在后脚跟上，身体的重心始终在前，这样的走姿显得朝气蓬勃、自信乐观。

家长可以纠正孩子外八字、内八字走姿，步幅过大、过小的问题。走路的时候忌拖沓，这是一种很消极的身体语言，我们经常可以看到小朋友在光滑的地板上不抬脚拖拉着鞋的感觉，这会给别人传递出消极的信号。

❀ 行走礼仪

进必趋、退必迟

《弟子规》中说"进必趋、退必迟"，即见到尊长应主动快速走到近前打招呼，避免尊长等候时间过长；转身离开时，应后退一步，再转身离开，以表达内心的恭敬。

一次，金庸先生参加一个大会。闭幕时，主持人请金庸先生来到主席台上，把赠书交由他来亲自送给学生。按顺序，被点到名的代表到台上来接受金先生赠书。有的学生慢慢地镇定走上来，有的学生快速小跑上来，这其实表现了一个人内心的恭敬与谦和。

"进必趋、退必迟"，确切地说，当接受金庸老先生赠书的时候，学生们是应该"趋"的，趋就是快走的意思。避免金庸老先生等待时间过长，快走代表急切的心情，是态度的体现。

长者先、幼者后

在和长辈同行时，应走在尊长后方以示尊重，当然也包括进出电梯或是并排行走。如果孩子年龄较小，长辈要小朋友先走，那么"恭敬不如从命"。要在孩子心中种下"长者先、幼者后"的尊重的种子，由于年龄原因，在特殊场合需要照顾，在具体实施时可灵活。

儿童礼仪，不是旁生枝节地来束缚孩子的天真，俗语云"玉不雕不成器"，而礼仪正是亘古流传的、坚韧的东西，它是一池碧水，是一榭花树，一陌杨柳，一窗月光，给孩子的人生增光添彩。

就像我在家乐福超市看到的那对母子，我几乎不记得他们的长相，但他们的行为却留给我深刻的印象。那个小孩子表现出来的礼貌和素养必定来自她母亲和家庭的耳濡目染，所以他知道在电梯上靠右侧站立。这个道理如同机动车行驶一样，道路的最左侧是超车道，留给有急事的人，并且使用者不能长时间占用。行走亦如此，无论在人行道还是滚梯，都在最右侧行走，让出左侧一条畅通的道路给有急事的人。这个小孩子即使有时与妈妈交谈想站到妈妈旁边，但妈妈提醒一下他便意识到了，说明他懂这个道理，他的家庭成员都是这么做的。

幼小的孩子就像一个小小的但能量庞大的海绵体，学习吸收着来自家庭成员的各种表现，他们无从分辨真相，只是一味地学习，长辈们的某个举动可能就成了他的某个行为，长辈们的某种陋习可能就会在他的身上得到体现，长辈们的某些优点同样也会淋漓尽致地反映在他们身上，我们是孩子的镜子，同样孩子也是我们的镜子。

比如，行走每个人都会，只是有时会忽略一些小小的细节，而这些细节就暴露了我们的弱点，像性情急躁、不懂礼貌、为人自私等，我们都喜欢彬彬有礼的人，那么为什么不从"行走"入手，让自己更多展示给别人一个有教养、自信、懂礼的形象呢？

小贴士

向左走还是靠右走，你要想清楚，这可代表你和你家宝贝的形象呦！

儿童礼仪老师讲故事：绅士可可

作者：刘奕敏

山羊爷爷是森林里年纪最大的老人家，胡子花白，却很慈祥。大家都很尊重它。山羊爷爷大寿，小动物们都来为山羊爷爷祝寿，还带着自己精心准备的小礼物。

小兔子聪聪见到山羊爷爷，一蹦一跳地跑到面前："山羊爷爷，祝您福如东海"，爷爷捋着胡子笑眯眯地接过礼物，还没来得及说谢谢，聪聪就蹦蹦跳跳地走开了。

孔雀妙妙打扮得可漂亮了，它的长裙拖着地，头上还带着美丽的皇冠。它拉着裙子，转着圈儿，慢悠悠地踱步到爷爷面前："山羊爷爷，祝您寿比南山"。爷爷被妙妙转得有点儿头晕，慢慢接过礼物，捋着胡子说谢谢。妙妙可高兴了，又慢悠悠地转着圈儿走开了。

小公鸡可可是第三个给山羊爷爷贺寿的，它看见小兔子聪聪走开得那么匆忙，而小孔雀妙妙只顾着走得漂亮，让山羊爷爷等了这么久，觉得都不合适。他琢磨着，怎么样才算对长辈有礼貌呢？

有了！可可抬起头，很精神地快步走到山羊爷爷面前，爷爷正笑眯眯地望着它呢。它大声说："山羊爷爷，祝您身体健康，笑口常开"，说完双手送上了礼物。山羊爷爷高兴地接过礼物，说"谢谢可可"。可可连忙说，"不用谢"。说完，它再次看着爷爷，慢慢地、慢慢地退到一旁，才转身离开。

其他小动物觉得可可像个小绅士一样，也决定学可可呢，见到长辈要问候时，快步走向前；离开长辈说再见时，要慢慢退下。大家都变成小绅士、小淑女啦。

第五章　我的手势会传情达意

教孩子礼仪要从心开始，真正发自内心的礼仪，传递着生命之间的彼此尊重和欣赏。

手势在我们的日常生活中运用得十分广泛，因其便捷、易懂而成为信息表达的重要方式，尤其在小朋友牙牙学语的时候，他们掌握的词汇还不多，那么手势和肢体语言的运用就更为广泛。手势有指引、情意、形象、象征诸多含义，小朋友使用手势的时候应该使用得规范、得体。

丹丹和父母还有父母的朋友一起去旅行，大家在感慨自然界的鬼斧神工的同时也沉醉在青山秀水中。爸爸的同事张叔叔对丹丹说："丹丹，快去和那片花海合个影，叔叔帮你拍下来。"丹丹高兴地跑过去，有些腼腆地站在那里，丹丹妈妈说："摆个造型吧！"丹丹就用右手的拇指和食指比出了手枪的手势，张叔叔觉得这个手势像是要打到自己一样，就说："丹丹，换个 pose 吧，这个不合适小淑女的样子呢。"于是，丹丹就比出剪刀手的手势，可是却把手掌面向自己，手背比给了张叔叔。殊不知这个手势的手掌这样一翻转，含义就从之前的"胜利"变成了"侮辱"。

❀ 手势使用原则

能用手掌，不用手指

其实，练气功的人都知道，伸出的食指，也称"剑指"，在气功学上来说，它发的是阴气，带着一种阴性的、消极负意识，是对所指向的人或物有伤害或克制的。所以才有"指到哪里，打到哪里"的话语，也才有当人们吵架激烈的时候，人们不自觉地用食指来指点对方，甚至指点着对方漫骂。其实不光是"剑指"之说，在风水学上大多带有尖端的物品都是带"煞气"的，比如人们忌讳带有尖端的物品指向人等，茶壶嘴向人，有的说那是骂人，其实就是忌讳被带"煞气"的物所指。

所以手指也不例外。这就是传统的"用食指来指点别人不礼貌"的根由。

有人问小朋友路的时候，就需要用到指引的手势了，但是我们经常看到很多小朋友甚至家长朋友在做指引手势的时候，都会用食指随便一指，

说"在那边呢"。正确的指引手势是把手指伸直并拢，手与小臂成一条直线，肘关节自然弯曲，掌心向斜上方，指引的方向要明确而肯定，不要摆来摆去给对方造成疑惑。运用手势的时候要与面部表情相配合，比如微

笑、点头等。任何时候手势都不要做得幅度过大或者过于突然。

掌心向上以示尊重

使用手掌表达情感时，尽量手心向上，尤其是在邀请某人或表达观点时，在指引方向的时候可以采用手掌与地面斜切 45° 夹角的姿势，但尽量不要使用掌心向下的方式，因为掌心向下表达的是压制、停止等负面信息。

标准手势

标准手势是五根手指并拢，手掌舒展伸直，小臂与地面平行，肘关节距身体一拳左右的空隙，手掌、手腕和小臂要成一条直线。

❀ 礼仪手势

引导礼仪

如果小朋友需要指引客人参观学校或者房间，这时候就要用到行进指引的手势了。应该五指并拢，手掌斜切于地面，手指的方向即为指引的方向。站在贵宾的左前方，体现"以右为尊"原则，要先于客人一步之前，可以说："您这边请。"

讲解手势

将手臂自身前抬起摆向要讲解的位置，五指并拢，手掌手腕小臂成一条直线，另外一只手自然下垂，45° 角面向观众。

❀ 其他常用手势

1.OK 手势

就是把拇指与食指环成圈，另外三指伸直，表示已经完成，准备好了，或是表达赞同等意思，或者表示数字 0 或者 3。但是在突尼斯，这个手势就含有侮辱的意思。

2.V 手势

表示数字 2，也可以表达胜利。而以"V"作为招牌动作并将其发扬光大的，是第二次世界大战期间的英国首相丘吉尔。他十分喜爱这种手势。据说有一次，他在地下掩体内举行记者招待会时，地面上突然警报声大作，丘吉尔闻声举起右手，用食指和中指同时按住作战地图上的两个德国城市，大声地对与会记者说："请相信，我们会反击的。"这时，一名记者发问："首相先生，有把握吗？"丘吉尔转过身，将按在地图上的两指指向天花板，情绪激动地大声回答："一定胜利！"这一场景出现在第二天出版的各大报纸上，从此这一手势便在世界迅速流行开来。

3. 食指向上手势

大多数时候表示数字 1，或者在表达观点时的"第一点"。

把食指放在嘴唇中间则表示："嘘，小声点，请安静。"

4. 向上伸出小指手势

在中国表示"小""最后一名"在日本表示"女人、女孩"甚至是"恋人"，在美国表示"懦弱的男人、打赌"，在泰国表示彼此是"朋友"或者愿意与对方交往"交朋友"。

5. 打响指

很多小朋友觉得这个动作十分帅气又有趣，于是在呼叫他人的时候也用打响指这个动作，其实这是对对方不尊重的表现。

6. 拇指向上手势

拇指向上，其他四指握回，一般表示赞赏、赞同、表扬的意思。

> **小贴士**　有时一个邀请的手势可以使人如沐春风，感觉备受尊重，但一次食指的指指戳戳则会使人心生厌倦，善用手势，并且正确地利用无声的肢体语言，才能够为我们的人际交往加分。

摊开热情的双手就有可能收获一份友情，如果每一位小朋友的手势都是正确的、雅观的，那么身边人也会受到影响，不尊重的手势会越来越少，让无处不在的手势带小朋友在绅士淑女的路上走得更好更远。

儿童礼仪老师讲故事：礼貌手

作者：朱梅

茂密的森林里，小浣熊一家举行家庭音乐会，邀请了长尾巴的机灵猴、白耳朵的大脸猫、牛伯伯等动物们参加。

机灵猴、大脸猫结伴而行。每个小动物来参加音乐会时，也都为小浣熊精心准备了礼物，在袋鼠小姐的引荐下，机灵猴、大脸猫登台给浣熊一家赠送礼物，只见机灵猴敏捷一跃，跳到台上，用一只手迅速地把礼物递给小浣熊，不巧礼物盒掉到地上，彩色积木散落了一地，机灵猴的脸顿时红了。

这时门铃叮咚想起，迎面而来的是机灵猴的好邻居牛伯伯，大脸猫看到陌生的牛伯伯，羞答答地躲到了机灵猴的身后，机灵猴用一根手指头指着牛伯伯说："大脸猫，这是我的好邻居牛伯伯呀，今后我们都会成为好朋友的。"这时大脸猫才大方地走到牛伯伯面前握手问好。

牛伯伯带来了一个淡绿色、贴着闪闪金片的小盒子，只见它健壮的双腿并拢，用鞠躬的形式弯下腰，双手递给小浣熊礼物，并说着祝福的话，小浣熊也连连道谢，小浣熊的爸爸妈妈看到这一幕，面带微笑赞许地点点头。

舒缓的音乐响起，小动物们都已对号入座，小浣熊开始给大家介绍。它用手掌指向左手边的爸爸："这是我幽默的爸爸"，又用手掌指向右边："这是我和蔼的妈妈，欢迎大家参加我们的家庭音乐会。中途如有去洗手间的朋友，请走到安全通道的尽头。"只见它用手掌指示到安全通道尽头的方向，小动物们顿时都知道了洗手间的地点。说完它把话筒双手递给袋鼠小姐，宣布音乐会正式开始。小浣熊清晰的介绍和礼貌的手势，引起台下观众一阵阵热烈的掌声。

第六章 深谙尊重之道的行为举止

　　我们经常在观看电视某个角色时说，这一看就是大户人家的孩子，或是说某个人一看就是出生在名门望族。这些感觉从何而来？就是从一个人的言行举止中透露出来的。绝不是某个人用嘴宣扬自己的家世就能够获得人们的尊重，良好的礼貌素养和优雅的行为举止是从小培养出来的。这些已经成为一种生活习惯，落座一定会并拢双腿，下蹲一定会侧向对方，握手一定是热情稳定的，邀请和指引一定是规范明确的，无须刻意摆弄，而是自然而然的行为。

　　一个人的行为举止往往映衬出一个人的内心。下面这个小故事，从齐景公对待晏子的行为变化就能识别出他心态的变化。

　　齐景公刚即位不久，有一天早晨坐在堂上，晏子侍立在一边。景公说："今天早上可真冷啊，晏大夫，请你给我端一点热食来。"

　　晏婴说："我不是国君的庖厨之臣，所以不能接受您的命令。"

　　齐景公碰了个钉子，心里不爽。过了一会儿，他又说："晏大夫，请你给我拿一件裘皮大衣来。"

　　晏婴说："我不是国君的近侍之臣，所以不能接受您的命令。"

　　齐景公不高兴地问："那你在我身边是干吗的？"

　　晏婴说："我是国君的社稷之臣。"

　　齐景公说："什么叫社稷之臣？"

晏婴回答说："社稷之臣是用来匡扶社稷的，一能彰明君臣之礼，使之和顺；二能制定百官之序，使之协调；三能颁行各种法令，使之通行于天下。社稷之臣怎么可以伺候穿衣吃饭呢？"

从这以后，齐景公见了晏子总是恭恭敬敬、以礼相待。

在了解了正确的站、坐、蹲、走等姿态后，我们还需要知道仪态的规格通常是通过动作的轻重、缓急来体现的。

❀ 举止的节奏

《弟子规》中对孩子的行为还有这样的要求：缓揭帘，勿有声，宽转弯，勿接棱，执虚器，如执盈，入虚室，如有人。揭开帘子要慢，声音要小，手上拿着一个空的器皿，比如拿一个空的盘子，你要把它想象成里面装满了东西，进入没有人在的屋子要像里面有人在一样。

我们现在经常遇到这种情形："儿子，帮妈妈拿个杯子来"那也要看孩子的心情，否则会被拒绝，即使拿过来也经常是晃动而不稳定的，似乎里面只要没有东西就可以甩着、晃着。可是，按要求我们应该像里面有易碎的物品一样小心而庄重地端着。

很多人喜欢看电视剧《琅琊榜》，也有很多人向我推荐说里面的礼仪很到位。各位注意到了吗？里面人物的言行举止突出的特点是"慢"，从容淡定，节奏适中，任何一个动作如果草率而快疾，就会缺乏尊重感。《琅琊榜》的人物塑造都有真正用心把握节奏，使每个动作都很到位。

❀ 内心的恭敬

揖深圆，拜恭敬。走路的时候不要慌慌张张，要非常从容；站立的时候不能歪歪扭扭，要非常端正；作揖的时候要弯腰成一个大大的圆形，以示恭敬。

比如，鞠躬也是有温度的，看鞠躬的速度和停留的时间，便知道是敷衍了事，还是真正的恭敬。

很多孩子去别人家做客，常常会东翻西翻，甚至直接打开主人的抽屉和衣柜，让主人无比尴尬。因为不是每个人的私人生活细节都愿意被公开，但很多父母常常一句"孩子还小"，此事便似乎无所谓了。需知"入虚室，如有人"。即便到了空无一人的地方，也要做到像仿佛这里有人一般。

《礼记·玉藻》里说一个君子在平时生活时，体态非常舒缓从容，突然通知他有君子等待要见，他马上整肃仪容。

"足容重"是指步态要稳健庄重，重要的是立在足上，郑重场合走路时，脚要像车轮一样不离开地，鞋几乎是擦地前走。"手容恭"则是指手也要体现出恭敬，像行拜礼时，揖得"深圆"才恭敬。

2016年1月，巴萨球星梅西参加了一档体育真人秀节目，当阿根廷巨星走入更衣室同小球员一一握手的时候，小球员们居然坐在板凳上没有起身，有些小球员还板着脸，这引起了网友的广泛关注。当时，一群小球员正坐在房间里，突然，梅西推门而入，并逐一同这些小球员握手。从节目中可以看到，这些小球员们都没有起身，反而坐在座位上与梅西握手。

当然，事后也有球员表达了对节目组安排的不满，因此，情绪不是很好，梅西进来时便没有起身。

而我们更希望看到的是对人的尊重可以跨越自己的想法，无论是否对节目安排感觉合理，最起码对比自己年长且在足球领域更有建树的人都应该起立握手，而非坐在那里。

礼由心生，而后成仪。缺乏内心真正的恭敬，举止也会看上去肤浅虚伪，相比较学习一些花哨的动作，我们更希望通过恭谨的动作培养儿童的端正之气。

✿ 自我管理

知行合一，方能够使礼仪真正具有意义。

礼仪并不是一场浮夸的表演，虽然在我的课程体系中也有"儿童礼仪操"。但与众不同的是，编排这套礼仪操，我关注的不仅仅是美感，而是实用。我对每一位老师说，在教小朋友礼仪操的时候请务必先示范给她们看每个动作的规范，讲解这个动作的适用场合及所传达的意义，不能变成一个团体操表演。我希望的是在恭谨规范的动作中，在一日日的训练中，滋养内心的端正之气，并且能够成为自己的生活习惯。

在汉·刘向《列女传·卫灵夫人》中曾有记载：

卫灵公和夫人晚上闲坐，听见外面有辚辚的车马声，可是到了大门口声音却停了，过了一会车马声又响了起来。

卫灵公问夫人："你知道是谁吗？"夫人说："这是蘧伯玉。"灵公问："你怎么知道？"

夫人说："我听说：过大门要下车，以表示尊敬。忠臣和孝子不会在大庭广众信誓旦旦，不会在黑暗中改变自己的操守。蘧伯玉是卫国品行端正的大夫，仁而有智，对国家尽忠职守。他不会因为没人看见就忘记礼节的，应该是他了。"灵公派人去看，果然是蘧伯玉。

灵公回来，与夫人开玩笑说："不是蘧伯玉。"夫人给灵公上酒道贺。灵公说："你为什么要向我道贺呢？"夫人说："开始我以为卫国只有蘧伯玉，现在知道还有一个和他一样的人，那么我们国家就有两个贤臣了。国家多贤臣，国家就多福分，为什么不道贺呢？"灵公说："说得好！"就把真相告诉了夫人。正如诗经上所说："我闻其声，不见其人。"

我们更希望孩子们能够进行自我管理和约束，有良好的自律精神，掌握了礼仪规则能够执行，而并非在成人的注视和监督下才能够实行。

著名管理学家彼得·德鲁克（Peter Druker）指出："未来的历史学家会说，这个世纪最重要的事情不是技术或网络的革新，而是人类生存状况的重大改变。在这个世纪里，人将拥有更多的选择，他们必须积极地管理自己。"进入社会后，孩子必须自主决定自己的行业、自己的老师、自己的老板、创业还是加入公司，学工还是学商……每一天面临的都是选择。孩子需要独立心、责任心、选择能力、判断力。

我们渴望将自己的孩子培养成谦谦君子、雅雅淑女，但请注意，绅士和淑女的品格与行为是相得益彰的，电影《特工学院》的片尾，作者打出过这样一行字幕："谨以此片纪念我的母亲，她把平凡的生活过成非凡，教育我具备一位绅士的品格。"

绅士的品格就是勇敢自信、光明磊落，能够尊重女性，爱护弱势群体，就好像西方崇尚的礼仪规则"女士优先"，其实是为了彰显绅士风度。而雅雅淑女，是精神的富足，具备充分的宽容和博大的胸怀，自信自强，不依附任何人，在顺境、逆境中保持积极的心态，把生活经营得美好，这是属于女子的优雅。所谓优雅并不是单指站姿、坐姿而已，还包括这种胸怀与品质。

这些都与金钱无关，也与物质无关，即便一碗阳春面也可以吃得从容满足，而一餐山珍海味也有可能吃相狼狈。我们或许能够从小培育的是一种心胸、一种行为、一种习惯，爱并珍惜自己所拥有的，愿意依靠自己的力量去创造更加美好的生活。

礼仪是一颗种子，在孩子们的心里投下，还要浇水施肥，直到苗壮成长，这个过程其实也是在培养孩子的自律精神和自我管理能力。

儿童礼仪老师讲故事：蚂蚁爬山

作者：郭海霞

有一天，好多好多小动物们聚集到白石岭，当它们到山下时，掌管这座山的长颈鹿爷爷告诉大家："今天我们要开展爬山比赛，看哪个小动物能有礼貌又能最快地爬到山上，就能拿到勇士勋章！""哇，勇士勋章！我要！我要！"每个小动物都想拿到勋章，这个勋章可是代表勇敢和礼仪的最高殊荣！于是一下就炸开了锅，大家竞相跑到山的入口，你挤他推。老虎张开大嘴发出吼声："我是森林的大王，快让开，我要先进去！"大象一看，说："我吨位最大，应该让我先进！"小猴子上下蹿着，也想硬挤。一时间，入口被这些小动物挤得水泄不通。这时在路口的一个小小的门边，一群蚂蚁已开始行动了，蚂蚁王带领着小蚂蚁们一个一个往上爬，并然有序。路面湿滑，有些小蚂蚁爬到石头壁上不慎落下，其他小蚂蚁赶紧上来扶起，等小蚂蚁回到队伍中才开始有条不紊地向上爬。

　　而另一边，在入口处，老虎、大象、猴子、狮子等都还在争吵着。这时小兔子抬头看到了缆车，马上摆脱争吵，跑到了缆车入口处，自己启动了缆车。但爬山大赛可不能坐缆车的，兔子被长颈鹿爷爷拦了下来。长颈鹿爷爷看大家一直挤在入口，谁也不让谁，就赶忙让蛇姨拿来提示牌"注意排队"，长颈鹿爷爷也用喇叭提醒道："小伙伴们，注意排队，排队会更快哦！小蚂蚁们早早就走了！"小动物们一听有伙伴已经出发，挤得更凶了，率先从大队伍中出来的就是猴子，老虎、狮子、老虎也紧跟其后，前拥后拽，现场还是一片混乱。

　　眼看着蚂蚁军团已经到了半山腰，在半山腰的一线天，熊卫士守在那，要求每个小动物要保持一米距离才能进去，蚂蚁王率先做出表率，在熊卫士一米线外等待指令，其他小蚂蚁一一跟上，没有任何争吵，长长的队伍不断向前挪动。

　　比赛很快就结束了，孩子们，你们知道最后谁会是冠军吗？且听长颈鹿爷爷公布冠军得主，"今天爬山比赛冠军，荣获勇士勋章的是蚂蚁军团！它们是我们小伙伴中最小的，但因为它们守礼仪、爱团结，依靠团队力量获得了第一，其他小朋友都应该向它们学习！"老虎、大象、猴子、兔子等小动物听了后，一个个都红了脸。

第四篇

儿童语言礼仪

第一章 礼仪就是让别人舒服

前几天，我坐飞机，低头阅读，由于是下午航班，在餐饮服务结束后，飞机上的乘客大多在休息。

突然一个响亮的声音在客舱中响起："小姐，给我拿杯苹果汁！"声音中透着不耐烦，透着没教养，你知道声音中是能听得到心情和态度的，刁蛮的声音、亲切的声音、懒散的声音、友善的声音……此刻我的耳朵感受

到的声音就是焦急、不耐烦、耍赖的感觉。但比这个声音传递的情感讯息更重要的是声音还很稚嫩，而那个清晰的称呼就是"小姐"。我扭头观看，一个四五岁的孩子正站在座位上急切地冲身边的乘务员一遍遍说着，乘务员目测也有35岁左右的样子，脸上颇为尴尬。于是她前倾身体，说："小朋友，阿姨知道你想喝果汁，但你应该称呼我什么？"这个孩子不耐烦地说："小姐啊，服务员不都是小姐吗？"这时，坐在他旁边的爸爸有点不好意思了，大声说："得叫阿姨，什么小姐。"

孩子哇的一声哭了："我要喝苹果汁……"

孩子天生喜欢模仿，如果家长从未告诉过他对待不同年龄的人应该有不同的具有尊重感的称呼，或许孩子就在对成人的模仿中学习如何称呼、如何交流、如何使用词汇。

但很多家长忽略了培养和教育，一旦问题来临，发生尴尬时，就立刻火烧眉毛，不管不顾地批评孩子，孩子甚至在批评中不知自己错在哪里，不知到底发生了什么？太粗暴的管教，并不能使孩子成长。

正如飞机上的这个小朋友，直到乘务员把苹果汁给他拿过来，他依然在哭泣，情绪依然很不稳定。

儿童礼仪的培养基本在2岁半时开始，就应将语言礼仪作为教学重点，比如教给孩子正确地称呼，正确地倾听，正确地回应，正确地答复，我们会和孩子通过角色扮演、游戏、情景剧等方式让孩子学习语言礼仪，有些语言习惯一旦养成便会成为一生的表达习惯。

其实，在儿童礼仪的公共礼仪和社交礼仪篇章，我一直强调的就是不要在公共场合完成教育，很多时候，教育是家庭作业，外出只是检验教学成果。但有些家长恰恰相反，平时忽略对孩子的礼仪教育，一旦在公共场合发生尴尬，就会进行粗暴干预或者听之任之。对孩子礼仪的培养需要耐心。

培养孩子良好的语言习惯是一个潜移默化的过程，需要时间的沉淀和历练，但有的家长在孩子上过"问候礼仪"这节课后，就希望孩子立竿见影，有着见人有礼貌主动打招呼的好习惯，一旦孩子没有如他预期的那样主动问候他人，便会急吼吼地说，为什么没有作用，看来温和的礼仪教育行不通。

培育孩子，如同培育小树需要耐心，小树不可能一天长大，不可能一天枯叶变绿，最重要的是耐心。

坚持礼仪教育，陪他（她）慢慢长大。

孩子们的语言结构和表达方式很多时候是在模仿中学会的，在环境中培育的，如果因为掌握了文明礼貌的语言而受到鼓励，我想这将是他们接下来会坚持使用的理由。比如，我在和孩子们相处时，经常用行动支持他们的语言，当他想要得到某个物品或是想要获得某种帮助时，我教会他的词汇是"请""麻烦您"。非常有趣的是，我的儿子在很小的时候就尝到了这些语言的甜头。每当他想吃棒棒糖或者想让我陪他出去玩的时候，非常见效获得应答的词就是"麻烦妈妈"了，我心里的柔软顿时被激发了，那一瞬间的感受是"不麻烦，妈妈陪你去"。孩子也是在不断测试和确定哪些词汇更有用的过程中学习和成长的。

有些孩子已经七八岁了，养成了固有的表达模式，如果在他此前的生活中较少使用礼貌用语，可能就会极不习惯使用"请"，常常用指挥的口吻说，"老师，再给我一支笔"。在我的儿童礼仪班上也有这样的孩子，我通常会送一个口头禅给他们："Go for it"。试试看，也许换个表达方式你会看到我不一样的脸孔和不一样的回应哦。

"Go for it"是一句鼓励别人试一试的句子，我在课堂上经常会使用这个词，并且会配合固定的动作，以至于有时我只需要做出这个动作就可以鼓舞孩子。

知识链接

"Go for it"这个说法最初来源于橄榄球运动。在橄榄球比赛时，每个队力争将橄榄球传到对方的底线之外，并尽力保持球不被对方夺去。其中一条规则规定，一个队必须在四次传球后，至少将球传出 10 码（约 9 米）远，如果这个队不能把球传出这么远，球就要交给另一个队了。

橄榄球比赛中最激动人心的时刻就是一个队在三次传球后，球仍未能传出 10 码远。这时，这个队必须做出选择，要么将球踢出界外，承认暂时失利，要么孤注一掷，最后搏一次。这时，看台上的观众有人会喊："Kick the ball！"（把球踢出去！），也有人会鼓动球队铤而走险，搏一次："Go for it！　Go for it！"（拼一次！）。

与其生硬地要求孩子去说某些语言，不如让他试一试这些语言所带来的美妙结果。

第二章　言为心声，语为心境

2015 年 3 月 13 日晚，江苏卫视《最强大脑》日本小姑娘辻洼凛音一战成名，在排名世界第一的笹野健夫面前毫不胆怯，依靠快于其他三位中日选手 5 倍的速度获得比赛的胜利。

比赛的后半程完全成为了辻洼凛音的个人表演秀，日本小姑娘辻洼凛音可谓是天赋异禀，到最后阶段，这个比赛完全要看她的表现。最令人动容的是，当第二个题目，她抢答成功，却没有回答正确而倒扣分时，她对她的搭档笹野健夫说"对不起"；到最后一道题时，对自己的答案再次复核。作为一个 9 岁的小姑娘来讲，确实让人敬佩。

以她当晚卓越的表现，她无须这一句"对不起"，以比赛紧张的节奏，她也无须道歉，以她对比赛的投入和专注，她更是无须专门说这三个字。但是她说了，令她的 9 岁修养和她的才能一样让人刮目相看。

一个能说"对不起"的孩子一定是具有同理心的人，一个能够说出"感谢"的人也必定是心中装着他人的人，一个能够说"没关系"的人会是一个宽容的人。

这个世界上会不会有人说"谢谢"你就会感动不已？我问过很多家长这个问题，他们说，不会啊，会觉得听到"谢谢"也是一个很平常的事情，因为接受别人的帮忙后大多数人会说"谢谢"。

但我曾感动。一次，我在我的儿童礼仪课堂布置了一个小任务"图说礼仪"，孩子们需要绘画和填色。我在进行个别辅导时，一个孩子说，老师，我这里没有蓝色的画笔，可是我想要涂蓝色。于是我从其他桌上给他拿来了蓝色画笔，他接过后看着我的眼睛诚恳地说"谢谢"。那一刻，我的心有一种瞬间被洗涤的感觉，清澈明亮。我不是没有听到过"谢谢"，而是这一次的"谢谢"是他内心真正的感谢，通过语言传达出来。有多少人在表达感谢时会真诚地看着对方说呢？又有多少次"谢谢"不是一个程序化的语言，而是情感的诚恳表达？

　　这个男孩子在对我说"谢谢"的时候，眼睛清澈动人地看着我，直到"谢谢"说完，方才低头绘画。作为一名儿童礼仪讲师，我更想培养的不只是一句话，一个字，而是孩子们放在心里的美好情感。

　　我去澳大利亚旅游的时候，没有加入旅行团，每日拿着地图坐着小火车等公共交通工具四处游逛，行程充满未知的新鲜感。坐错车、走错路、

点错菜对我而言是家常便饭，但我不以为意，因为在国内我尚且迷路，在这里迷路也不算什么了。

一次，我站在悉尼的街上，拿着地图端详不已，实在不是地图印得有多精美，而是兜兜转转之间，我突然找不到方向了。那天是阴天，我也无从辨别东南西北。这时，我听到一个声音："Hello。"这一声问候就像我干渴时突然获得了一杯凉开水，我连忙向他说出了我对方位的困惑，然后告诉他我要去的地方。他很认真地从兜里掏出一支笔，一只手拿过地图，另一只手把笔递到嘴边，用牙齿咬开笔帽后，将位置和路线在地图上给我画了出来……

他的内心善良、充满关怀，所以，看到一个异国女子站在路上长时间地端看地图，便猜出一定是迷路了或是找不到方向。此时的一声问候，已不仅仅是热情的体现，更多地涌动着人性的关怀，当别人遇有困难时，无论是否熟识，都会伸手相助。问候不是开口说个"你好"那么简单的事情，它意味着接下来的责任。

我深信所有程序化、流程式的东西都不具备打动人心的力量。比如，我们每次逛街，去到一些餐厅，都会听到餐厅的服务人员大声说"您好，欢迎光临"，言语中的程序感让很多客户不会回馈，甚至连点个头都没有。无需过分嗔怪客户素质高不高，很多时候，不走心、很敷衍的感受比语言更清晰，客户没有义务去配合流程。

也因此，在进行儿童礼仪教育的时候，我一方面会关注孩子们的语言使用习惯；另一方面，我也会非常关注语言的使用心态、技巧和场合，我希望对孩子的培养是由内而外的，因为礼由心生。

因此，言为心声，礼由心生，简单的语言真的会折射和影响着一个人的内心。

儿童礼仪老师讲故事：会变色的花

作者：王亚蕾

京京和欢欢是幼儿园里的小朋友，这天清晨刚一上课，老师就给每位小朋友发了一朵美丽的鲜花，鲜红的花瓣，翠绿的枝叶，漂亮极了。老师让小朋友们把花朵别在衣服上，说这是一朵神奇的花，却没有告诉大家原因，小朋友们都十分好奇。

放学后，京京和欢欢结伴回家。在狭窄的人行道上，一位老人拄着拐杖缓缓前行，京京看见了立刻不耐烦地说："哎呀，烦死了，你快点，都挡到我的路了。"可欢欢却关切地说道："老爷爷，您还好吗？需要我帮助您吗？"这时的他们都没发现，老师别在他们胸前的鲜花正在发生了一点点变化。

欢欢的家里，妈妈为正在看书的欢欢端来了水果，欢欢开心地说道："谢谢妈妈！您辛苦啦！"妈妈说："不客气，欢欢真是个懂礼貌的好孩子。"说完，欢欢和妈妈惊喜地发现他胸前的一片花瓣竟然悄悄变了颜色。

就这样，一个月的时间很快就过去了，这天，老师在课堂上让大家把胸前的花朵摘下来，小朋友们这才发现大家的花朵都变了样子，最明显的是欢欢和京京的。欢欢的花竟然从一朵小红花变成了美丽的七色花！而京京的花却没有了曾经鲜艳的颜色，花瓣和叶子也快要枯萎。

老师告诉大家，原来这是一朵神奇的礼仪之花，只有你在与人说话时礼貌恭敬，那鲜花才会越来越美丽。否则，那花朵便会慢慢枯萎。

第三章 **敬语与谦语**

如果有人问："请问您贵姓？"各位会怎么回答呢？在成人的培训课堂上，有时，请学员参与回答问题，我有时会通过这样的询问方式想要了解学员的姓名，因为听到他们精妙的观点，我想在课堂上让更多人知道这个精彩的回答是哪位学生说出来的，所以我会询问，遗憾的是不止一次我听到的答案是："我姓陈""我姓张"……相比较他们精彩的观点，这一次的回答往往会令我深感"礼仪"的重要性。很多学员的年龄都比我小，当我礼貌而尊重地询问他们的姓名时，得到的答案却缺乏对自己和他人应有的尊重。

中国语言的礼仪规格非常严谨，比如有敬语和谦语之分，我询问"贵姓"就是敬语，回答时若使用谦语"免贵姓赵"，才能够凸显礼貌。

很多时候，我们看到一个人的姓名，却读不出来，因为人名中经常会有一些生僻字，而这些生僻字在生活中不多见，包括我现在给企业培训也不敢轻易读出大家的姓名，有些生僻字和多音字确实和日常的使用习惯不同，而尊重对方最好的方式是正确读出他的姓名。比如很多时候，成人之间交换名片，拿到名片后，也会有小小的尴尬，常常会看到有人拿着名片询问"你叫什么名字"，或者"这个字怎么读"。其实有一个既不失礼又不丢面的方法，就是用得体的语言询问："我想请教一下您的姓名是？"我相信对方一定会非常高兴地告诉你他的姓名。

语言是人们在日常生活中最主要的相互交往的方式，它既用于传达事物，也用于交流感情。文明的语言是中华文明的重要组成部分，也是古代礼仪的一个重要方面，同时又是礼貌的重要体现。

这在人们的相互称谓即称呼上表现得最为突出，谦称自己，敬称对方。

⊛ 谦语的含蓄与胸怀

使用谦称来称呼自己，实际表现了说话者的谦逊和修养，也是对对方的尊敬。而出言不逊，大言不惭，则被视为无礼、轻浮、缺乏修养。

知识链接

古人常用的谦称词有愚、鄙、敝、卑、窃、仆等。这些词都含有愚笨、涉世不深、阅历较浅、无知的意思。使用这些词时，当然并非自己真的无知，而是以说话者的自谦来提高对方的身份。

如自称为愚兄、鄙人、敝人、卑人等；发表自己的观点时，称愚意、愚见、鄙意、鄙见等。窃和仆还有一层表示自己地位卑微的意思。

窃，有私下、私自之意，使用它一般常带有冒失、唐突的含义。如窃闻、窃见、窃笑等。

仆，又有仆从、仆人之意，使用时多含有愿为对方效力、服务之意。

读书人或文人自谦时，除使用小生、晚学、晚生等词以表示自己是新学后进之辈外，也常用不才、不佞、不肖等词来谦指自己没有才能或才识平庸。

官吏一般多自谦称作下官、小官、末官、小吏等。古人坐席，尊长在上，晚辈或地位稍低者就自称在下。

而有一定身份的人则自谦小可，意思是不足挂齿。老人自谦时，常使用老朽、老夫、老汉等词，以表示自己已进入暮年，衰老无用。此外还常使用老拙一词，更带有年迈、笨拙之意。

中国古代使用的自谦词数量很大。各种社会地位和身份的人都使用这些自谦词，所以中国社会一直保持着谦逊文明的风尚，中国人也因此具有谦虚勤学的风度。

知识链接

"朕"在中国封建社会时期，是皇帝的专用自称词。但在秦朝建立前，使用"朕"字并不表示至高无上的地位和显赫尊贵的身份。屈原的《离骚》中便有"帝高阳之苗裔兮，朕皇考曰伯庸"这样的词句，朕在此仅是一个自称词，"朕，身也"(《尔雅·释诂》)。只是在秦始皇统一六国之后，以皇帝自居，遂将"朕"作为自己的专用代称，才使之成为显示皇帝权势的标志。

尽管如此，古代帝王们在自称上仍不乏谦逊之词，即使是在与臣下的谈话中，也经常使用孤、寡之类的谦称。孤，又称孤家。寡，也称寡人。孤家、寡人二词都带有缺少德行之意，即指自己为少德之人。

"不谷"也是帝王君主常用的一个自谦词。谷，作为一种粮食作物，用于养人，而引申为善的意思。不谷，则是喻指自己不能像谷一样供养人们，再引申则是说自己是不高明的人，或不能以德待人。

❀ 敬语的尊重与恭敬

在谦称自己的同时，古人又以敬称来称呼对方。

敬称多带有敬重、敬仰、颂扬的感情色彩。古人常把品格高尚、智慧超群的人才称为"圣"，如孔子被称为孔圣人，孟子被称为亚圣(意指仅次于圣人的人)。到后来又专门用于帝王，称皇帝为圣上、圣驾，甚至将与帝王相关的事物都被冠以"圣"字，如皇帝的谕旨又称为圣旨、圣谕。皇帝还有一个特定的称谓，即"万岁"。"万岁"一词原是古人饮酒庆贺及祝寿的欢呼语，带有浓厚的祝愿之意，而且不分上下贵贱，均可使用。但有了皇帝以后，群臣多于朝廷中欢呼"万岁"，以示对他的祝愿，于是这个词逐渐演变为对皇帝的一种敬称，而其他人则不能再使用了。皇帝既然是"万岁"，那么皇帝所封的诸王则被人们敬称为"千岁"。

知识链接

在皇帝专用的敬称中，还有一个"驾"字。驾，本是指皇帝的乘舆（载人的车）。古人认为，天子应以四海为家，不以宫室为固定的居所，应该乘车巡行天下，因此"驾"字便被借用来尊称帝王，如圣驾、尊驾；就是皇帝死去，也要叫晏驾、驾崩。

在中国历史上诸多的敬称词中，陛下、殿下、阁下、麾下、足下等词是使用得最为普遍的。"秦汉以来，于天子言陛下，皇太子言殿下，将军言麾下，使者称节下、毂下，二千石长史言阁下，通类相与言足下。"（段成式《酉阳杂俎》）陛，原指宫殿的台阶，蔡邕在《独断》中写道："陛，阶也，所由升堂也。天子必有近臣，执兵陈于陛侧，以戒不虞。"意思是说，陛即台阶，是进入廷殿的必经之路。皇帝每次升殿（进入大殿），必定要派可靠的大臣手持兵器站在陛的旁边，以防止发生意外。群臣向帝王上言时，"不敢直斥，故呼'在陛下者'而告之，因卑达尊之意也"。也就是说，"陛下"的原意是指站于陛下，进而又以地位低卑转指帝王的高尊，成为对帝王的敬称。"殿下"与"陛下"一样，也是因在殿堂接见群臣而得此称，但"殿下"通常是用于敬称皇太子和诸王，有些朝代也用"殿下"敬称皇太后、皇后，三国两晋南北朝时期也曾一度用来称谓皇帝。

"阁下"一词，是对有一定社会地位的人的一种敬称。阁是中国古代的一种建筑，有阁的人家无疑是王公贵族、达官贵人，这些权贵手下的属官、属吏便以自身之卑，反过来敬称阁中之人为"阁下"。不过"阁下"称谓的使用范围比较广，也没有严格的限制，除去有社会地位的人之外，一般在表示对对方尊敬之意时，都可以使用这个敬称。随着历史的发展，"陛下""阁下"两个敬称词在使用上约定俗成，逐渐规范化。凡敬称帝王君主时用"陛下"，而敬称行政长官时用"阁下"。麾，是古代用于指挥军队的旗帜，以此象征或代表主将、主帅。"麾下"，则是部下、部属对主将、主帅的一种敬称。

我在香港候机楼的机场洗手间曾看到"阁下"这个字眼，在每个洗手间门内都有一行提示语清晰地写着"注意：请记得带走阁下的随身物品。谢谢。"因此，这不是一个古代专用词汇，在今天它依然是一个通行的尊称。

"足下"一词的源出，至今尚未考证出结果，但有一说，"足下"的称谓始于春秋时期一位叫介子推（又记为介之推、介推）的故事。但这是一个悲情故事。

介子推是晋国的一位隐士。晋献公在位时，十分宠爱骊姬。后来骊姬生下一个儿子奚齐，为了能册立奚齐为太子，骊姬大要阴谋，散布谗言害死已册立的太子申生，并将其他公子逼出宫外，其中包括重耳。重耳在外流亡长达19年，他的舅父狐偃和介子推等人始终陪伴着他，历尽艰辛，患难与共。后来在秦穆公的支持下，秦国派兵护送重耳回晋国。途中，狐偃向重耳邀功，以求日后能得到重用。介子推对此极为反感，不愿意再与狐偃这样的人同行，便不辞而别。重耳回到晋国后，即位为国君（即晋文公），凡随同他一起流亡在外的人一律论功封赏，却唯独漏掉了介子推。此时的介子推为了表示自己的清白，携老母一起隐居于绵上（今山西介休东南）山中，至死绝不与晋文公见面。文公为寻他出山，令人搜山，未能找到介子推。于是文公下令放火焚山，以迫使他出山，但不料介子推竟抱木被烧死。文公知道后，赶到介子推母子藏身的地方，拍打着介子推临死前抱着的那棵树，哀叹不已。他让人伐倒这棵树，制成一双屐（木鞋，形似今天的拖鞋），穿在自己的脚上。从此以后，文公经常低头看着自己脚上的屐，痛心地说"悲乎足下"，意在自责。

"足下"一词，最初可用于上下、同辈之间的敬称，后来一般只用于同辈之间。

✿ 称呼的文明与谦恭

中国古代语言的文明和礼貌不仅表现在社会人际交往之中，也体现在家庭之中。子女对自己的父母、兄长，乃至其他亲属，从不直呼其名。就是在与外人的交谈中，提及父母、兄长等亲属，也使用一些含有谦恭敬重之意的称谓，这也是古代礼仪的重要内容。

比如称呼自己一方的亲属时，常使用家、舍、先、亡等作为敬称词。家和舍都是指自己的家庭、宅居，本身就带有谦恭、平常的感情色彩。用家、舍作称谓，使用于在世的本家亲属。在别人面前称呼比自己辈分高或年长的家人，都要冠以"家"字，如称自己的父亲为家父、家公，母亲为家母、家慈，兄、嫂为家兄、家嫂等；"舍"则用于称呼比自己辈分低或年幼的家人，如舍弟、舍妹、舍侄等。可见，"家""舍"在使用时，是有严格的长幼之分的。"先"和"亡"都含有哀痛、怀念之意，因此，古人将这两个字用于称谓已故的家人，同样在使用时也有长幼之分。先，用于比自己辈分高或年长的已故家人，如先祖指祖父，先父、先人则同指父亲，先母、先妣同指母亲。亡，则用于辈分比自己低或年幼者，如亡友、亡弟、亡儿等。

现在很多家庭中孩子都是直呼父母名字，美其名曰民主和平等，殊不知，真正的民主体现在孩子选择上一些兴趣班是能够真正按照自己的兴趣选择，而不是秉承父母的意志来学习某种乐器或某项技能。民主和平等都意味着表达自己的想法的权利，并非称谓上的变化。中国古代有"避讳"的习俗，即为了表示对对方的尊敬，特别是对尊长者，在称呼时不能直呼其名，而改用其他称谓。即使是对待已故去的长辈也是如此，因此，宗庙的牌位上面也不能直书其名，而是另起一个称号，通常多使用"祖""宗"二字，如高祖、太祖、高宗、太宗等，这种称呼便叫"庙号"。

在称呼对方亲属时，则使用令、尊、贤等敬重之称。令，有善美之意，在使用时，不受辈分、年龄的限制，可通用于对方的亲属。如称呼对方的父母时，可称作令尊、令翁、令公和令母、令堂、令慈。称对方的妻子为令妻、令正。称对方的儿子为令子、令郎，女儿为令爱、令媛。称对方的女婿为令婿、令坦。还有令兄、令弟、令姊（姐）、令妹等。

知识链接

"尊"和"贤",在用于对对方亲属的称谓时,则要严格加以区别。"凡与人言,称彼祖父母、世父母、父母及长姑,皆加尊字;自叔父母以下,则加贤字。"(《颜氏家训·风操》)也就是说,"尊"字用于对方叔父以上的人,可称对方的祖父为尊祖,父亲为尊父、尊翁、尊大人、尊公、尊大君,母亲为尊堂、尊上、尊夫人。称对方叔父以下的亲属为贤叔、贤兄、贤弟、贤姊(姐)、贤妹、贤侄、贤友、贤侄、贤婿等。称对方的妻子则为贤阁、贤内助等。尊,有时也用于称呼与对方有关的事物,这与"贵"字的用法一样,同属于一种敬称,如尊姓、贵姓、尊府、贵府、贵体、贵乡等。

自古以来,人们习惯称呼妻子的父母为丈人、丈母或岳父、岳母,以及泰山、泰水,这些称谓也都是一种敬称。古时,丈、杖相通,拄杖者多为老人,于是称老人为"丈"。在泰山上有一山峰,名为丈人峰。以山峰之名代称,具有健康长寿的祝愿之意,所以唐代以后,"丈人"便用来专称妻父,妻母自然也因此被尊称为"丈母"。岳,山也,称呼岳父、岳母,与丈人、丈母同样含有祝愿之意。

每当我分享中国传统语言礼仪时,也会有很多人质疑,觉得这些语言已经过时,但不知各位是否深感痛心的是在网络语言大行其道时,我们语言的"雅"已越来越少得到体现,恭敬的味道越来越淡。那么这些承载着情怀与文化的词语真的已无人再用了吗?不是的。我想很多时候,不是这些文字和词汇是否可以用,而是你是否愿意守护中华源远流长、博大精深的文化瑰宝。

儿童礼仪老师讲故事：神奇的语言

作者：魏华

春天的森林郁郁葱葱，蜜蜂和蝴蝶开心地舞动着美丽的翅膀在花丛中飞翔着。森林里有一座粉色的小房子，里面住着皮皮猴、刺刺头豪猪。房子对面是一个非常热闹的大型动物游乐场，小动物们只有通过一个窄窄的吊桥，才能到达它们喜欢的游乐场。

一个阳光明媚的上午，皮皮猴想到对面的动物游乐场荡秋千，不巧，一头犀牛正躺在吊桥中间睡大觉，挡住了皮皮猴的去路。皮皮猴很生气，对犀牛大喊："快走开，快走开！"犀牛没有任何反应，倒是吊桥边树上的一只蓝绿相间的鹦鹉说："犀牛不会听你的话。"皮皮猴失落地坐在地上低头叹气。

这时，刺刺头豪猪唱着小曲儿从房子里出来，它想到游乐场的泥巴坑里玩水，皮皮猴和刺刺头豪猪一起对着犀牛喊："你给我走开！"声音回荡在森林里，犀牛仍一动不动。树上的鹦鹉继续说："犀牛不会听你们的话。"

听到远处一声狮子的吼叫声，随后狮子风风火火赶到。了解情况之后，狮子说："我是森林之王，谁都要听我的。"于是狮子开始大吼："快给我走开！"犀牛依然不动。

这时，一只觅食的小老鼠路过这里，闻讯后说："让我来尝试一下吧！"只见它敏捷地爬到犀牛的耳边，小声说了一句话，犀牛竟然神奇地打了个大大的哈欠，笨笨的身体站起来，和小老鼠一起往游乐场走去。动物们看着大犀牛、小老鼠的背影，大家面面相觑，很好奇小老鼠说了什么。小老鼠说，我只说了一句话："请你让一下，谢谢。"

第四章 沟通礼仪

我们先来做个小调查，一共十题，每题一分，十分为满分，六分为及格，八分为良好，九分以上为优秀。

当然这个调查问卷不只适合儿童，家长们也可以做，看看自己打几分，要知道孩子就是家长的一面镜子，您的表现有时就决定了孩子的状态。

❀ 沟通礼仪调查问卷

（1）尊长呼唤能够在五秒之内应答。

（2）与尊长交谈时能够主动起立，获得允许或示意后方才坐下。

（3）与尊长交谈音量不会高过长辈，能够确保彼此清晰听到。

（4）与尊长交流能够看着对方，目光端正、目中有人。

（5）与尊长交流能够暂停手中的事情，先应答并看着对方。

（6）与尊长交流能够上半身面对尊长，而不是仅仅侧身或扭头。

（7）尊长讲话时能够做到眼睛注视、保持倾听、适当点头、微笑或语言回应。

（8）尊长正在讲话时，不会抢话或是插话，能够等待间隙表达自己的想法。

（9）无论意见是否一致，都能够平静表达观点，而不会语言攻击或态度消极。

（10）能够在与人交流时使用礼貌用语、敬语。

　　说实话，在多年给孩子上课的经历中，我会发现这些基本的交流沟通礼仪在孩子们身上已经越来越淡化。殊不知，交流的尊重并不会泯灭孩子的天性，反而会滋养他们做人的美好行为。有一个小故事在网络流传，曾经让很多父母看了之后觉得心寒和恐惧，但"养不教，父之过"。

　　一个奶奶经常带着放学的孙子到学校旁边的一家牛肉面店吃碗面才回家。他们经常点两碗面，每次吃面之前，奶奶总是将自己碗里的牛肉夹到孩子碗里，然后笑呵呵地看着囫囵吞枣的孙子大口大口地吃。

　　这家面店没有服务员，面条一般是老板煮好后客人自己来端的。这一天，奶奶来端面的时候，干脆拿起筷子，将自己碗里的所有牛肉都夹到另外一个碗里，然后才端着两碗面到孙子面前。店主看到这情形一个劲儿摇头，但没吭声。

奶奶微笑着让孙子吃，但孙子盯着奶奶的碗，皱了皱眉毛："奶奶，你今天怎么没将牛肉给我？"

奶奶说自己的牛肉已经在端来前全部夹给他了，但孙子不相信，在那里大叫："你骗人！你肯定将牛肉偷偷藏起来了！"一边叫嚷一边用筷子往奶奶碗里掏，竟然将全部面条都掏在了桌子上！奶奶露出无奈的表情，一边说"你真不听话"，一边用筷子将桌面上的面夹回自己碗里。

"那肯定是被你偷吃了！你怎么能这样？我不吃了，不吃了……"周围的食客都匪夷所思地看着这个小霸王。

奶奶叹了一口气，"不吃会饿肚子的，那我再买一碗吧！"

正要开口，店老板冷冷地说："不好意思，我的面不卖给你们了！"

奶奶无奈地坐回去："我的牛肉已经给你了，我真的没偷吃！"这时生气的孩子愤怒得连脖子上的青筋都露了出来，一伸手，竟将桌面上两碗面都打掉，气呼呼地走了，奶奶灰溜溜地跟在后面。周围的人投去谴责的目光，这孩子也太霸道了，这个奶奶怎么能这样溺爱孙子？

没多久，孩子带来了一个男人，看样子应该是孩子的爸爸，后面跟着的奶奶在抹泪。这个男人一进门径直找到了店主，说："给我三碗面！"然后气呼呼地坐下。

店主没吭声，给他们做了三碗面。三碗面一放下，男人将其中两碗面的牛肉全部夹到了孩子面前，"老板，过来！"

当店主走近后，男人敲着桌子说："我给钱买的面，我喜欢怎么吃就怎么吃，我喜欢给我儿子吃就给我儿子吃，你看，我全部夹给了我儿子。现在我们还不想吃你的面了！"说完，往碗里吐痰、吐口水！然后甩下了100元，牵着孩子的手走了。

店主气得掉泪，说当初拒绝卖第三碗面给婆孙，是希望能让孩子意识到错误，还想让老人知道那样溺爱孩子是不对的，没想到给自己招来侮辱，这个社会好人难做！

而我想说，孩子说出了的是"把牛肉给我，你是不是偷吃了"，语言背后反映的不就是心态和行为吗？因此，教会孩子语言的文明与恭敬，不只是一种表达方式而已，更重要的是培养他好的生活方式和思考方式。

语言的习惯也可以培养孩子的同理心，如果这个孩子经常说的一句话是"请奶奶先吃"，我想在心里种下的必定是对奶奶的爱与尊重。

学习儿童礼仪是教会孩子一种好的生活方式，一种好的生活习惯，是培养孩子的感恩心、恭敬心、尊重心，你看到的不只是行为的变化，而是已经被熏陶美好的心灵，因为"礼由心生"，不要羡慕，没有"小霸王""小皇帝"是与生俱来，而是不正确的教育方式养成的。在孩子最适合的年龄给予最适合的教育是父母能够给孩子最好的童年礼物。8岁之前，最适合的教育是行为习惯的培养，而非技能，儿童礼仪教会孩子正确的生活打开方式。

言为心声，语言的良好习惯折射的一定是内在。

❀ 沟通礼仪

等待是一种素养

"请见不请退。"对于尊长者，可以请求会面。谈话结束后不能立刻离去，要待尊长言毕并示意后再离开，离开的时候站定再转身离去，离开时轻轻带上房间的门。

专注是一种礼貌

"侍坐弗使，不执琴瑟，不画地，手无容，不翣也。"陪同尊长者谈话时，如果没有尊长者的旨意，是不能弹奏琴、瑟的；也不能自作聪明地为尊长者出谋划策，对他指手画脚；更不能像扇扇子一样地摇手，向尊长者表示反对意见。

比如老师到家中家访，交流时，孩子就不能边玩玩具边回答问题，要保持聆听和交谈的姿态。

内容体现品德

在交流时尽量不要窥探他人隐私，也不要阿谀奉承，适当的赞美有助于情感的增进，但要有实事求是的前提。

"为人臣下者，有谏而无讪，有亡而无疾；颂而无谄，谏而无骄；怠则张而相之，废则埽而更之，谓之社稷之役。"即作为君主的臣下，对君主应该当面劝谏，不要在背后讥讽、嘲笑。如果劝谏没有被君主接受，则离开他，但不能因此而心生怨恨。如果是称颂君主，也要实事求是，不可谄媚取宠。劝谏一定要出于诚心，不能傲慢轻视。君主有时出现怠惰，不能勤于朝政，在劝谏时要加以鼓励，并倾力相助；制度有所败坏，要劝说君主加以肃正和改良，这样才叫为国家效力。在这方面，唐代的魏征不愧是一位杰出的典型，史称其"有经国之才，性又抗直，无所屈挠"（《旧唐书·魏征传》）。

唐太宗李世民即位后，励精图治，为实现长治久安，他要求文武百官"上封事"，即提出治国的意见和建议，还用奖赏的办法，鼓励臣下直言极谏。魏征就是这样一位既有胆识，又不失君臣礼节的臣僚。一次，唐太宗询问魏征："何谓明君、暗君？"魏征答道："君之所以明者，兼听也；所以暗者，偏听也。"（吴兢《贞观政要·君道》）魏征正是以"兼听则明，偏信则暗"的道理，劝说唐太宗要多听各方面的意见，而不要轻信一面之词，以使自己能正确地分辨是非。魏征每次劝谏唐太宗，都是直言坦诚，毫不掩饰，又不唐突。

另外一个人同样是表达观点，但行为唐突、语言直接，导致了自己一生的悲剧。虽说忠言逆耳这个道理人人都懂，但若能在表达观点时恪守尊卑，行为有度，岂不是更能够让他人接受自己的想法。

公元前152年，丞相陶青有病退职，景帝任命周亚夫为丞相。开始景帝对他非常器重，但由于周亚夫的耿直，不会讲政治策略，逐渐被景帝疏远，最后落个悲惨的结局。

有一次，景帝要废掉栗太子刘荣，刘荣是栗姬所生，所以叫栗太子。但周亚夫却反对，结果导致景帝对他开始疏远。还有和他有仇的梁王，每次到京城来，都在太后面前说周亚夫的坏话，对他也很不利。

后来，有两件事导致了周亚夫的悲剧。一件是皇后的兄长封侯，一件是匈奴王封侯的事。窦太后想让景帝封皇后的哥哥王信为侯，但景帝不愿意，说窦太后的侄子在父亲文帝在世的时候也没有封侯。窦太后说她的哥哥在世时没有封侯，虽然侄子后来封了侯，但总觉得对不起哥哥，所以劝景帝封王信为侯，景帝只好推托说要和大臣商量。

在景帝和周亚夫商量时，周亚夫说刘邦说过，不姓刘的不能封王，没有功劳的不能封侯，如果封王信为侯，就是违背了先祖的誓约。景帝听了无话可说。

在后来匈奴王唯许卢等五人归顺汉朝时，景帝非常高兴，想封他们为侯，以鼓励其他人也归顺汉朝，但周亚夫又反对说："如果把这些背叛国家的人封侯，那以后我们如何处罚那些不守节的大臣呢？"景帝听了很不高兴："丞相的话迂腐不可用！"然后将那五人都封了侯。周亚夫失落地托病辞职，景帝批准了他的要求。

此后，景帝又把他召进宫中设宴招待，想试探他脾气是不是改了，所以他的面前不给放筷子。周亚夫不高兴地向管事的要筷子，景帝笑着对他说："莫非这还不能让你满意吗？"周亚夫羞愤不已，不情愿地向景帝跪下谢罪。景帝刚说了个"起"，他就马上站了起来，不等景帝再说话，就自己走了。景帝叹息着说："这种人怎么能辅佐少主呢？"

这事刚过去，周亚夫又因事惹祸，这次是由于他的儿子。儿子见他年老了，就偷偷买了五百甲盾，准备在他去世时发丧时用，这甲盾是国家禁止个人买卖的。周亚夫的儿子给佣工期限少，还不想早点给钱，结果，心有怨气的佣工就告发他私自买国家禁止的用品，要谋反。景帝派人追查此事。

负责调查的人叫来周亚夫，询问原因。周亚夫不知道儿子做了什么，对问的问题不知如何回答，负责的人以为他在赌气，便向景帝报告了。景帝很生气，将周亚夫交给最高司法官廷尉审理。

廷尉问周亚夫："君侯为什么要谋反啊？"

周亚夫答道："儿子买的都是丧葬品，怎么说是谋反呢？"

廷尉讽刺道："你就是不在地上谋反，恐怕也要到地下谋反吧！"

周亚夫受此屈辱，无法忍受，刚开始在差官召他入朝时就要自杀，被夫人阻拦，这次又受羞辱，更是难以忍受，于是绝食抗议，五天后，吐血身亡。

那么，小朋友在课堂上回答问题，表达不同意见，如果能够遵守礼仪，是不是既可以完整地表达自己的观点，又不致令人反感。无数次我在一些学校上课时，都会听到有学生在我讲话时，后背靠在椅子上傲慢地说："这个不对，我说一下……"此时我都会再度耐心地说，如果你想发表意见，请先举手，这是一个欢迎不同观点的课堂，但我们课堂上有约定举手，获得老师许可，再起立表达观点。

礼仪鼓励孩子多关注别人的优点，能够学会赞美。但礼仪从来都不是教孩子巧言令色、阿谀奉承、八面玲珑、虚伪做作。要知道，语言的文明是从态度中显现出来的，不说伤害他人的话，想要表达观点时应客观公允。

不管孩子的个性如何，他们的优雅都会从语言中透露出来。可能每个人都还记得那些曾令我们振奋的话语，话语的力量影响着我们。同样地，花时间训练孩子的语言技巧特别是语言在人际交往中的运用技巧越早越好。而语言的第一步就是向别人致意问好，在不同场合采用不同的问候，不仅体现出孩子的修养，也会培养孩子的语言表达能力。

优雅的言谈习惯始于家中，我们不能对家庭成员的问候熟视无睹，应该养成每天问候家庭成员的习惯。"早安，妈妈""爸爸再见"等。当你早晨用祝愿开启新的一天，我相信家庭成员也会有信心面对这一天的挑战。在每一天结束的时候问候家人"妈妈晚安""爸爸好梦"，有了这样温暖的语言，我相信父母也会有一个安稳的酣眠。

儿童礼仪老师讲故事：不插话的皮皮

作者：张颖

在树林里有一所动物学校，在动物学校里大象爷爷是老师，熊猫欢欢、小猴皮皮、刺猬贝贝、松鼠乐乐都是学生。

"叮铃铃"上课铃响了，今天是上学的第一天，大象爷爷带着他的老花镜慢慢走进教室，站在讲台前说："同学们，早上好！"

大家整齐地站立起来，向大象老师鞠躬："老师，早上好！"

"今天我要教你们学写字……"

"我知道，我知道，写字就是拿着笔写，太简单了。"还没等大象爷爷说完，皮皮突然跳了起来，指手画脚地拿着自己的笔开始笔画起来，可是笔画在纸上却怎么也写不出来。

欢欢、贝贝、乐乐看着皮皮拿的笔，大家都笑了起来。

"皮皮，你的笔拿反了，当然写不出来。"欢欢边纠正皮皮的拿笔姿势边说："课堂上，大象爷爷在上课时，我们要认真听讲。"

"我们不但要认真听讲，回答问题还要举手，不可以打断大象爷爷说话，这是对老师的不尊重。"小刺猬贝贝咕噜噜地滚到皮皮面前，抬着头看着皮皮说。

"你这么吵，我什么都听不见了。"小松鼠乐乐嘟着嘴说。

皮皮羞愧地低着头，红着脸坐到了座位上，这下他再也不敢插话了，认真地听着大象老师上课。

第五章　称呼虽小讲究多

"言为心声，语为心境"培养孩子良好的语言习惯其实是在培养一种生活心态。"观其言而知其行"，根据语言的文明便可以判断出这个人的修养。文明礼貌的语言是孩子最美的翅膀，可以帮助他飞上云端。俗话说：良言一句三冬暖，恶语伤人六月寒。那么怎样训练孩子的语言礼貌得体呢？

《说岳全传》第六十一回记录了这样一个故事，宋朝有一大将牛皋迷路了，他看见了一位老者。就在马路上对老人吼道："喂，老头儿！爷问你，去小校场怎么走？"老人听了很生气，哪里还有心情给他指路。过了一会，岳飞跟到了这里。他看见老者后，先离镫下马，然后上前施礼："请问老先生，方才可曾见一个骑黑马的？他往哪条路上去了？"老人见岳飞很有礼貌，心情很舒畅，便耐心地给他指了路。

我们常常以为人的成功需要足够的智商，需要强大的技能，却忽略了有时我们跌倒在路上是因为那些不起眼的砂石。称呼是与人交往的第一句话，也是我们审视自己的一面镜子。

那么，称呼礼仪有哪些呢？

❀ 说话之前要有称呼

在超市，我不止一次见过有孩子装了一袋子零食去称斤两贴条码，拿起塑料袋递给工作人员："给我称一下。"职责所在，素养所在，很多超市工作人员无奈地摇摇头，接过袋子称好后面无表情地递给孩子。是的，这样连句称呼都没有的语言，谁听了也会不舒服，有时前面只要加个称呼，就有了对他人的尊重。

因此，在教孩子们称呼礼仪的时候，我说的第一句话不是教他们如何称呼，而是教给大家有称呼方能够开口。

比如在超市里最合适的语言应该是"阿姨，麻烦帮我称一下"，在家中对自己的父母家人也是一样，凡开口必有称呼"妈妈，给我一个勺。"

讲话之前有称呼是对他人起码的尊重。

🌸 姓加尊称是最得体的

《弟子规》中说："称尊长、勿呼名。"作为中国古代教育的启蒙读物，《弟子规》要求孩子和长辈在一起的时候，对年龄、辈分都比自己高的人，对地位比自己高的人，不要直接称呼对方的名字。但很多家庭已让孩子称呼全家人的名字为习惯，其实是非常不妥的，每个家庭的教育方式不尽相同，可是不要忘了，孩子是在社会中生活的，从小养成直呼其名的习惯，日后会给自己在社会中的人际交往带来麻烦，正如我经常说，礼仪是约定俗成的一些规则，它不是法律，但会影响别人怎样看待你。

如果年幼者看到一位年龄较长、满头白发的老人，却直呼其名，想必老人家肯定会非常不舒服，那么旁边的人听到也会觉得年幼者非常没有教养，语言的粗鲁其实体现了内心的不敬。

如果一个学生直接叫老师的名字，也会觉得这是非常不礼貌的做法，当然，有一种情况例外，就是获得尊长许可的某种称呼是可以的，比如在学校里很多英文老师是有英文名的，他会主动说出希望学生们怎样称呼他。

因为我们民族一直有避讳心理，对尊长依然是绝对不能直呼其名的，但可以有很多变通的办法。

尊称

❶ 孩子们需要了解和掌握的一种尊称是职位、职业尊称。比如王老师、李校长、苏园长等，这是在儿童时代他们用得最多的一种尊称，是对培养孩子的这些老师们的一种尊敬的表达，家长们也请这样称呼孩子的老师，做他们最好的榜样。

❷ 对与自己外婆、祖母年龄相当的老人家，可以称呼为奶奶或者姥姥、外婆，和自己外公、祖父年龄相当的可以称呼为爷爷或者姥爷、外公。

❸ 对与自己母亲年龄相仿或小于母亲年龄的成年女性可称呼其阿姨，比自己母亲年龄大、比外婆年龄小的女性可称呼伯母。

❹ 对与自己父亲年龄相仿或小于父亲年龄的成年男性称呼为叔叔，比自己父亲年龄大、比外公年龄小的男性可称呼伯父。

❺ 对大于自己年龄又未成年的男孩称为哥哥，大于自己年龄又未成年的女孩叫姐姐。

❻ 对小于自己年龄的女孩叫妹妹，小于自己年龄的男孩叫弟弟。

❀ 平辈之间呼姓名

同学和朋友之间可以称呼"姓名"或者称呼"名"，这样会显得有礼又亲切。但"喂""嘿"这样的称呼常常会让人反感，还有一些"绰号"和"外号"也是不应该做称呼的。

礼者，理也，其实"礼"就是做人做事的道理，想要成为彬彬有礼的人，就先从礼貌的称呼开始吧。

第六章　问候礼仪知多少

有一个非常有意思的现象，我经常会问家长们，你们认为什么样的孩子是有礼貌的孩子，几乎 80% 的家长回应说，见到人会打招呼的。我们将可以礼貌问候他人作为衡量孩子是否有礼貌的标准之一。

那么这件事是否很难做到呢？

在日常生活中多加观察会发现，有些孩子在他人提醒下可以做到，有些孩子可以做到点个头，但真正可以主动点头并打招呼的的确不是非常多。当然，能否主动打招呼并非评价孩子是否有礼貌的唯一标准，但不可否认这的确是个好习惯，它有助于融洽人际关系，在水泥森林充满生活的今天，温暖的人情是能够滋养孩子童年的。

想想，小的时候很多孩子吃着百家饭，穿着百家衣，每天快乐地喊着王叔叔、李阿姨，人情热络非常快乐，贫瘠的是物质，丰盛的是人情，孩子们其实非常开心。现在依然有很多人怀念小时候的大院生活、胡同生活、巷子生活，感慨现在楼宇之间对面不相识的情景。

那么，我们希望孩子在一个温暖的环境中长大，何不从现在开始让孩子爱上问候、爱上愉快地与人交往呢？

❀ 问候的次序

谁先张口问候，这很重要吗？是的，因为这不是率先开口而已，它是藏在心里的主动意识的外在体现。我们希望培养孩子落落大方的行为举止，那么可以从"问候"这个礼节开始训练。

很多家长经常对孩子说，看到长辈要主动打招呼，可是却忽略了最重要的一点"告诉孩子为什么"，因为小朋友只有知道为什么，才有自我实施的意愿和约束的精神。

教育为何不奏效，很多时候就是成人忽略了孩子对事件打破沙锅问到底的意愿，想一想，你都不知道为什么要转弯，你行走的时候会愿意转弯吗？如果有人告诉你，转弯就是你要抵达的目的地，你是不是就会心甘情愿地转弯呢？对孩子的引导和培养，非常重要的一个步骤就是告诉孩子为什么，让他明白行为的结果，才能培养他们愿意这样做的自律精神。

个人先问候集体

我在课堂上讲"问候礼仪"时，用到最多的方式就是率先示范，每堂课我都会用阳光一样热烈的声音问候孩子们，通过这种不断示范的方式让孩子了解问候次序的第一个规则：个人先问候集体。

我会请他们描述下被我问候过的心情，孩子们的表达天马行空，有人说像听到爆米花的声音，有人说像吃到蜜糖一样甜，有人说精神一下子振奋了，好像太阳出来了……

让孩子们自己发现原来问候可以带给别人那么多美好的感受。

主动问候尊长

遇到尊长主动问候，体现的是自己的修养。我会和孩子们一起用"角色扮演"这种方式来感受被人问候和问候他人的心情变化，非常有趣的答案是几乎所有主动问候他人的孩子，在问候别人之后自己心情也瞬间变得不错，这是为什么？很简单，问候他人我们常常不由自主地使用愉悦的语气，这种语调也同时调动了自己的美好心情，此外，被问候者大多会回应微笑或热情问候，自然被问候者也能收获好心情。

问候中一般年龄小的、地位低的先要向长者问候，这是晚辈对长辈的尊重，绝不是溜须拍马。

谁先问候谁更有礼貌

小朋友或同学之间见面，谁应该先问候呢？毫无疑问，谁先问候谁更有礼貌。也许今天早上某位同学心情不好，一个友好热情的问候或许有一扫他眉头上的雾霾的功效呢。所以同辈或同学之间，率先问候，先有了一个良好人际关系的开始。

❀ 会微笑的问候声音

一次，我入住一个著名的五星级酒店，因为是清晨八点入住，所以，迎宾水果和报纸并没有在我入住的时候就已放在房间里，我收拾好东西百无聊赖，就给客房中心打电话要一份当日报纸。电话接通后，对方甜美亲切的声音一扫当天阴沉天气给我带来的压抑，我说出我的要求，她诚恳致歉，表示马上会送过来，我在她的声音中听到了微笑的味道和阳光的味道，我慌张地表示，没关系，没关系，我只是没事干想看看报纸而已。

放下电话，我的心情十分舒服，本来一下飞机看到阴沉的天空，我的情绪很低落，但讲完这通电话后心情却又莫名其妙地好了起来，我想我可以先去逛街品尝一下当地小吃，完全不用窝在酒店中等待晚间的培训嘛。

会微笑的声音源自心里的微笑

中国人有句老话"听其言，知其人"，这在培养孩子的语言习惯中太重要了，很多孩子的应答声、问候声都是低沉、懒散、懈怠的，会微笑的声音传达着对生活的饱满情绪，我们对这样的声音会本能地表示喜欢和愿意靠近倾听。而这种微笑却不是肤浅、虚假的表面微笑，会笑的声音一定是发自内心的笑容才能体现出来的，这是一种待人诚恳的态度。

你发现了吗？当你开始尝试微笑着讲话的时候，自己的心情也没办法消沉了。

是的，一个声音里带着微笑的人一定是一个宅心仁厚、心地宽广的人。他也会有忧伤、烦闷，可他懂得梳理自己的心情，所以，那些不好的情绪总是过眼云烟，每日绽放的是愉快的因子，多么难得和珍贵。

会微笑的声音的语调是上扬的

我们一起来试试看吧，请把下面这组语言用上扬的语调来朗读。

◆ 今天，早上我们一起玩个游戏。

◆ 让我们来朗读一下这篇文章吧。

◆ 来吧，孩子们，我们一起听音乐。

◆ 中午，我们去图书馆好不好？

◆ 妈妈今天有点忙，午餐就买个煎饼吃吧。

你们发现了吗？以上语言都是日常生活中平实的话语，经常说也经常听到，但如果用上扬的语调说出，声音似乎变得不一样了，似乎每件事情都值得期待。因此，别小看语调的变化，有时，它能赋予很多普通的语言以神奇的力量。

接下来，请和我一起做下面这个测试，以下语言请用下抑的语调来读。

◆ 毛毛，你今天的演讲真好。

◆ 我们做个好朋友吧。

◆ 你刚才的回答太棒了。

◆ 我想邀请你今天到我家玩。

◆ 谢谢你借铅笔给我。

毫无疑问，以上这五句话都饱含了美好的情感，但是用向下的压抑的语调说出时感觉却非常不好，完全体会不到说话者的情感，似乎都是敷衍。

所以，带孩子一起练习一下吧，说话的时候让音调向上扬，同样飞扬的还会有心情。

✿ 问候的内容

直接问候

比如，日常见面时我们经常会说"你好"，这就是直接问候。

与时间有关的一类直接问候语：早上好、中午好、晚上好。

与人物有关的一类直接问候语：亲爱的老师早上好、叔叔您好、奶奶您好、值周生早上好。

这些语言都是适合问候的语言，根据时间和对象的不同可以进行选择。

间接问候

见面的问候语不一定要具有实质性的内容，而且可长可短，不要过于模式化。以下这些就是间接问候语，通过某些带有美好情感的语言表达来替代简单的"你好"。

比如，初次和别人见面的时候可以说："你好，很高兴认识你。"和熟人见面的时候，问候可以热情一些，比如："豆豆，好久不见。""姐姐，咱们又见面了，真好。"

节日问候

在遇到一些节日或特定时刻的时候，可以灵活地运用节日问候语。比如"中秋节快乐"等。有人过生日的时候说"生日快乐"。

每一次的问候既是重逢又是相遇，这是一切故事的开端。问候犹如一杯清茶，滋润每一张期待的笑脸；又如一盏明灯，点亮新的一天。

第七章　会说礼貌用语的孩子受欢迎

《礼记·曲礼》："礼者不可不学也。"礼的语言表达体现在诸多方面，礼貌用语便是其中一个重要方面。

现在的很多综艺节目以"撕"来博收视率，我们屡屡看到主持人、嘉宾、评审脸红脖子粗、大动干戈地"斗嘴"，主持人随时可以打断嘉宾正在表达的观点，而嘉宾随时都可以将网络用语脱口而出，很少能够听到他们真正说个"请"字，表达一些尊重。

我很喜欢看一个地方卫星电视台的综艺节目，几个主持人组成了一个快乐团队。主持风格轻松幽默，自然洒脱，我一直不喜欢装腔作势的人。如同微笑，若是刻意的伪装一眼便能识破。有一个很重要的原因就是我在他们的节目中看到的是平等和尊重，调侃和幽默也大多是自嘲和主持人互相之间的奚落和开玩笑，节制而有分寸。

每次当他们请到小嘉宾的时候，都会跪在地上或是蹲在地上与孩子们交谈，他们的视线是平等而顺畅的。见惯了所谓大牌主持人居高临下地与小朋友谈话，所以在这个团队的身上看到了一种尊重的态度，对每一个人的尊重。有时，他们会请一些年长的嘉宾，几个人会很亲切地称呼张爷爷或是李奶奶，语气如同呼唤自己的家人。有时，他们会玩一些模仿游戏，嘉宾上台示范，无论年龄几何，他们都被统称为"老师"。很多人嘴上说"三人行必有我师"，行为却"爱谁谁"。他们主持的时候嘻嘻哈哈，不同于一般主持人的端庄，而且感谢嘉宾时鞠躬的姿势很难看，仰着脖子弯着腰，很滑稽而不自知。但是我很喜欢他们，我相信很多人也都喜欢在他们的节目中出现，当这个节目的嘉宾不仅仅是金钱、声名的原因，或许只是因为能够获得足够的尊重。

每次他们认真地称上场带领某个环节的孩子或成人"老师"，每次看到他们诚恳地对嘉宾说"请先休息一下"，每次看到他们对表演者说"谢谢，辛苦啦"，都会觉得一个字或一个词的尊重想必也会被每位参与者感受到。

❀ "请"是多么诚恳的字眼

从事儿童教育这么多年，和孩子们相处，发现很多孩子并非生性无礼或倨傲，而是他们并不清楚不同的字和词会带给人迥然不同的感受。

而这一点也是在工作中慢慢学会的，在航空公司工作的经验，我学会的最重要的东西便是尊重别人的方式，以前，我也会想应该尊重别人，可总是觉得尊重是一种刻意的姿态，需要一个华丽的形式去装扮它。但是我飞行十年与无数的客人打过交道之后，我发现尊重是一种心态，外在的形式无须设计，若心里有尊重对方的情感，自然而然就会在交谈、交往中流露出来。

我也曾写过许多儿童礼仪故事，其中有一篇"棒棒糖一样的语言"，我告诉孩子们，说礼貌用语，自己也会觉得甜甜的。

"请"多么简单，又多么有魅力。现在我从事培训工作，我仍是用这种方式对待我的学员，哪怕是几岁的小朋友。在培训过程中，我会邀请学员上来做练习和示范，我不会随意用手指点着谁说"你来一遍"，总是用邀请的手势说"这位学员，请做一下"。很多年长如我父亲的学员都会欣然配合。因为，他们知道，那一刻我不是讲师，而是一个诚挚的邀请者。

当孩子需要别人的帮助的时候要以"请"字开路。需要别人让路的时候要说"请让一下"，买东西的时候要说"请帮我拿一下某某商品"，想拿一个够不到的物品时要说"请帮我递一下"，刚进入一个陌生环境要说

"请多多关照"。请字并不多余，这个字会让话语变得委婉而有礼貌，是比较自然的谦虚，是自己尊重别人的话语，有很好的调节语气的作用。如果在一些正式的场合或者是书面表达的时候，请人帮忙不妨说"烦请""劳驾""拜托"，请人协助时候说"费心"，询问答案的时候说"请教"。

❀ 懂感恩的人才说得出"谢谢"

得助言谢，受恩回报，这是一个懂礼貌的孩子应该懂得的道德素养。在接受别人帮助或友善支持的时候，能够清晰响亮地说一声"谢谢"，会让对方很舒服，也让付出更有意义。

说"谢谢"不是两个字而已，这背后承载的是一种懂得感恩的心情。因此也需要孩子们掌握一些必要的技巧。

说"谢谢"的时候，要眼睛真诚地看着对方

如果要表达感谢，就请真情实意，如果"谢谢"沦为一句敷衍或形式化的语言，那么对孩子的培养或许也就成为一种作秀或形式。我在每次上课时，每次对孩子说"谢谢"时，也会真诚地看着他们，我想通过两个简单的字完全可以传递内心诚恳的情感。

当别人向自己道谢的时候也要用"不用谢""不客气""没关系"等礼貌用语回答

曾经有一次在香港购物，我想选一瓶淡淡的、干净的、松木味道的香水，可是琳琅满目的香水令我不知所措。服务小姐在询问了我的需求后，不厌其烦地向我介绍，并把每一个含有松木味道的香水喷在一张试闻纸上，她在每张试闻纸上细心地写上香水名称，递给我，如果我的表情中并没有心满意足，她就马上为我寻找下一瓶香水。不一会，我的手上就攒了十多张试闻纸，我的鼻子和嗅觉似乎都麻木了，而服务小姐却并未流露出厌烦和不满。我决定选择最开始闻的那种，其实当时已然觉得她推荐的非常适合我，只是内心的贪婪让我想要闻得更多、选择更多。买到心仪的香水是件很愉快的事情，因为这种味道的香水我找了许久，却一直不能如愿。她递给我香水的同时，还送给我一小瓶这个品牌的试用装，更是让我开心不已，似乎，我之前不断地挑选，对她而言不是麻烦，只是工作而已。

心满意足地购物离去，我想我应该对这个耐心的服务小姐说句感谢的话，因为她的热情、专业能力和不厌其烦。我微笑地看她，话还未及说出口，她便已微微欠身对我说："谢谢您的购物。"那一瞬间，我似乎以为自己听错了，因为我已经习惯的是顾客向商家道谢，我不曾接受过哪一个商家对我说"谢谢"。我连忙说："我还要谢谢你呢，给你添麻烦了，买一瓶香水让你向我推荐和试用了这么多，谢谢，再见。"

"谢谢"不是一个随意说出的字眼，而是一个人修养、素质和文明的体现，我感谢服务小姐的热情、耐心服务，而她感谢我作为顾客选择和购买了他们的商品。很显然，我的感谢是因为获得了帮助，而她的感谢则更多凝结的是一种工作心态和个人素质。

对于主动给予帮助的助人者来说，给他们一个真诚的"谢谢"有时就是对他们这种良好行为最大的认可和支持。而作为受益者，我们要表达起码的感激之情。很多小朋友在日常生活中都忽视了"谢谢"这两个字的重要性。

有时，我们可以对陌生人的帮助说出感谢，比如有人帮你扶了一下门，为你等着电梯，我们可以说出感谢，但对待自己的好朋友或是家人就会觉得帮忙是理所应该的，经常会不以为然，其实，这个时刻的感谢尤其具有温暖人心的力量。还有的时候，会因为帮忙的是小事、小举动，就觉得不必要说谢谢。能够把"谢谢"说好的孩子一定有一颗细腻而美好的心灵。

❀ "对不起"是让孩子学会"同理心"的好方式

在家庭教育中，父母和孩子由于年龄不同、阅历不同、理解不同、角度不同，常常会有冲突，有时每个人从自己的角度去考虑问题，真的很难说谁对谁错，但显然不能够感受对方的感受则常常是自己感觉受伤或爆发冲突。

能够说"对不起"的孩子通常具有同理心，愿意换位思考对方的不愉快。

同理心就是理解和感受对方的心理，就像感受自己的一样。说白了就是将心比心，用对方的眼睛来看世界，用对方的心灵来体验世界，与对方进行心理互换，感受对方的感受，感受对方的想法。

不要害怕说对不起，要知道懂得道歉、会道歉的孩子往往很容易得到他人的理解和谅解。

无意中撞到了别人，迅速说一句对不起，有时良言一句三冬暖，即便撞疼了，但因为感受到诚恳致歉的态度，也就化干戈为玉帛了。

当对他人造成伤害和打搅时都应该说一句对不起，并表示适当的关切，或许"对不起"不能消融所有的冰块，但可以在一定程度上做出弥补。会道歉的孩子更能够也更善于解决问题，很多时候，对方不依不饶并非都是因为伤害和错误很严重，对方一直没办法接受的可能就是态度。在日常生活中不仅犯了错误需要道歉，哪怕是打扰别人看书或者在电影院让别人让路这样的小事都是需要道歉的。"对不起"这三个字看起来平常，但是在孩子中间却是有魔力的词汇，一声"对不起"，表达自己的歉意，请求对方的原谅，于是双方可以握手言和重新成为好朋友。一句"对不起"可以让强者懂得承担，让弱者得到宽慰，使小朋友的关系更加融洽和谐。

刘少奇说："我们应该注意自己不用言语去伤害别的同志，但是，当别人用语言来伤害自己的时候，也应该受得起。"这句话，我同样想说给小朋友听，在生活中，很多时候，"对不起"并不意味着会承担不属于自己的责任，我们在与人交往时，"对不起"是一种换位思考的心态，体谅对方的难题，愿意一同解决和面对，仅此而已，并不会因此而蒙上阴影，承担更大的包袱。

你希望别人怎么对待你，那么首先取决于你是怎么对待别人的。

小朋友的语言要天真有童趣，教孩子礼仪并非教孩子变得世故圆滑，而是让他依然保有童真和可爱。我们用美好的语言去引导孩子的心态和行为，我们希望小朋友的语言是拥有正能量的，是温暖人心的。要让小朋友尽量去避免"恶语"，包括诅咒他人、恶语相向、诋毁同学，因为语言的伤害有时并不亚于行为的伤害，甚至会更强。

日本的江本胜博士做了一系列有关水的实验。取两个盛有普通自来水并密封好的玻璃瓶。在其中一个瓶子的标签上写下积极的赞美的语言，另一个写侮辱的消极语言。在之后的一个月里分别对着积极的瓶子说美好的词汇和温暖给人力量的话语，对着消极的瓶子说绝望困苦的话语。然后用显微镜观察并记录下水在不同情况下的晶体结构。实验结果让人震惊：每天接受到积极话语的水凝结出极其美丽的晶体，而每天接受到消极话语的瓶子则呈现出无规则的模糊的图像，这反映出水结构的混乱状态。

如果话语能让水的晶体结构发生改变，那么对人的心灵又会产生多么大的影响，从小教会孩子礼貌用语，不是学会简单的字词，而是一种思考模式，一种行为习惯。

播种一种思想，收获一种行为；播种一种行为，收获一种习惯；播种一种习惯，收获一种性格；播种一种性格，收获一种命运。

我想播种一种语言，也就开始了美好的播种之路。

多么简单而神奇的字眼："请""谢谢""对不起"，在我过去的岁月中无数次从中受益，因为这几个礼貌字眼，我的工作经历得到不断丰富，我也希望它能够成为孩子们成长中最坚韧的羽翼，帮助孩子在童年拥有良好的"社交商"。

儿童礼仪老师讲故事：会道歉的呱呱

作者：俸伟

呱呱是一只会唱歌的小青蛙，每天它都会在池塘的荷叶上唱几首歌，歌声优美动听，常常会吸引蝴蝶、蜻蜓还有夜晚的萤火虫。因此，它特别的自豪。

夏天的夜晚，天空的星星最多最亮，呱呱独自来到属于他的地方：一个开满荷花的池塘。荷花的清香在静静的湖面上随着微风淡淡地送过来，呱呱深吸了一口气：好香啊！呱呱的出现，吸引了许多的萤火虫，它们纷纷围着呱呱，呱呱的眼睛都照亮了。其实，仔细看，呱呱的眼睛里流露出一丝的烦恼，因为它有个愿望：希望自己有对大翅膀，可以像蝴蝶、蜻蜓一样，它想飞。好几次它在梦中梦到自己有对巨大的翅膀，翅膀的花纹美极了，在阳光下还会变颜色！想去哪儿就去哪儿！想去树上小鸟宝宝的家，想和小鸟宝宝做朋友。想想这些，呱呱都够美滋滋的了。可是，呱呱的家族是没有翅膀的，唉，怎么办呢？

围绕着它的萤火虫让呱呱想到一个办法：让我来跟萤火虫借翅膀吧。于是，它这么想着也就这么做了，它捉到5只萤火虫并且把它们关进一个笼子里。夜深了，带队的萤火虫哥哥着急地寻找失散的萤火虫，飞来飞去，急急忙忙，很是担心。呱呱看在眼里，也担心了起来，于是，它勇敢地走到萤火虫哥哥面前说："对不起！萤火虫哥哥，是我做错了！"接着呱呱把自己的想法和关闭5只萤火虫的事情向大家一五一十地说清楚，并且将5只萤火虫放出了笼子，忏悔地低着头，嘴里一直说着："对不起！"萤火虫哥哥说："你知道了自己的不对，并且愿意马上纠正，我们很高兴，原谅你了，不用难过！我们喜欢你的歌声。"呱呱抬起了头，萤火虫们围着呱呱，呱呱在亮堂堂的光影下又高歌了一曲。

第五篇
家庭礼仪

第一章 **优雅礼仪，家族传承**

曼德拉说，教育是用来改变世界最威猛的武器。

❀ 率先垂范的影响力

这是一个我每次在儿童礼仪讲师班都会讲的故事，每次都会有人在我并不煽情的讲述中落泪。

一个女人与四岁的儿子相依为命，她白天在富人家里做女佣，晚上才能回家陪伴儿子。

有一天，主人要在家里请客，要请好多好多人，人手明显不够用。主人与女佣商量说，今天您能不能晚点回家，我这里缺人手，现找人来不及，只好麻烦您了。

女佣说，行啊，就是有点担心我的儿子，他晚上见不到我会害怕的。

主人说，这好办，您现在就去把他接过来，晚饭在我这里吃，和客人一起吃就行了。

女佣把儿子接过来时，客人正陆续抵达，她没领儿子从正门进来，走的侧门，然后把他藏在一间主人不大光顾的洗手间里。

她从主人厨房里拿来一个盘子，从自己口袋里掏出香肠和面包，这是她在回家路上特意给儿子买的。

孩子从来没见过这么气派和华丽无比的房间，他不认识抽水马桶，不认识大理石洗漱台上摆放的那些色彩斑斓、晶莹剔透的瓶瓶罐罐，屋里好闻的气味让他幸福得简直要晕倒了。

女佣告诉儿子说，妈妈带你来参加宴会，你是小孩，不能和大人一起吃，这是宴会主人特意为你准备的单间。

孩子想把餐盘放到洗漱台上，但他个头太矮，有点够不着，只好放到了马桶盖上，他坐在漂亮瓷砖铺就的地面上，一边唱歌，一边吃着这些平时很难吃到的美味佳肴。

很快，在富丽堂皇的宴会大厅里，主人没发现孩子的身影，就去问女佣。

女佣支支吾吾地说，我一直在忙着，没时间照看他，也许，或许，可能，他是在外面的草坪上自己玩吧。

主人似乎明白了什么，他离开宴会大厅，把整幢房子的所有房间都找遍了，最后在一个位于角落的洗手间里找到了孩子。

主人问，你怎么能在这里吃东西呀，你知道这是什么地方吗？

孩子答，我妈妈说，这是宴会主人特意为我准备的单间，今天的香肠太好吃了，我好久好久没吃过了。对了，你是谁呀？这么好吃的香肠我可不能一个人吃，你愿意陪我在这里吃这些美味吗？

主人强忍泪水点了点头，用最灿烂的笑容面对着孩子，他已经不需要

再问什么了。

此刻，他想起了当初随父母来纽约的经历，那时他们也很贫寒，也经历过十分艰辛的时期。

回到宴会大厅，主人对客人们说，很抱歉了，朋友们，我现在必须得去陪一位特殊的客人，请大家慢慢享用吧，我不能和你们共进晚餐了。

说完，他装了满满两大盘子孩子最爱吃的佳肴，端到洗手间里，他模仿孩子的样子，也把餐盘放到马桶盖上，坐在地上，然后对孩子说，这么好的一个单间和美食，你一个人独享就可惜了，来来来，让我们一起吃晚餐。

主人和孩子一边吃着东西一边唱歌，也聊了很多话题。他让这个四岁的孩子坚信，他的母亲是世界上最勤劳、最伟大的母亲，告诉孩子你不但应该为她感到骄傲，长大以后还要为她做些事情，而孩子直到现在也不知道他的母亲仅仅是个佣人。

客人们发现主人端走两大盘子食物后再也没回来，觉得蹊跷，也去寻找，当他们看到情同父子的两个人坐在地上，围着马桶盖吃东西的场面，被深深震撼了。

这些被称为上层人士或社会精英的人们，端着酒杯和美味纷纷赶过来，很快把洗手间挤满了，大家给孩子唱了好多好听的歌曲，表达了太多美好的祝愿，这些都让这个孩子确信，他的母亲是最令人尊敬的母亲，而他，则是世界上最幸福的人。

很多年后，这个孩子长大成人，他不但拥有了自己的事业，也买下了拥有几间洗手间的大房子，进入上流社会。

每年，他以匿名方式捐了很多钱给穷人，但从不举行捐赠仪式或接受采访，他对始终不理解的朋友们说，我永远忘不了在很多年前的某一天，有一位富人和太多的富人，用他们的诚恳与良知维护了一个四岁孩子的尊严。

是谁给了那个 4 岁的男孩尊严，是那些富人和上流社会的人士吗？不仅仅是。最重要的是那个源头和引子——他的母亲。是她充满自尊自重的举动为孩子赢得了"尊重"的开端。记得吗？她自己买的香肠和面包；记得吗？她对孩子说这是主人特别为他准备的小宴会间；记得吗？她带着孩子从侧门进入……

每位母亲和家长都是孩子最重要的老师。

其实，良好的家庭礼仪教育和培养是强大一个民族最有效的方式。

真正的教育首先源自家庭的影响，小婴儿呱呱坠地之后，他们便开始感受家庭教育，也许很多父母认为自己并未实施家庭教学，事实上，家长的言行举止都是教学。

我曾多次前往韩国为韩国企业进行"如何更好地为中国客户服务"的培训，也因为这个鲜明的主题，我在培训之前做了大量的调研，也由此发现，原来在韩国最风靡的并非礼仪培训，甚至这也不是一个企业的培训项目，很多时候它只是"卓越服务"中的一个培训模块而已。通过对企业的更多深入了解，也通过与韩国礼仪教育专家的交流，发现韩国的礼仪培养大多源自家庭，父母遵守礼仪的耳濡目染使孩子在很小的时候就已经感受到这种氛围，获得熏陶，甚至无须专门培养，在父母的"孝"行为中学会了"孝"，在父母的"敬"行为中学会了"敬"，在父母的"鞠躬"中学会了"鞠躬"，在父母的"谦卑"中学会了"谦卑"，言传身教是比说教更具影响力的教育。

很多时候，父母以"爱"为名，包办了孩子的人生，当他渐渐长大却又无比遗憾，为什么他总是大喊大叫，为什么就是不懂得尊重父母，带他出门总是表现不得体，却忘了一件事情，原来孩子从小并未得到应有的尊重。

❀ 请家长放手

这种尊重包括对生活的参与，不少孩子从小在溺爱中长大，几乎不需要动脑，也不需要考虑别人怎么想，因为，父母竭尽所能地满足了孩子的要求，让孩子缺乏了自我管理的能力，也折断了思考的翅膀。

孩子需要参与自己的成长，而不是被动地长大，儿童礼仪非常强调孩子的自我约束能力的培养，自控能力的培养，自律精神的培养，毫无疑问，这一切首先需要孩子懂得思考和具有自主精神，要知道孩子的良好品格是需要从小在生活小事中习得和培育的。

如果父母能够放手，给孩子一个独立思考空间，让他们有机会尝试独立完成一些事情，那么也许不会做得很好，但孩子在一遍遍的尝试中就学会了调整和寻找正确的方向，即使做得不对，有时孩子也需要品尝行为带来的自然后果。所以，当孩子遇到问题的时候，家长最好不要急于让他说答案，而是让他多问几个为什么，多想几种解决的方案，多几次对自己的否定，然后在否定中寻找最佳答案。我们希望孩子有担当、有责任感，就需要给他空间去尝试担当，去感受责任感。

想让孩子拥有良好的餐桌礼仪，就需要潜移默化的影响和培养，当然，要做的第一件事就是家长需要放手。如果都像中国式老人追着给孩子喂饭，我想吃饭对孩子而言是一件你求着我做的事情，我做就已经很不错了，何谈做得讲究规则、尊重大家。我在飞机上见到很多孩子七八岁了，依然是父母喂食，孩子享用，并且享用得极不耐烦，一边玩着手机，一边不时张嘴而已。所以，很多孩子挑食，很多孩子不能养成规律吃饭的好习惯，说实话，我见过的饮食规律的孩子大多身体强壮，瘦弱的孩子很多是因为零食吃得多，而正餐却不好好吃造成的。很多家长却说，我不喂，他就不好好吃，正是长身体的阶段，不吃饭怎么能长好身体？其实，家长们说的是对的，不吃饭怎么能长好身体？再说"人是铁饭是钢"，怎么能不好好吃饭呀！家长如果不追着喂，如果不给提供零食，他们真的不会饿吗？其实孩子饿了自然会吃，正常用餐时间不吃，不提供零食，下一餐，他们自然会好好吃，自然懂得珍惜食物。说起来很简单，但很多家长却过不了自己这一关。

❀ 人生是一场马拉松

在家庭教育中，最重要的就是"育人"是一场马拉松，不要着急，允许孩子慢慢来。

这句话说起来很容易，但做起来就很困难。很多家长早早就开始焦虑，唯恐孩子输在起跑线上，殊不知当家长都不知道什么才是真正的起跑线时，也就很难带领孩子跑向正确的道路。

太多时候，家长焦急地带领孩子穿梭在各种兴趣班之间，早早开始填鸭式教育，于是在孩子品格形成的关键时期，焦虑的家长进行了技能的密集培养，课后补习班、舞蹈班、英语班、绘画班、钢琴班、奥数班……常常一踏入小学，就很难看到他们玩耍的身影。我不否认早期密集的教学会使孩子在小学初期有比较明显的优势，因为有可能识字很多，已经早早会了加减乘除，可是这样的孩子反而在课堂上因为有些内容早已掌握，更缺乏良好的课堂学习习惯，这不是孩子的错，对于已掌握的计算还要求他饶有兴趣、聚精会神地倾听，别说孩子，成人也做不到对已知内容保有兴趣。所以，孩子在课堂上会交头接耳，会走神溜号，会偷偷做小动作，可怕的是这将成为课堂学习习惯，到了后期，很多内容和知识是新鲜的、未知的，但孩子的学习习惯已经形成，对新知识的掌握和学习就会做不到高效。

违背孩子生长规律的学习，其实不仅仅体现了起跑线上的起跑速度，更重要的是偏离航道与方向，貌似起跑赢了，但有可能连马拉松的路线都不熟悉。让8岁之前非常富有想象力的阶段的孩子去背九九乘法表完成加减乘除的学习，在高压之下孩子们也能学会，但可怕的是，就这样侵占了孩子珍贵的想象力的空间，到他开始学习写作文时，又开始抱着"最佳作文100篇"来模仿，因为想象力已经匮乏。

最近教育部发布的《3～6岁儿童学习与发展指南》对幼儿时期孩子的培养给出了很多指导意见，这样做的目的是真正育人。

儿童礼仪无疑应该是培养孩子自律、自主精神的方式之一。

一个能够真正做到过马路会等待绿灯的孩子，大多能够自律地完成家庭作业，这看似风马牛不相及的两件事，其实传递的是相同的品质即"自我约束与管理"。知道吗？培养孩子主动高效地完成家庭作业，并不是在看管着写家庭作业中形成的，而是日常行为习惯的养成。

❀ 在最适合的年龄给予最适合的教育

我在提到儿童礼仪教育时，一直强调最好的礼仪教育就是 8 岁之前，在生活习惯形成阶段同步完成对品格人格形成的培养。

在最适合的年龄给予最适合的教育。

比如，老师在黑板上画出一个圆圈，问幼儿："这是什么啊？"孩子们常常开心地说："弹珠、积木、鸡蛋、面包、太阳、月亮、杯子盖、向日葵、苹果、小熊的脑袋、橘子、硬币、皮球、篮球、乒乓球、眼睛"等。可是问成人这是什么，答案通常匮乏得可怜，无外乎"圆圈、零"，然后就停顿了。所以，在行为习惯养成阶段进行礼仪教育就好似在幼儿时期进行想象力的培养一样重要，错失最好的时间，之后可能需要很大代价的弥补。

中国人常说"三岁看大，七岁看老"。指通过儿童 3 周岁时的心理特点与个性倾向，就能看到他长大后的心理与个性形象的雏形。也就是说，儿时的性格脾气会影响一生。

3 岁是孩子成长的一个重要阶段，儿童心理专家和教育家们把从出生到 3 岁这个阶段称为婴幼儿期，这个阶段是儿童生理和心理发育最迅速的时期。孩子成年后的性格基本在 3 岁之前就已经定型，3 岁之后则可能就已按照这个倾向和习惯一直发展。儿童的脑细胞组织在 3 岁之前就已经完成60%，3 岁之前是儿童的感觉、记忆和思维的形成过程中最为敏感的时期，3 岁之前的学习活动将事半功倍。3 ~ 7 岁这个阶段称为学前期。所谓"7 岁看老"，是指在 7 岁时幼儿的个性倾向开始形成，7 岁之后，基本就难以重新塑造了。

英国《每日邮报》报道，英国爱丁堡大学的研究人员发现，孩子7岁时的数学和阅读技能会影响到他们今后是否能获得事业的成功。研究者选取了1.7万多人为对象，进行了长达50多年的跟踪调查。结果发现，如果孩子在7岁左右时数学和阅读技能方面非常出众，那么他们在成年后拥有较高的收入、较好的住房条件和较好的工作的可能性会明显增加。如果儿童在7岁时的阅读能力提高了一个档次，那么他们在42岁时的收入就会增加5000英镑。即使将家庭环境、教育方式等因素考虑进来，这样的关联依然存在。

《美国国家科学院》杂志上的最新研究也发现，3岁时自控能力差的孩子，长到32岁时更有可能出现健康和财务问题，甚至会有犯罪记录。而上述推论并不考虑背景和情商情况。

据悉，来自英国、美国和新西兰的研究人员在分析了两个大型研究项目的数据后得出上述结论。参与这些研究的孩子们需要完成一系列身体检查并接受采访，以供研究者评估可能影响其生活的基因和环境因素。

研究者发现，自控力较差的孩子在长大以后更有可能出现健康问题，如高血压、超重、呼吸问题等。而这些人也更有可能出现对烟草、酒精和毒品的依赖，成为单亲家长的可能性更高，不会管理金钱，有犯罪记录等。

研究负责人、英国国王学院和杜克大学的教授莫菲特说："我们的研究第一次证明，孩童时期的意志力的确对成年之后的健康和财富状况有影响。"

当我们在教孩子们"排队礼仪"的时候，同步在培养着孩子的等待能力，对规则的遵守和自我控制。在初期的儿童礼仪课堂上，孩子们经常会说"怎么还不轮到我"，有时举手老师没有请他回答问题，先请其他同学回答，他也会焦急地喊"怎么不叫我"，但是通常在8～10节课后，孩子们会有明显的改变。我们是怎样完成这种改变的呢？首先是角色扮演，让他当小老师站在前面，看看提出一个问题有多少人举手，感受一下老师的心情，让他理解"只能一个个来"。其次，我们会对孩子的等待做引导和耐心培养，通过玩游戏的方式培养孩子的专注力和自控力，比如儿童礼仪非常有趣的游戏"保护小海豚"，就是在孩子责任感的启发之中培养了行为的约束能力。为行为注入信念，孩子们的自控能力往往超乎我们的想象。

儿童礼仪老师讲故事：跳跳懂礼貌

作者：石艳茹

小草偷偷地从土地里钻出来，嫩嫩绿绿的，为森林换上一件新绿的衣服。小猴跳跳乐不可支，上蹿下跳，因为春天来了，它就可以去森林学校了。

上学第一天，跳跳远远看到河马老师微笑着迎接大家，"河马老师的笑容真温暖啊！"跳跳心里想。跳跳蹭地一下从背后蹿到河马老师面前，大声喊："河马老师！""哎呀！"河马老师吓了一跳，它拍拍胸脯定定神说："你好啊！小猴跳跳，欢迎你。"

跳跳热情大方，很快跟小兔乖乖、小松鼠朵朵成了好朋友。可跳跳经常会从森林学校的不同角落突然蹿出来跟河马老师打招呼，每次河马老师都会被吓着，乖乖和朵朵觉得要帮帮跳跳，因为它们知道其实是由于跳跳特别喜欢河马老师。

第二天清晨，乖乖在森林学校外等跳跳，乖乖说："跳跳，今天我跟你一起看朵朵怎么跟河马老师打招呼好不好？"跳跳说："嘿嘿，好啊！"朵朵走到河马老师面前鞠躬，微笑问好，河马老师慈爱地摸摸朵朵的小脑袋。唰的一下小猴跳跳脸红了，它说："乖乖谢谢你，我懂了。"

第二章　建立家庭礼仪氛围

有时，我会开玩笑地和家长们说，他们有一种"家长病"。

这种病的起源是儿时父母高压管理的持续影响。

表现是喜欢絮絮叨叨地说教，在无休止的说教中充分体验着为人父母的骄傲。

结果是孩子的反叛与拒绝沟通。

那么我也邀请您自我审视一下自己有没有这种病的轻微表现或是严重病症。

想要孩子温文尔雅、彬彬有礼，其实这就意味着想要一个内心平和踏实、积极乐观的孩子，只有这样的孩子才会有彬彬有礼的表现。而这样的孩子大多来自一个充满尊重、友善的家庭，因此，与其说培养孩子礼仪，不如说首先要请家长营造一个这样的氛围。

❀ 从消除"负面指令"开始

很多家长非常热衷一类语言，就是"负面指令"，简直就是狂热的使用者，经常喜欢用负面指令来完成亲子沟通。

孩子端一杯水，就会说："小心点，别洒了。"

孩子在穿衣服，就会说："别磨蹭，利索点，一会又要迟到了"。

孩子写作业，就会说："别摇头晃脑的，认真点写作业，要不晚上睡觉时间又要推迟了。"

孩子练琴时说："不好好练，周日看钢琴老师怎么批评你。"

孩子看书时说："再那样看，你眼镜的度数还得增加，一点也不知道爱惜眼睛。"

孩子们懵懵懂懂就在这样的语言模式中成长，他们听到的不是正确的指导性建议，永远都是高压的、预设的指令。

没有谁会喜欢听这样的话，孩子也不例外，那么，不如换个交流方式，采用积极的沟通方式，用积极的、让人愿意接受的语言去提醒他。

孩子端一杯水，可以说："双手端杯子比较稳妥。"

孩子在穿衣服，就说："还有五分钟我们要出门，我们一起加快速度。"

孩子写作业，就说："早点写完作业，我们就有时间玩十分钟再睡觉。"

孩子练琴时说:"先复习一下指法,认真完成作业,周日我们可以轻松去上钢琴课。"

孩子看书时说:"书要和身体保持距离,我们得爱护明亮的眼睛。"

这些语言表达的是相同的意思,可是给孩子注入的动力却不同,一个是消极的,好像怎么做也做不好似的;一个是积极的,愿意再快一点、再好一点。有时,很多家长说的都是一些消极的、带有预言性质的话,比如天天磨蹭不迟到才怪呢,这对孩子而言就是一种魔咒,似乎父母盼着迟到一般,至少孩子听到耳朵里的感觉是这样的。语言背后反映的是心态,或许为孩子做得太多,父母总是忙碌和焦急,在真正面对孩子时就已经不耐烦了。要知道孩子有时是在洒水之后学习尝试如何正确端杯子,更重要的是有时提醒是无用的,孩子需要的是指导,这就好像"小心点"是一种态度,但如何做到稳妥,孩子仍需示范,或许不能自己就知道。父母不能帮助孩子做所有的事情,与其帮助完成和消极提醒,不如正面指导认真示范,让他学会技能。

❀ 孩子也是家庭小主人

我在上儿童礼仪课程时,经常说孩子是家庭小主人,不过小主人有责任有权利有义务,那么孩子需要参与自我管理和家庭事务,尊重的核心之一就是尊重孩子参与进来的权利。

那么当孩子在做事情时,如果做得不好或不恰当,我们或许不用直接生硬下命令,而是需要采用建设性语言来讨论。

比如孩子晚上写作业磨蹭拖拉,如何做更好呢?

常见的做法是家长一直唠叨:快一点、别玩了;不要东张西望,专心点;又吃东西,不写作业你也不饿,一写作业,你是又渴又饿,怎么那么多事;坐直了,注意眼睛……整个晚上家长筋疲力尽,孩子消极对抗,日复一日重复着相同的事情。

我们请孩子来管理自己，应先从建设性语言开始。要允许孩子表达自己的想法，安排自己的晚间生活。有时孩子写作业磨蹭，可能就是因为回家他想要先玩一会儿溜溜球再写作业，而家长想看到的是刻不容缓地先写作业，写完才能玩，孩子带着完全没有发言权的心情写作业，效率自然不高。

家长们可以试试建设性的积极语言，让孩子来参与自我管理，这其实是给他充分的尊重，孩子往往是非常渴望被认同，就像小孩子特别想要长大一样，那么不妨让他尝试一下自己的想法。

所以，这几句话可能会对家长们非常有用：

❶ 那你有什么好办法吗？

❷ 怎么做会更好，我们一起想想。

❸ 如果这样做会怎么样呢？

❹ 你现在应该先做什么？再做什么？

❺ 如果我们想在晚上有游戏时间，我们需要怎么做呢？

❻ 如果你想要……我们有什么办法？

❼ 除了这样，我们还有其他办法吗？

❽ 你再想想，还可以怎么做？

❾ 我相信，你一定会想出好办法的。

❿ 很棒，你这个想法很好。

这些语言开启了尊重之旅，让孩子可以有想法、有建议，是对他能力的认可。

有时，家长在教育孩子时不需要总是围绕着孩子所有的问题，不如尊重他可以有想法这个权利，多采用积极的语言，促发孩子的思考能力，养成自己解决问题的习惯，授人以鱼不如授人以渔，教育孩子也是这样。

在家庭中，孩子的小主人概念也体现在对家务的承担上，自己的事情自己做。孩子第一次参与包饺子一定会弄得满身满手面粉，但别忘了，没有摔倒过又怎能学会走路。第一次把面粉弄满身，也许饺子馅和面皮会混合在一起，也许第二次仍会弄得满身满脸面粉，还是包不成饺子，然后第十次、第十一次、第十二次呢？他就是在实践中学到本领的，最初可能是在帮倒忙，在添乱，之后，他就可以成功地完成了，甚至可以独当一面。

我的儿子毛豆在6岁的时候开始炒菜，从炒青菜开始，最简单的方法，我教他开煤气、热锅放油、用葱爆香、放入青菜翻炒、放盐出锅。6岁时他就已经炒得不错，6岁半可以做相对复杂一点的西红柿炒鸡蛋。我每次上课时会问很多爸爸妈妈，你们现在炒菜被烫过吗？回答是依然会被油星烫到，切菜也依然会切到手。是的，只要干活，不管多么小心也难免受伤。而事实上，毛豆炒菜以来没有切到过自己，偶尔被油星溅到，但他从未惧怕。

我任何时候都不用担心他会饿肚子，一个会做菜能照顾自己的孩子将会有多么强的生存能力啊。可是，他一下子就学会炒菜了吗？不是，这需要耐心。

而我唯一为他做的比较特别的一件事，就是将洗过之后的菜上面的水沥得更干，避免水遇到油飞溅。除此之外，就是耐心陪伴和指导，从认识锅的结构、铲子的作用开始，到感受锅把的温度和指导正确的炒菜姿势。上学之后，每餐饭他需要承担的任务是摆放碗筷，这是他从小就在做的一件事，在他摇摇晃晃的年龄，从厨房拿过来碗筷，有时会掉筷子，我会让他捡起来再去洗洗，不厌其烦，也从不帮忙，我想他知道，小主人的含义就是一同创造美好生活。

🌸 家庭成员之间彼此尊重

一个尊重妻子的丈夫会潜移默化让孩子学会尊重女性。我们经常会说有时把关怀都给了不熟悉的人，而把随意任性给了自己家人。在家庭礼仪这个篇章，我会更强调的是先要将礼仪在家庭中践行，而不是将礼仪作为门面或装饰物，经常会听到家长们对孩子说，别这样做，太丢人，一会阿姨来了要问候，别让人感觉你没有礼貌。这些语言无一例外传递给孩子一种信息，孩子你需要好好做，一定要讲礼貌，因为这关乎妈妈的面子。甚至有些家长只在外面强调孩子要懂礼貌，无论自己和孩子都有一个习惯，礼仪就是一种粉饰，而非化在骨子里的修养。

一次，我乘坐电梯，在17楼电梯停了，有个妈妈正带着孩子要进来，孩子有点磨蹭，于是，我一直按着"开"的按钮等待，没有催促，她们进来后我才关电梯。这位妈妈非常感谢，一直笑容满面地对我说"谢谢"，我微笑回应说"不客气"。但令我瞠目结舌的一件事出现了：这位妈妈几乎如川剧变脸一般瞬间将脸拉下，开始呵斥孩子"做什么事都磨磨蹭蹭，你就不能利索点？每天就跟着你屁股后面忙，你几岁了，连系个鞋带都不会。转过来，我给你披披衣服。"

那个孩子一直都没有认真听，也没有抬起头，因为妈妈的脸色一直很糟糕，拉着一张几乎要垂到地面的脸，连我站在电梯里都觉得很不自在。那一刻，我觉得那位妈妈对我的笑脸也是演戏，在需要的时候，瞬间启动，不需要时又快速收回。

我想礼仪在这个孩子心里就是一种需要时的表演，这已经有违礼仪的核心，礼仪的核心就是尊重。因此，礼仪最应该使用的场合一定是家庭，那种无形的影响力、无痕的教育力一定是最具有效果的。

孩子们能够在家庭成员彼此之间的孝顺中学会"孝"，在彼此之间的笑脸中学会"爱"，在彼此之间富有尊重感的语言中学会良好的语言表达方式。你知道吗？孩子的用词和用语习惯大多来自父母的表达习惯，因此礼仪请践行在家中。

给家中营造一种富有尊重感的生活氛围，耳濡目染，言传身教，孩子便能感受和体会到尊重的力量，学习并模仿家长的礼仪。

儿童礼仪老师讲故事：小兔和小棕熊

作者：张燕

要过新年了，森林里的动物们都在欢乐而忙碌地为过年做准备。这一天，小兔去外婆家送年货，路上经过好朋友小棕熊的家，看到小棕熊正在院子里剪窗花，桌子上已经放了十几张剪好的窗花，窗花剪得很简单，有一些还不完整。小兔说："小棕熊，你真厉害，你剪的窗花一张比一张漂亮，贴在窗户上一定很好看。"小棕熊惊喜地问："真的吗？真的好看吗？""是呀，都好看。"小兔子边回答边继续往前走。

傍晚，小兔子带着外婆做的年糕回家。经过小棕熊家的时候，小棕熊拿着一袋窗花飞快地从屋子里跑出来，小棕熊把窗花交给小兔子说："这是送给你的，谢谢你。"小兔子奇怪地问："为什么要送给我呀？还有，你为什么要谢我呀？"小棕熊害羞地笑着说："早晨我剪了很多窗花，每一张我都不满意，就在我准备放弃的时候，是你的鼓励让我又有了信心，谢谢你。"小兔子从篮子里拿出一大块外婆做的年糕递给小棕熊，"我外婆做的年糕是我吃过的最好吃的年糕，我送一块给你，我们一起吃吧。"小棕熊把鼻子凑过去闻了闻，说："哇，好香啊，还有浓浓的甜甜的味道。小兔子，你太好了，每次有好吃的都会分给大家。"小兔子眯起眼睛高兴地说："谢谢你的称赞，妈妈对我说过，能够带给别人快乐的人会收到更多的快乐，看来果然是这样呢。"

第三章 建立家规，是培养家庭礼仪的起点

每次上家长课时，我会问问他们小的时候家里有没有家规，常常会听到很多珍贵的答案。

吃饭的时候不能吧嗒嘴。

吃饭的时候要等父亲动筷子才能开始吃。

父母呼唤要立刻回应。

父母和尊长站着，孩子要立刻起立。

和父母讲话不能大喊大叫。

筷子不能敲碗。

衣服的扣子要系整齐，不能把裤腿挽起来。

家中来客人，必须要起立，不管在哪个房间都需要出来迎接，打个招呼，再回房间。

客人走的时候，一定要出来送客。

客人来了要递水果或茶水，热情招待。

早上起床要先给家中人问好请安。

吃饭的时候不能用筷子指人。

倒水时茶壶嘴不能对着人。

而当我问第二个问题的时候，常常会让家长们陷入沉默。我问："现在你们的家中家规是什么？"我也邀请大家来思考一下，为什么现在你自己的家庭没了家规？

这也不难解释。为什么曾经的"礼仪之邦"现在却经常面临尴尬？是

因为，我们将很多传统文化的精华遗失了。

在家中也是"没有规矩不成方圆"，不曾给孩子建立规则，他又怎么会知道需要遵守的规矩呢？很多家长没有给孩子明确提出过"家规"这个概念，也没有具体内容，却又总希望孩子能够遵守。要知道孩子是一张白纸，他的生活习惯都是在家长的示范和培育中习得的。

❀ 为什么建立家规

我在从事企业培训的过程中发现，单单是"问候"就觉得知易行难，实行起来不尽如人意，很多人的问候非常敷衍，甚至上班走廊对面不相识的感觉。殊不知，热情的问候在人际交往中常常会起到非常好的润滑作用。

从小，我家家规中的一条就是家中有客人要立刻起立迎客，热情问候表达欢迎之情。这也成了一种习惯，以至于成人之后，我的这个习惯依然给我带来很多益处。比如，看到比我年纪大的人，我会第一时间起立，然后才交谈；见到孩子学校的老师，也会第一时间起立。

有时，我的企业客户会说，一看您就是礼仪老师。我想我身上最显著的标签就是待人热情，站坐得体。而礼仪当中的微笑礼仪和起立礼仪，一定是我从小受家庭熏陶的结果，现在想想，这也是我的父母给我培养的习惯，是从小的家规成就了这种行为。

> **小贴士**
>
> 犹太人的箴言："教养儿童，使他行走正道，就是到老也不会偏离。"而培育儿童最合适的方法就是规矩规则的建立。教导孩子礼仪离不开管教。所谓管教，就是要管，当孩子有不恰当的行为时，家长需要管，去纠正其不正确的行为；更重要的是教，不能只有批评，还应该有正确的教导，告诉孩子什么是正确的，怎么做最得体。如果父母只是提醒这样做不对，那样做不对，却忽略了最重要的一件事，就是怎么做才对？而这句话才能够真正对孩子未来的正确行为具有指导意义。

家规必不可少，家规是家庭成员彼此之间都需要遵守的规则，同时也是对家庭良好氛围形成的一种约束力。

❁ 如何建立家规

很多时候，家规变成了父母独断专行的理由，而这种生硬下达的指令往往不能得到良好执行和贯彻，因为孩子的心里或许不能接受和接纳这些规则，比如有的家长制订规矩看电视的时间每次不能超过20分钟，往往会发现这样的家规执行起来就变成需要家长监督，没有监督就没有执行。为什么会这样呢？这是因为孩子没有特别理解为什么是20分钟，为什么我喜欢却不让看。因此制订家规，不能只是告知结果，还要告知理由，理由和原因才是促使孩子愿意主动执行的关键所在，也就是我们期待的"自律"，而非"他律"。

让孩子拥有自律精神的一个关键因素就是，任何一种指令的下达都同时需要告诉他理由，让他愿意为美好结果承担责任。

所以，家规不是父母拿出来简单制订而已，如何制订，制订的步骤，都有可能对执行力有帮助。

那么究竟怎样制订规则更有效呢？

❁ 建立良好的亲子关系

规矩的建立是有前提的，越是具有亲密关系越是容易达成一致，在充满爱的关系中，也就奠定了做任何事情的一个基调："父母是爱我的，所以我要这样做"。如果平日没有良好的亲子关系，可能从情感上就缺失了建立良好规矩的前提。

❀ 孩子能够充分参与的氛围

规矩的制订需要在充满爱与关怀的氛围下进行，同时也需要对孩子抱有接纳和欣赏的态度。在接纳、欣赏、关爱和家长大量时间的陪伴的前提下有原则地进行。这样，当孩子长大后，才能成为一个品格优秀的人。

然而，对于很多规矩守则，孩子也许在家长面前还可以装装样子，但是家长看不到或者离开时就变了样，如孩子在家长面前看书的时候能够保持一定距离，可是家长不在时就趴在了桌子上。

《后汉书》记载过东汉人杨震是个颇得民心的清官。他做过荆州刺史，后调任为东莱太守。在去东莱上任的时候，路过昌邑。昌邑县令王密是他在荆州刺史任内荐举的官员，听到杨震到来，晚上悄悄去拜访杨震，并带了十斤黄金作为礼物。王密送这样的重礼，一是对杨震过去的荐举表示感谢，二是想通过贿赂请这位老上司以后再多加关照。可是杨震当场拒绝了这份礼物，说："故人知君，君不知故人，何也？"王密以为杨震假装客气，便说："幕夜无知者。"意思是说晚上又有谁能知道呢？杨震立即生气了，说："天知、地知、你知、我知，怎说无知？"王密十分羞愧，只得带着礼物狼狈而回。

建立规矩的目的就是让孩子愿意去参与规则的执行，并非只有家人在场的时候受到监督才能做到，所以，善于自律才能够保持，这才是建立规矩的目的所在。

如果在建立规则时允许孩子参与提供想法和意见，那么孩子对规则的接受度就可以大大提升，只有他懂得为什么这么做，并且对某些规则提出过自己的想法，他对规则才有较好的认同感。

比如对于建立家规"就餐全程不能够离开餐桌"。我自己的家庭非常重要的家规就是用餐必须在餐桌，直到用餐完毕才能离开餐桌，不能边吃边玩，一会吃饭一会玩耍。当时孩子就问我可不可以坐在茶几旁看着电视吃，并不离开。我没有回答，我做的第一件事是给他演示了一遍这个场景，让他感受一下如果一家人坐在餐桌边用餐，我自己坐在茶几附近一边吃一边看电视，作为家人他的感受。之后，我跟他分享为什么坐在一起，其乐融融的家庭用餐氛围很重要；并从身体健康的角度，从家庭沟通的角度给他讲了为什么要这样做，他也说出了他的想法，最后我们就这件事达成了共识。

因此，在规矩建立时一定要让孩子参与，让他在未实行之前可以表达自己的想法。解开了心结，自然实施起来也就较为顺利。

❀ 规矩有清晰的原则

规矩的设定是为了给孩子带来更多的安全感，让他知道这个世界不是宽广无边的，这个世界是有边缘和界限的。规则需要清晰明确，并且要和孩子确认是否了解清楚，解答孩子的疑问。

这样的孩子在生活中能感受到来自规矩和规则的保护，学会不去反抗和漠视规则，长大后就更会尊重法律、尊重规则。

规矩还需要清晰明确，比如泛泛地说你也要做一些事情，不能只是让爸爸妈妈照顾你，不如直截了当地说，以后，每次吃饭你来摆放碗筷。不要让孩子在笼统抽象的语言中去体会你希望他怎么做，而是清晰简单地告诉他你希望他怎么做。

家有家规十分重要。

❀ 家规涉及的范围

家规主要体现在以下几方面。

❶ 家规是一些以培养孩子做人做事态度为目的的规则。

❷ 符合孩子的年龄特点，便于孩子执行和坚持。

❸ 与家庭生活密切相关，与孩子的一日生活密切相关，并且适合长期执行，即便孩子长大后依然可以遵照执行。

❹ 家规不能一次过多，要分成模块逐次制订，比如可以把用餐部分作为一个模块，清晨起床作为一个模块，陆续增加。

❺ 家规必须是父母也能够执行并且愿意遵守的。千万不要家规只约束孩子，而家长完全不需要执行，我们强调共同去做，这样孩子才更有完成意愿，否则容易给孩子一种感觉，就是自己年龄小被欺负。

在《三字经》中有这样的故事：

"养不教，父之过"。汉宣帝的时候，有叔侄两人，一个叫疏广，一个叫疏受，疏广是叔叔，疏受是侄子。这叔侄两个人都当了比较大的官，是负责教育太子的太子少傅和太子太傅。完成对太子长大成人的教育之后，他们还乡，皇帝进行了赏赐。叔侄两人回去以后并未大肆买地盖屋，而是经常在村里大宴宾客，宾客就是村里的孤寡老人，日复一日年复一年，疏广和疏受都有孩子，看着不敢说。但是心里担心，就托人托族里的长老去跟这疏广、疏受打个招呼，因为如果皇帝的赏赐都这么花掉，就没有钱可以留给祖孙。疏广、疏受就跟长老讲了这么一段话，我们做父亲的，怎么会不爱自己的孩子？我们怎么不知道该给孩子留点东西呢？但是，我们疏家已经薄有田产，如果我的孩子勤劳一点、刻苦一点，向上的话，是不会比别人过得差的。我把那么多钱留给他们，只能使他们变得懒惰，变得依赖，从小锦衣玉食，消磨斗志，对他们恐怕没有什么好处。这个长老把疏广、疏受的话传给了他们的子孙，他们的子孙一下子领悟到了父亲的深意所在。

在中国有一句话，"遗子千金，不如遗子一经"，意思是留给孩子千两黄金，不如留给他一本经书。

如果我们能够把良好的品德作为珍贵的礼物送给孩子，远比钱财更能使孩子受益。台湾著名经济学家高希均博士说："没有人，做不了事；没有人才，做不了大事；没有人品，大事小事都坏事。"小小家规对于培养孩子的行为习惯大有帮助，甚至对培育孩子的恭敬心、孝心也有很好的促进作用。使孩子拥有高尚的品格，是我们能够让孩子立足社会、赢得尊重的基础。

第四章　家庭用餐礼仪

　　中国的饮食文化博大精深，中国的餐桌也同时是社交桌，在家中也是如此，一餐饭既能够吃出家教，也能够吃出门风，同样地，按照中国的习惯，餐桌通常也是家人在家沟通的最好场所，因为这是唯一一个全家人必须坐在一起的时刻。

　　在电子产品日益泛滥侵占我们生活的今天，有的时候觉得一家人坐在一起认认真真聊聊天，用心地交流一下近况都显得很难得，很珍贵，大部分情景是家中每人一部手机，这样看来，用餐是一个非常难得的不拿着手机和电子产品一家人围坐的时刻，因此，家庭成员需要十分珍惜。

　　相比较用餐的礼仪，可能围坐餐桌展开真诚沟通更显得珍贵。

❀ 家庭围坐用餐

　　要养成一家人围坐用餐的习惯，不能因为孩子小就给他养成和妈妈单独坐在茶几旁用餐的习惯，也不要迁就孩子都坐在茶几附近，因为这等于给了孩子一个信号：他是最重要的人，父母宁肯迁就他坐在茶几旁，尽管吃起饭来很不舒服。

　　我曾经在一个朋友家看到令我非常诧异的情景：他们家有宽敞舒服的餐桌，而他们一家三口却围坐在茶几旁吃饭，爸爸胖胖的身子挤坐在小板凳上，孩子很舒服地在小板凳上坐着。我想孩子以后纵然对父母要求过多，也是养不教父之过啊。为了让孩子舒服方便，他们每天居然都是这样委屈自己的庞大身躯来用餐。我们渴望孩子懂得"孝道"，可是当家庭一直在培养小皇帝，一切以他为主，优先为他考虑时，他很难拥有孝敬父母的心。

任何时候都不要抛弃宝宝，让他孤独地用餐，欢迎他到餐桌边来，加入我们的进餐环节，享受我们对美味食物的热爱之情，和我们一起感受食物的色、香、味，观看和体察成人用餐的满足感、愉悦感。这对孩子是非常重要的，从此他会爱上吃饭，一般不会挑食，因为成人大口大口用餐的快乐会感染他，他非常乐意像成人一样。所以，当他的小手能够抓握勺子的时候，就会和我们一起吃得津津有味。

毛豆从4个多月开始添加辅食的时候就坐上了餐桌，他的小餐椅放在大餐桌旁，无论吃水果还是米粉，他都坐在餐桌旁，戴上围嘴像模像样地吃饭。现在他一岁多了，吃饭也已经形成习惯，和我们坐在一起，他吃完了，我们就在他的餐盘上放几样玩具，他会陪伴我们用餐。如果他偶尔食欲不佳或是不爱吃饭，那么他可以下地玩耍，但我就不会再给他吃饭了。直到下一个餐中点心时间才会再给他吃东西，当然这种情况绝少发生，因为我们每次都是兴致盎然地享受美食，他也就爱上了吃饭。

吃饭时一定要坐在餐桌旁吗？答案是非常肯定的。首先，这样做很安全，宝宝坐着吃饭不容易发生噎着、卡着、呛着等危险事情；其次，能够培养宝宝对食物的喜爱，和大人坐在一起，看到大人吃得津津有味，他会非常乐意模仿，并因此爱上吃饭；再有，可以培养宝宝的秩序感和纪律性，让他明白什么时候应该在什么地方做什么事情，慢慢就会条件反射般形成良好习惯。

说到快乐，就要说餐桌氛围。父母在餐桌上要尽量少说教，最好的方法是身体力行。比如，我做菠菜炒鸡蛋的时候，毛豆不太感兴趣，刚喂进嘴里他就原封不动吐出来，我则如同什么事也没发生般继续喂他吃面条，只是在这中间，我数次用夸张的"好吃"的表情去吃这道菜，偶尔尝试着给他。如此这般几天后，他也爱吃这道菜了，而我并没有说过大道理和责怪他，因为他还太小，道理也听不太懂，与其说，不如做。因此，请宝宝坐上餐桌的同时，也要注意保持愉悦的就餐氛围。夫妻不在餐桌上吵嘴，也不在餐桌上斥责孩子，同时要保持对温暖生活的热爱和对食物的热衷之情，这些对培养孩子用餐习惯是非常重要的。

此外，在家给宝宝一个固定的餐椅或就餐位置，这样可以培养他对就餐位置的认识，小宝宝的秩序感非常强，如果坚持让他在餐桌旁用餐，这便会成为固定模式，如果是外出就餐，要选择合适而安全的位置，避免妨碍服务员上菜和撤碟。并且要支持宝宝独立用餐，不要担心他弄脏，要给予他学习使用餐具的机会，发展独立人格，宝宝的小手也就会在父母的帮助与支持下越用越灵巧。另外，要养成饭前洗手、穿（戴）食饭衫或围嘴、就餐不玩玩具（餐后陪伴父母用餐可以在自己的小椅子上玩）、不玩弄食物等好习惯。同时要为宝宝准备一套适合他的餐具，选择不易碎、颜色鲜艳或者造型可爱能够激发小宝宝热情的餐具，并且在他不能良好使用餐具时要帮助示范而不是责怪，当他表现得有礼貌，非常专注地用餐的时候要进行鼓励和夸奖，不要允许宝宝挥舞和玩弄餐具，让他明白餐具是用来吃饭的。外出就餐时准备一些图书和小玩具、小零食是非常必要的，这样当宝宝烦闷或是不喜欢餐厅饮食时，父母就不会手足无措了。

在国外，人们都把餐桌礼仪看作是宝宝道德品质教育的入门课，也因此而提倡男孩就要做绅士、女孩就要做淑女，所以，父母可不能小看宝宝餐桌礼仪。

❀ 正确使用餐具

中餐餐具的使用也是有颇多讲究的，比如筷子的使用有很多禁忌，这需要在家中教给孩子并进行训练，而不是有一天带着孩子出门用餐看到孩子不正确的行为再流汗纠正，比如，等餐的过程孩子非常着急，用筷子敲碗，在餐厅里父母就会觉得不妥当，会大声呵斥乞丐才会敲碗，但通常在家中他着急了就是这么做的而没有被纠正，这样的行为绝对不可能仅在餐厅发生。

知识链接

中国是筷子的发源地，至少已有3000年的历史了，是世界上以筷取食的母国。关于筷子的起源众说纷纭，其中大禹治水发明筷子一说甚为流行：在尧舜时期，洪水泛滥，舜命令禹去治理水患，大禹接到命令后发誓为人民解决烦忧，日夜与洪水搏斗。有一天大禹实在饥饿难忍，架起陶锅煮肉。肉在水中煮熟后，因为滚烫的开水而无法用手抓起肉，身后的洪水汹涌，大禹不愿等待白白浪费时间，于是就用两条树枝夹起开水中的肉吃掉。长此以往大禹练成了细棍夹取食物的本领，大家纷纷效仿，这样就逐渐形成了筷子。

我们在使用筷子时，正确的使用方法讲究的是用右手执筷，大拇指和食指捏住筷子的上端，另外三个手指自然弯曲扶住筷子，而且筷子的两端一定要对齐。在使用过程中，用餐前筷子一定要整齐码放在饭碗的右侧，用餐后则一定要整齐地竖向码放在饭碗的正中。

在中国，筷子不但讲究用法，还有很多禁忌。

❶ 迷箸刨坟

用筷子在盘子中翻拣，就像盗墓刨坟的一般。这种做法同"迷箸巡城"相近，让人非常不喜欢，因为整盘菜都几乎要沾上他的口水。

❷ 棒棒糖筷

很多孩子喜欢在吃饭的时候含着筷子，像含根棒棒糖，这样有时会非常不安全，因为如果别人不小心碰到他的身体，一个不稳有可能筷子就插进喉咙。另外，筷子的作用是夹取菜肴，不能玩具一般含在嘴里。

❸ 垂泪遗珠

用筷子夹取菜肴的时候要稳妥，如果是汤汁比较多的菜，夹起菜略停一下再夹到碗中，不要让菜肴的汤汁滴滴答答地滴落到餐桌上。

❹ 不明正反

使用筷子的时候要看清楚头尾不要颠倒使用，并且要在盘子中对齐再夹取菜肴，筷子如果拿起来就用不看正反，有饥不择食之感，因此要顾及尊严，保持正确做法。

❺ 筷子上香

这是在葬礼才会出现的情景，用餐时不能把筷子插在碗中如同香炉。也有人出于好心帮别人盛饭时，顺便把一副筷子插在饭中递给对方。如果把一副筷子插入饭中，无疑会被视同于给死人上香，所以把筷子插在碗里是绝不被接受的。

❻ 刺刀筷子

用筷子拿取菜肴也只能夹不能像刺刀一样去插，这是对共同用餐者的不尊敬。

❼ 执箸巡城

这其实就是我们很多人平时吃饭都存在的问题。他们总是举着筷子在桌子上空徘徊，不知道从哪里下筷，一点不在意别人的感受。这种行为是非常缺乏修养的，也让别人反感。

❽ 落地惊神

所谓"落地惊神"，是指失手将筷子掉落在地上，这是严重失礼的一种表现。因为人们认为，祖先们全部长眠在地下，不应当受到打搅，筷子落地就等于惊动了地下的祖先，这是大不孝，所以这种行为也是不被允许的。

❾ 十字交叉

在用餐时，将筷子随便交叉放在桌上。这个很像一个叉，是对同桌其他人的否定。同时这种做法也是对自己的不尊敬，因为过去吃官司画供时才打叉子。

❿ 乞丐要饭

很多孩子等得着急时会用筷子敲碗。这种行为被看作是乞丐要饭。因为过去只有要饭的才用筷子击打要饭盆，其发出的声响配上嘴里的哀告，使行人注意并施舍。这种做法被视为极其下贱的事情，被他人所不齿。

以上所说的筷子的十种禁忌，我们甚至现在仍能看到很多成人也不能做得很好，这是我们日常生活中应当注意的。

❀ 良好用餐姿态

用餐的姿态优雅迷人，能让人真正感觉到是享用美食而不是填饱肚子。《傲慢与偏见》的电影里有过对伊丽莎白用餐镜头的特写，她的坐姿端庄迷人，颔首吃面包时修长的颈部宛如白天鹅般动人心魄。

（1）吃饭时主要展现的是上半身、头部、嘴部的动作。不要弯腰驼背趴在桌上埋头紧吃，这样宛如饕餮的吃相很不雅观，吃东西应该细嚼慢咽。吃东西的时候，以食就口，将食物迎向你，而不是你迎向食物。因此整个用餐过程中，维持头部的高度，必要时上半身可以略向前倾，脸和额头应尽量朝向前方，不要埋头忙吃。从小要培养孩子坐直用餐的好习惯。

（2）在口中有食物的时候不要开口讲话，闭紧双唇咀嚼食物，不要发出难听的声音，喝汤时也不要发出声音。

（3）中餐菜肴的形状多种多样，不能一口吃掉，大多要用手或牙齿撕、咬、啃、剥一番，这些是在所难免的，但务必要低调进行。在吃汤汁饱满类的食物时，用筷子夹取的同时可以用左手持汤匙盛接，以免汤汁滴落。吃比较柔软的食物时，用筷子分成大小适中的块，一次入口，尽量减少用牙齿咬断食物的次数。如果有需要咬断的食物，应一口咬断，不要藕断丝连，否则很不雅观。

（4）不要太贪心，一口塞太多的食物，把腮帮子塞得鼓鼓的。

（5）保持餐桌清洁，及时清理自己附近的残渣。干净的桌面和地面构成一个良好的用餐环境，用餐前桌面和地面是干净整洁的，用餐结束后也不要一片狼藉。

（6）中式菜肴，经常有带刺、带皮、带骨的菜式，食毕往往会留下许多鱼刺、骨头等食物渣滓。从嘴里吐出渣滓时，不要发出声音，可以用手、筷子、汤匙承接一下。这些渣滓不要丢在餐桌上，应堆在自己餐盘的一角，既可以避免污染桌面，也可以保持盘内美观。

（7）若有实在咽不下的食物，用筷子汤匙承接一下吐出后，稍用纸巾包裹一下，不要让它直接展示在餐桌上。

很多家长带孩子出去用餐的时候，常常会因为孩子的不雅吃相倍感尴尬。其实外面的表现是家庭行为的体现，如果能够在家中培养良好的用餐礼仪，在外出时自然能够有得体的表现，如果在家中用餐粗鲁随意，在外聚会也无法做出满意的表演。

❀ 用餐礼仪分龄培养

在养育孩子的过程中，我们常常不确定不同年龄阶段的孩子应该学习哪些东西。比如，很多家长对两岁小朋友的教育方法是劝说式教育，不停地讲道理，努力想说服孩子什么样的举止才是适宜的，可是两岁的孩子的大脑还不具备分析因果关系的能力，任凭家长讲再多道理，孩子也无法理解，那么与其一遍遍地说服教育，还不如我们与孩子一起来制订用餐的规矩。

当宝宝有了自己的独立意识，不安分地坐在宝宝椅上，那么妈妈拿着胡萝卜泥开始满屋里追着喂饭的恐怖时间也来到了。或者父亲一怒之下，说别喂了，饿了就自己来找吃的了；或者孩子大一点，妈妈喊了好几次吃饭了，孩子还是在电视前不愿挪动步子，那么这时候，我们就应该反思，幼儿的用餐行为究竟怎样才是正确的？父母应该怎样引导他？

1. 什么时候吃?

在正餐的时间里用餐，其他时间只可以吃水果。父母经常犯的错误就是孩子在正餐时间里不好好吃饭，没过几个小时他又饿了，父母担心孩子会饿坏，就会在非用餐时间里给孩子食物，到了下一顿正餐时间孩子又不饿了。这就导致正餐时间里和孩子较劲，非正餐时间里加餐的情况。其实孩子一顿不吃对身体造不成任何伤害，非用餐时间给孩子加餐还会导致肥胖，这才是真正会影响孩子的健康。所以，在该吃饭的时间就应该把自己的肚子照顾好，否则就只能等下一顿。有时候可以饿孩子一下，让他知道守规矩的重要，一味溺爱只会让父母越来越累，孩子越来越散漫。

2. 什么时候离开?

在儿童礼仪教学中，我们强调的非常重要的一点是：用餐完毕后才能离开餐桌。很多孩子吃两口饭回头看看电视，再吃两口去拿个玩具。这样会养成三心二意的习惯，做事情不能集中注意力，对以后的生活和学习是非常不利的。孩子的用餐似乎不是个大问题，其实不然，没有规矩，孩子如何遵守？明确告诉孩子什么时候开始用餐，什么时候才能离开餐桌，用清晰明确的语言告知，最重要的是告诉他原因。中餐大多为热食，边吃边玩，饭菜凉了对孩子娇嫩的肠胃不好，很容易导致消化系统紊乱，影响身体健康。正常情况下，就餐的时候，人体的血液会聚集到胃部，加强对食物的消化以及吸收。如果孩子边吃边玩，必然延长了就餐时间，而且孩子通常喜欢到处走走跳跳，也会影响孩子胃肠道的消化功能。孩子因为不明白吃饭时玩耍有何不妥，所以才喜欢一边玩一边吃，因为这是他的乐趣，当父母给孩子立下规矩之后，孩子就知道如何正确地用餐了。原来，他并不是不想做好，而是不知道如何去做。希望孩子是什么样的，要首先告诉他正确的做法，并立下规矩，否则就总是在做亡羊补牢的事情。

3. 应该怎么吃？

培养孩子独立用餐能力，是父母教会孩子的一项生存技能。曾有报道，小学生去郊游，妈妈给带了煮鸡蛋，结果孩子却饿着回来了，因为不知道鸡蛋该怎样剥开。所以，各位父母，如果真的爱孩子，就要知道放手让他去做是一门对父母而言的功课。很多时候并非孩子无能，而是父母不愿放手。孩子2岁左右就会有自主意识，并且愿意尝试自己用餐，虽然依然不利索，依然会吃不到嘴里，但这就是学习的开始。而很多父母看到后就急于帮忙，或者想要干净利索地完成用餐而自己去喂。其实，任何一种学习都是需要时间的，都是艰难的，包括培养孩子独立用餐。如果当时省事了，父母喂饭那自然是又快又干净，但以后可能需要漫长的岁月为这件事埋单，因为，在孩子应该成长学习技能的阶段却错过了时机。

所以，有一种懒是妈妈教会的。

小贴士 想要培养孩子良好的用餐礼仪，还需要父母的言传身教，如同很多孩子吃饭撮牙花儿，这也并非他本能的需要，而是模仿。因此，我希望每一位父母成为孩子的榜样，在餐桌上能够使用礼貌用语，能够轻拿轻放餐具，吃饭的时候能够尊重家中长辈，比如爷爷奶奶，让老人先动筷子，能够在打喷嚏和剔牙的时候进行遮挡。

餐桌不仅是孩子品尝美食的地方，也是塑造自主能力以及学习尊重他人的地方，不仅仅是吃饭，更是体现修养。

儿童礼仪老师讲故事：熊猫吃西餐

作者：黄琬云

欢乐森林新开了一家餐厅，熊猫欢欢老师邀请了小熊、小猴和小马到餐厅去用餐。欢欢老师说：小朋友们，这家餐厅和咱们平时吃饭的餐厅可是有点不一样的，你们想不想去啊？小熊和小猴它们欢快地拍手，兴奋不已，那就请小客人赶快入座用餐吧。

小熊、小马和小猴入座后，发现餐桌上的餐具和平时吃饭的餐具完全不一样，纷纷带着疑问的眼光看着欢欢老师，"小朋友们，今天我们就要用餐桌上的刀叉也就是西方国家人们最常用的餐具来用餐，它有一个很好听的名字叫'西餐'，而今天的餐厅就是西餐厅。"

现在，我们一起来熟悉一下西餐的基本礼仪吧。

吃西餐，讲礼仪，着装得体又大方；

左侧入座有讲究，轻抚裙角来入座；

坐姿挺拔腰杆直，餐巾对折铺腿上；

前菜、主菜加甜品，还可加上一个汤；

左手叉，右手刀，两手食指放在上；

盘中食品轻轻切，要吃多大切多大；

刀叉呈八字，摆放盘中央，略作休息与离开；

骨头鱼刺放一边，手拿餐巾轻轻擦；

西餐礼仪记心中，记——心——中。

西餐原来还有这么多的学问，了解了吃西餐的基本礼仪后，欢欢老师带着小熊、小猴和小马正式开吃了。

小朋友们，到西餐厅用餐可是很安静的，我们去用餐时，要做一个小淑女和小绅士哦。

第五章　家庭礼仪29条

1967年，美国心理学家西里格曼做了一项经典实验：起初把狗关在笼子里，只要蜂音器一响，就给以难受的电击，狗关在笼子里逃避不了电击。多次实验后，蜂音器一响，在给电击前，先把笼门打开，此时狗不但不逃，而且不等电击出现就卧倒在地开始呻吟和颤抖——本来可以主动地逃避却绝望地等待痛苦的来临，这就是"习得性无助"。

这给儿童礼仪教育一个启示：不要让孩子习得性无助，而是要习得性自立。

很多家长不敢对孩子放手，包括生活自理、家务参与、学习的选择，父母都替代完成，而当孩子渐渐长大，又会抱怨孩子事事依赖自己，不够独立。殊不知，正是父母对孩子成长的过度参与，过度保护，过度替代，使孩子丧失了这些能力。请家长不要奋不顾身披荆斩棘，这些行为正在慢慢折断孩子的翅膀。

第二个实验是猫走迷笼实验，它是由美国心理学家爱德华·李·桑代克完成的，桑代克是动物心理学的开创者，心理学联结主义的建立者和教育心理学体系的创始人。

桑代克将一只饥饿的小猫放入一个装有开门设施的迷笼中，把食物放在笼外可望而不可即的地方，然后观察并记录小猫在笼子中的表现。结果发现，小猫刚刚被放进去时，想用爪子直接抓取笼外的食物，但没有成功。接着便表现出极度的不安和逃脱的冲动，竭力想"挤"出笼子。它在笼中乱叫、乱抓、乱跳，在一系列盲目、紊乱的行为之中，偶然触到了开门的设施，逃出迷笼并取到食物。当第二次将小猫放入迷笼中时，它虽然仍旧表现出类似于第一次的多余动作，但大多是在靠近开门设施附近活动，而且逃出迷笼所需时间比第一次短。经过多次重复后，小猫明显地表现出在迷笼中错误、盲目的动作随练习次数的增加而逐步减少的趋势，以致最后一被放入笼中即可触动开门机关，逃出并得到食物。

这表明，小猫通过不断尝试，已经完成了开启笼门的学习。

这也给我们的儿童礼仪教育一个启示，任何学习都需要过程，或许缓慢习得会让人失去耐心，或许培养的过程会让人感到绝望，但请给予耐心和坚持的力量，实践就是最好的成长。

很多家长最初都有培养的热情，要好好教育好好培养，但是当孩子热烈地帮你去端一杯水，不小心洒了的时候，我们往往忽略孩子行为背后想

要为你做什么的那颗心，而是只看到因为他端水洒了反而更添麻烦，既要看他有没有弄湿自己烫到自己，又要去擦地整理，一时心急，就会说"行了行了，以后你别给我端水了"。

亲爱的家长们，孩子学习一项技能有时就是这么难，但请你一定给予他放手的空间，哪怕他一而再再而三地做不好，想想，我们现在即便端水不也洒过吗？一定要相信，他们会在一次次失败中，一点点增长能力的。

我们定出儿童家庭礼仪29条，这29条关于独立、勇气、承担、尊重、分享、恭敬，这些看似容易，做起来却又不容易，儿童礼仪不只是停留在嘴边，而是要付诸实践。

希望每个家庭都能够践行，并且能够持之以恒。

第一条：自己的事情自己做。

只要孩子有自己完成的意愿，就请学会放手，家长可以协助，但不要替代。

第二条：与尊长讲话要有称呼。

与父母或家中长辈讲话要先称呼再说具体内容，当然，父母也需要用这样尊重孩子的方式交流，比如，"爸爸，我想玩乐高。""宝贝，我们出去散步吧。"

第三条：交流时，要看着对方。

与人交流，目中有人是一种修养，家长们也需要做到，孩子交流时，能放下手机，看看孩子，即使正在忙碌也需要做到看孩子一眼，再说明情况。

第四条：玩具要整理、归位、定位，并学会保持。

从小养成自己的玩具自己收拾、整理，放在固定位置，并且能够保持整洁。

第五条：讲话时，音量不高过尊长。

与父母讲话，音量不能高过父母，即使有不同意见也不能大喊大叫，有理不在声高。

第六条：晨起问候家人早上好，睡前要互道晚安。

早上起床家人要互相问好，家庭氛围的培养从问好和惦念开始。

睡觉前，家人之间要微笑互道晚安。

第七条：离开时要和家人道别。

出门离开时，要和家长道别，比如"爷爷奶奶，我上学去了"。当然，家长也需要这样做。

第八条：回家要和家人打招呼。

回家后，要和家人打招呼，比如"妈妈，我回来了"。

第九条：回到家中，外衣脱下整理好放置在固定位置。

回到家中，先脱下校服外衣，叠好放在固定位置，养成衣服自己叠放并且固定位置的习惯。

第十条：父母呼唤，听到就立刻应答。

父母呼唤，听到要立刻应答。家长们也需要做到孩子呼唤立刻应答。

第十一条：家中有客人到来，要起立迎接问候。

家中有客人到来，不论是谁的客人，都要起立迎接问候，这是作为家庭成员应有的欢迎礼貌。

第十二条：客人离开，要起立道别。

无论是否在客厅，听到客人离开要主动起立送客至门口。

第十三条：尊长讲话不插话。

家中长辈讲话的时候不插话，让对方说完，这是一种教养。如果有不同观点，可以等对方言毕再表达。

第十四条：用餐入座、取食长幼有序。

用餐前主动邀请长辈，比如"奶奶，吃饭了"。入座，也要先等长辈坐下。吃饭时，长辈动筷子，孩子才能动筷子。培养孩子的尊重心，是从生活习惯开始的。

第十五条：餐具只用来吃饭。

吃饭时，餐具不能敲打，也不能当作玩具，不用的时候，要放下。

第十六条：吃饭时闭口咀嚼，不发出声音。

吃饭时要闭口咀嚼，尽量不发出声音，不要吧嗒吧嗒地吃东西。

第十七条：懂得分享食物，不独占。

无论某道菜多么好吃，只要还有其他人在用餐，就不能够都拿走。除非其他人说："你都夹走吧，我们已经吃好了。"学会感恩和分享，是从不独占食物开始的。好吃的东西要与家人分享，比如幼儿园做的小月饼，别人送的巧克力，分享喜悦与爱给自己的家人。如果有这样的行为，就不必担心他没有孝心，行为培养习惯，习惯滋养思想。

第十八条：夹到碗中的菜肴要吃完。

夹菜时，不要因为好吃，就一次夹很多霸占着。适量夹取，不剩饭剩菜。

第十九条：直到用餐结束才离开餐桌。

除非用餐结束，否则不要离开餐桌。用餐要一家人在一起其乐融融享用。

第二十条：餐后致谢。

用餐完毕要对家人和做饭的人致谢，"谢谢大家，我已经吃好了，大家请慢用。"即便煮饭的是保姆阿姨，也要致谢，培养孩子的平等和感恩意识。

第二十一条：家庭成员真诚相待，诚实守信，不说谎话。

家庭成员之间不能撒谎，要坦诚相待，有问题共同面对，如果家长能以宽容心态对待孩子的错误，相信他就不会选择撒谎，如果能够获得指导和建议，而非责骂和一味的批评，孩子是不会选择撒谎的。要鼓励诚实，要共同面对。

第二十二条：跌倒了，能自己爬起来就自己起来。

孩子跌倒了，只要是能够自己爬起来，就不要去呵护帮扶，让孩子独立勇敢，就是从走路跌倒自己站起来开始的。

第二十三条：犯了错误能自己纠正和弥补就要自己完成。

孩子经常会犯小错误，比如端着的水洒了，比如把衣服弄脏了，他们需要学会的是解决和承担，因此要自己把水迹擦干净，自己把衣服换了。每个人都是在实践中成长，犯错误不可怕，可怕的是不承担、逃避或是撒谎。家长们需要做的是只要孩子自己纠正弥补了错误，便应该表示原谅和接受。让孩子明白犯错误不可怕，只要可以想到解决方法。

第二十四条：爱护花草和小动物。

保持仁爱之心，无论是否喜欢，都能做到爱护小动物和花草。

第二十五条：珍重别人的劳动成果。

让孩子学会珍重别人的劳动成果，不在干净的地板上扔垃圾，不浪费食物，这都是对别人劳动成果的尊重。

第二十六条：需要家长帮忙，要用请托语。

即使需要家人帮忙都应礼貌地使用请托语，比如，"妈妈，麻烦给我卷一下袖子""阿姨，请帮我找一下卷笔刀"。

第二十七条：接受帮助要说"谢谢"。

接受帮助要说"谢谢"，无论是谁，包括父母、服务员、保姆或是同伴。

第二十八条：爱惜自己的物品。

勤俭节约，爱护自己的物品，不浪费不破坏，这无关经济实力，而是一种珍贵的品质。

第二十九条：会道歉。

道歉是一种担当，为自己的行为或是给对方心情带来的伤害的一种承担。而且会道歉也是高情商的表现，能够理解和感受他人的想法。

让孩子从一个小兽一般的存在成长为一个文明的人，需要培养和引导，若想孩子成长得坚韧和美好，就需要童蒙养正，幼学礼仪。

父母是孩子出生起遇到的教育家，每个行为都可能影响到孩子，因此，也请父母们身体力行实践以上礼仪。当然，所有的行动其实都具有影响力。

家长礼仪承诺

1. 在家中，我会爱孩子

不只是体现在语言上，更重要的是行动，所以，孩子和我说话时，我不玩手机，我会看着他，保持目光交流。

2. 在家中，我会鼓励孩子

不再是批评，而是更多地鼓励，我知道只有鼓励和赞美，才能带给孩子信心与力量，才会让他找到方向去努力。

3. 在家中，我会开始身教

不再只是言传，因为唠叨和教导会让人逆反，我明白，身体力行的影响力才是不可低估的，会被孩子模仿的。

4. 在家中，我会做一个学习的榜样

不再只是要求孩子学习，每个人都需要不断学习，我会热爱阅读纸质书籍，对生活有探索乐趣。

5. 在家中，我要开始聆听

除了说，想必听才是最重要的亲子沟通。我知道我要学会平等交流，允许建议和意见。俯下身的尊重，他们会感受得到。

6. 在家中，我要高质量地陪伴孩子

无论多忙多累，我都不会随意拒绝或敷衍孩子的请求，我知道孩子的童年不可逆，我会真正投入地陪伴他，让自己不后悔。

7. 在家中，我要做一个高情商的家长

不再大发雷霆，不再放肆心情，我要做一个能够管理好自己的情绪，理解孩子的情绪的家长，让家成为一个温暖有爱的家。

8. 在家中，我要关注孩子的梦想

不再将我的理想和梦想强加到孩子身上，他有权利过自己想要的生活。我只是一个花匠，负责指引和修正，不会粗暴蹂躏他的想法，我的梦想原本就应该由我实现，而并非他。

9. 在家中，我愿意成为榜样

不再是保姆和唠叨着。父母真正的影响力在于强大的人格魅力，我不再甘愿付出我的所有，因为只有我精彩自信，孩子才会自信美好。

荷兰教育家伯纳德·李维胡德说："孩子对他周围环境的感知越是无意识，这种感知渗透进灵魂的就越多。"

一个家庭的核心是"我们"，而不是"我"。礼仪的规则，也需要给孩子讲解清楚，并且约定执行，而不是生硬地要求。这些家庭礼仪虽然是为儿童制订，但其实需要家长同步学习理解和执行。

真心希望这也是一次家长们的成长之旅。

儿童礼仪老师讲故事：甜甜的香蕉

作者：陈彦希

暖暖的午后，热闹的森林里，猴妈妈带着猴宝宝正愉快地玩耍。只见它们将长长的手臂挂在树枝上，晃啊晃啊，一眨眼就从一棵树晃到另一棵树上，母子俩你追我赶，玩得非常开心。突然，赶在前面的猴宝宝开心地对猴妈妈喊道："妈妈，这棵树上有两根香蕉！"说着，就敏捷地将香蕉摘了下来。猴妈妈也非常高兴，它轻轻地抚摸着猴宝宝的头，说道："宝宝，你要吃哪一根呢？"猴宝宝想了想："两根都要！"猴妈妈听了，非常难过，但还是压下心中的不满，温柔地问道："为什么你要吃两根呢？"只见猴宝宝在每根香蕉上各咬一口，然后递过来其中的一根，调皮地说道："因为我要把最甜的留给妈妈！"

第六篇
公共礼仪

第一章　礼仪的品格——诚实

"六·一"儿童节，我带孩子去北京欢乐谷，路上我表示了一下遗憾，说："毛豆你长得太快了，所以，现在都得像大人一样买票了，我多么想念那些你是免票的日子啊。"他乐呵呵地挤过来说："那你喜欢现在这个大宝宝吗？"

于是我们嘻嘻哈哈去买票。

排队时，听见一个母亲对孩子说：记住了，你一会得哈着腰，千万别站直，稍微缩一缩，你就不够 1 米高，超过 1 米的小朋友要买票，你其实已经超了，所以得哈着点腰。孩子懵里懵懂，慌张地点头，一直处于高度紧张中，终于轮到他们买票了，可怜的孩子尽力瑟缩身体，唯恐被发现其实已经超了一点点。售票厅的前侧就有身高标尺，目测一下这个孩子大概 1.1 米。

当然，这一天是"六·一"儿童节，我们没有想到的是孩子们都免票，

当听到说小朋友不超过1.4米都免票时，孩子一下子挺直了腰脊，激动地说：“妈妈，我不用缩着了。”

那一刻，我觉得特别难过。看着孩子干净的眼神，如释重负的开心，我不知道她的妈妈将一把沙子投进清澈的湖水有怎样的感受。其实无关金钱，不如说是一种习惯，对规则、对品德的漠视。因为刚进去，她就让孩子去买了一把水枪，价格并不便宜。

很多时候，身为父母希望孩子能够诚实，不对父母撒谎，却又教他们对别人撒谎，在孩子的心灵就此抹上灰尘，他没办法甄别需要说谎和诚实的场合，但却总是被要求不同时刻说不同的话，所谓诚实，是在需要的时候，并非所有时候。因此，他必须小心学习，否则会被父母批评，他必须努力分辩，这似乎成了他儿时的功课之一。或许，小小年纪，他便会懂得见人说人话，见鬼说鬼话。或许能把谎话说得如同真话一样自然流利，但他的腰脊和身形从此弯曲。

孩子的童真多么珍贵，擦拭并保持还唯恐来不及，但很多父母就这样无情地、不知不觉地在上面洒了灰尘。

由于欢乐谷大多是激烈的、刺激的大型游乐设施，于是，我带毛豆去了奇幻海洋馆，在室内，大多是一些适合10岁以下小朋友玩的区域。我们排队坐“奇幻漂流”，这次毛豆再度困惑了，我们前面的一个妈妈一直在训斥她的儿子：快点站直了，你有1米左右，所以你得使劲挺直了，看上去好像就够了。因为乘坐“奇幻漂流”要求身高1.08米以上的小朋友，一直有广播通知对身高的限制，以避免排队到达后却又不能乘坐。我们前面的这位母亲一直在拍孩子的后背，一再提醒他站直了。

毛豆认真地问我：“他身高达到要求了吗？”

片刻，语塞。

我该怎么对孩子讲，怎么解释，怎么说才能够让他理解一件我也不能理解的事情？

孩子们的身高原来是弹性的，需要的时候就要挺一挺，只要能够达成目的，说谎无所谓。在不需要的时候就得缩一缩，只要能够蒙混过关，说谎也无所谓。

乘坐飞机，看到隔壁座位的老人将飞机上餐盘的用具一样样仔细擦拭干净，我其实有片刻的不解，因为这些餐具空姐收回餐车后食品公司会进行清洗消毒，我小声说，您不用擦，他们回去后会清洗的。老人惊慌地看着我说，不要吵，这个不会碎，拿回去喝茶挺好用，他举起一个餐盘中的咖啡杯对我说。

我将眼帘闭上，需要静静地想想发生了什么？不是所有空姐不逐个清点的东西就可以顺便带下飞机，这些都不是一次性用品，这些餐具都是需要定制的。

那一刻，我想我的脸上写满忧愁。

飞机尚未落地，下降期间空姐来收毛毯，而客舱的温度仍然很低，其实我想多用一会毛毯，但我沉默地递还给空姐，因为我知道不及时收取，等到旅客下飞机再清点，恐怕数量就会不够了，想必乘坐飞机的人并不至于生活拮据到买不起一个杯子，为什么会拿走，毛毯为什么会丢失，缺乏的是一种诚信品质。

你知道吗？儿时的这些经历都会成为一种培养，对孩子品性的培养。很多父母等孩子长大后会说，孩子和自己不说实话，是的，从小他接受的教育就是选择性说真话。他不一定是刻意撒谎，但信口雌黄也许成了习惯。

在公共礼仪篇章，我一直觉得诚实是对一个人、一个民族至关重要的评价，也是必须拥有的品格。

唯有清澈的人格，才能赢得尊重。

儿童礼仪老师讲故事：爱着急的小蜜蜂

作者：孙羽

津津是一只脾气急，爱说话，老也停不下来的小蜜蜂，它每天一睁开眼睛就嗡嗡嗡地叫着，飞来飞去，说个不停，根本不管别人说什么，让别人插不上话，大家对它这个缺点讲了好多回，它都没听进去。

一天，津津和其他小蜜蜂一起去采花蜜，带队的婷婷正在给大家说路线："今天，我们先飞到小河边，那里的小树林后面有一块很大的玫瑰花田……"津津嗡嗡嗡地吵着，才听完两句，就得意地扭头飞走了，"我知道了，小河边采花蜜，我先走咯！"

津津飞到小河边，可是这里一朵花都没有呀！津津纳闷了，这可怎么办呢？我和婷婷它们走散了，找不到它们，这里可只有我一只小蜜蜂呀！津津想了想，决定去问问正在河边喝水的大水牛。"嗨，大水牛，你知道这附近有什么地方有花蜜吗？"大水牛想了想："我好像知道，但是我要和我的朋友商量一下。"大水牛转头问旁边的斑马："斑马，我们过来的时候是不是路过一片玫瑰花田？"斑马吞了吞口水说道："好像是有一片玫瑰花田。"大水牛想起来了，刚想说，津津着急地说："路过了，我知道了，你们太好了，谢谢！"说着津津就准备飞走。大水牛摇了摇头，表示很无奈，津津却以为大水牛指的是河对岸，转头飞走了。

津津好不容易到了河对岸，可河对岸没有花啊！津津纳闷了，明明刚刚问大水牛，大水牛指着这边，可是怎么就不对呢？津津一边想一边飞，正好撞见一只蝴蝶。津津着急地向蝴蝶求救："蝴蝶蝴蝶，请问采花蜜的路怎么走呀，婷婷给我说河边，可是我并没有看到它们呀，我又问了大水牛，结果还是没有找到地方，这是怎么回事呢？嗡嗡嗡！"蝴蝶说："采花蜜是在河对岸小树林后面……"可津津一直嗡嗡嗡地叫着，根本没听见蝴蝶说的什么。蝴蝶无奈地飞走了，津津还是没有找到路。这时候津津发现树叶上有一只睡着的毛毛虫。津津虽然很不想打搅毛毛虫的美梦，可是没有办法，还是只好向毛毛虫求救"嗡嗡嗡，毛毛虫你知道哪里可以采花蜜吗？"毛毛虫说："我在睡觉，你好吵啊。"津津很不好意思，学着毛毛虫慢慢的动作，轻轻停到树叶上，小声问毛毛虫："毛毛虫，请问你能告诉我什么地方可以采花蜜吗？"毛毛虫揉了揉眼睛，伸伸懒腰："采花蜜啊，在河对面小树林的后面，有一片玫瑰花田。"这次津津安安静静地听完毛毛虫说话，又问道："是河对面的树林吗？"毛毛虫："是的，穿过小树林就是玫瑰花田了。"这下津津终于清楚路线了。津津心想，为什么之前我都没听出来呢？原来是我没有听完大水牛它们说话就打断它们了，这样我就听不到花田的路，对大水牛它们很不礼貌。津津谢过毛毛虫以后，朝着目标飞过去了，在那里找到了婷婷它们。经过这件事情以后，津津学会了听完别人的话再说话，大家都说津津有礼貌了，更加喜欢它了。

第二章　致意礼仪

礼仪是获得自信，获得尊重，获得良好人际关系的最有效的途径，如果小朋友从小养成对美的审阅和欣赏能力，并且把礼貌修养变成自己的生活习惯。家长需要做的就是为孩子创造一个有礼貌有修养的环境，对自己有所约束，孩子的良好行为习惯就会不知不觉地被熏陶出来，而不用刻意地打造了。

致意，无论是对相识的人还是初次见面者，都是一种表达友好、礼貌最常用的礼节。

❀ 致意的礼规

1. 致意要讲究先后顺序

通常应遵循：年轻者先向年长者致意，学生先向老师致意。

2. 选择适合的致意礼节

打招呼致意有很多种方式，比如微笑注视、点头致意、挥手致意、鞠躬致意等，致意时应大方、文雅，一般不要在致意的同时向对方高声叫喊，以免妨碍他人。

3. 他人致意需回礼

如遇对方先向自己致意，应以同样的方式回敬，不可视而不见。在飞机上空姐常常会感觉有些遗憾，因为每位客人登机他们都会热情问候"您好，欢迎登机！"但应者寥寥。原本开心的迎接，也变成了一种服务流程。

无论对方是谁，如果有问候致意，一定要回应，当然回应的方式也很灵活，比如可以用点头、微笑这样的无声语言回应，也可以直接语言回应"你好"。

能够对所有人都彬彬有礼，才是真正的教养。

❀ 致意的形式

1. 点头致意

点头致意适合在公共场合遇到相识的人而相距较远时；与相识者在一个场合多次见面时；对一面之交或不太相识的人在社交场合见面时，均可微笑点头向对方致意，以示问候，而不应视而不见，不理不睬。具体做法是：身体要保持正直，两脚跟相靠，双手下垂置于身体两侧或搭放于体前，目视对方，面带微笑，头向前下微低。注意不宜反复点头，也不必幅度过大。

2. 挥手致意

小朋友们在上下学的过程中运用最多的礼节就是挥手礼，远远地看见同学走过来常常会挥手打招呼。挥手礼可以使远距离的伙伴清晰地看到，友好传递了问候之情，当然，"挥手礼"也常常是我们道别时最常见的礼节。

挥手礼的标准动作

（1）目光友好注视，不要东张西望、眼神飘忽。

（2）使用挥手礼要尽量保证身体站直，尽量将上半身朝向对方。

（3）尽量使用右手。

（4）手掌、手腕、小臂成一条直线。

（5）掌心向外，以肘关节为轴，手臂向左右挥动，不晃动身体和肩膀。

由于毛豆的学校就在小区门口，每天清晨送他上学会遇到很多熟识的家长和小伙伴，每一次我们都会挥手和大家打招呼，因为如果一一问候，这个清晨我们就一直在说"早上好"，在空旷的小区里，我们选择了用肢体语言传情达意。

3. 注目礼

注目致意主要用于升国旗、剪彩揭幕、庆典等活动时。行注目礼时，不可戴帽、东张西望、嬉皮笑脸、大声喧哗。正确的做法为：身体立正站好，挺胸抬头，双手自然下垂放于身体的两侧，表情庄重严肃，目视行礼对象，并随之缓缓移动。

4. 握手礼

握手礼是现在最普遍的社交礼节，握手一般使用右手，小朋友之间不提倡双手握手，行握手礼的时候双方之间有一个手臂左右的距离比较合适，大方伸出右手四指并拢，大拇指微微张开，双方虎口相对，握住对方的手指，摇晃 3 ~ 5 秒的时间，并且面带微笑，身体前倾，口中可以说：

"你好，很高兴见到你。"

相传，握手礼来自于古希腊。那时，如果两位武士不期而遇，发现对方是敌人，就会拔刀相向。如果认为对方没有敌意，双方就会摊开双手，缓缓向对方伸去，并最终握在一起。这种行为就明白地告诉对方：我对你没有敌意，可以来看一看我的手，我手里没有武器。后来，就连普通的平民也把握手当成一种见面的礼节，一直流传至今。

5. 拥抱礼

拥抱礼是流行于欧美的一种见面礼节，它通过身体的局部接触传达温暖，传递友好，表达对对方的喜爱、关怀等含义。

它的具体动作是：两人相对站立，伸开双手，右臂搭在对方的左肩之后，左手从对方的右肋环抱至背后，可以用手轻拍对方的后背，以表达问候之情。

在体育比赛中，握手礼和拥抱礼也非常多见，赛前可能会握手以示尊重对手，比赛结束无论成绩怎样，都会行握手礼或者拥抱礼，以体现体育的道德精神。喜欢看网球比赛的人，对这个动作应该并不陌生，很多次比赛结束，中国网球选手李娜就是和对手用拥抱礼，那个场面让场上的火药味瞬间变为选手之间的惺惺相惜。

儿童实施拥抱礼需要注意的是多在社交场合，比如获得好成绩老师的拥抱祝贺等，同时也是一种家庭礼节。但需要注意的是它并非常态的问候礼节，在一般场合中，尤其是想要拥抱异性同学时，需要征得对方许可。

6. 鞠躬礼

"鞠躬"起源于中国，商代有一种祭天仪式"鞠祭"：祭品牛、羊等不切成块，而将整体弯卷成圆的鞠形，再摆到祭台奉祭，以此来表达祭祀者的恭敬与虔诚。这种习俗在一些地方一直保持到现在，人们在现实生活中，逐步沿用这种形式来表达自己对地位崇高者或长辈的崇敬。

鞠躬，意思是弯身行礼。是表示对他人敬重的一种郑重礼节。此种礼节一般是学生向老师、晚辈向长辈、服务人员向宾客表达由衷的敬意。鞠躬是中国、日本、韩国、朝鲜等国家传统的、普遍使用的一种礼节。鞠躬主要表达"弯身行礼，以示恭敬"的意思。

1924年初，清华学校欲正式"改办大学"。这年10月，筹备创建研究院。由于财力、人力、研究方向等诸方面限制，最终决定研究院先设国学门一科，也就是后来被广为人知的国学研究院。

清华校长曹云祥即动员早在1917年就"暴得大名"的北大教授胡适到清华国学研究院主持院务。胡适立即推辞，表示只做顾问不就院长，并建议曹校长根据中国学界的优秀传统，采用宋、元时代书院的导师制，兼取外国大学研究生院学位论文的专题研究法来办研究院。

曹校长深以为然，并拟请梁任公（启超）、王静安（国维）、章太炎（炳麟）三位大师到校任教。由美国哈佛大学归国的一代名士吴宓，拿着自己签发的聘书前往几位大师居处一一聘请。

时年49岁的王国维（号观堂），是满清王朝最后一位皇帝——溥仪的"帝师"，首先曹云祥校长托胡适向王国维转交一封非正式的印刷体聘书。

吴宓再次登门，对王国维这位晚清遗老的生活、思想习性专门做过一番了解研究，抱着成功的信念来到北京城内地安门织染局10号王国维住所后，他采取入乡随俗策略，先行三拜如仪大礼，然后再提聘请之事。这个举动令王国维深受感动，觉得眼前这个吃过洋面包的年轻人很尊重自己。

王国维"事后语人，彼以为来者必系西服革履，握手对坐之少年。至是乃知不同，乃决就聘。"吴宓的鞠躬之礼是体现诚恳和尊重，打动王国维的关键举动。

行鞠躬礼要掌握的要领如下。

身体立正站好，双脚跟靠拢，脚尖可以轻轻打开，以髋部为轴，上身随轴心运动向前倾斜，目光随之落在自己身前一米到两米之间的距离，或者对方的脚尖处，女生可以双手虎口交叠，男生则手在身体两侧。行礼时要稍微停顿一下，再慢慢抬起头来，行礼后抬头的时候也要微笑让对方感受到自己的热情。

在中国的有些省份依然有逢年过节向长辈鞠躬行礼的习俗，在当众演讲时也需要鞠躬行礼，登台演出时也会行鞠躬礼，甚至在早上进学校时也需要向值周老师和同学行鞠躬礼致意，因此，在今天，鞠躬礼也是儿童需要学习和掌握的一个礼节。

7. 抱拳礼

每当我做家长讲座时，经常会问家长们一个问题，你们认为什么样的孩子是懂礼貌的孩子？几乎一半的家长会说"主动打招呼"。能够主动与人打招呼是友好的表现，但能否得体地致意就需要学习。

一次，我的工作室"小绅士小淑女礼仪课堂"学期末最后一堂课，我们为孩子们做"发现美的眼睛"的活动，当说到"弟子规功夫操"谁打得最棒时，小朋友推选了两位小选手，于是我们邀请他们再为大家展示一次，两位小朋友站立之后做的第一个动作就是"抱拳礼"，并互道"承让"。对于孩子们能够学以致用，并且恰当得体地运用，我感到非常开心，我深信，"抱拳礼"背后是对对方的尊重。

抱拳礼是以左手抱右手，自然抱合，松紧适度，于胸前微微晃动，不宜过烈、过高。用左手抱右手，这称作"吉拜"，相反则是不尊重对方的"凶拜"。武术界中的抱拳礼是由"作揖礼"和少林拳的抱拳礼（四指礼），加以提炼、规范、统一得来的，并赋予了新的涵义，这是在国内外一直被采用的具有代表性的礼法。武术界一直流传着"未曾学艺先识礼""学拳先习礼"的传统。

行抱拳礼需并步站立，左手四指并拢伸直成掌，拇指屈拢向内，右手成拳，左掌心掩贴右拳面，左指尖与下颏平齐。右拳眼斜对胸窝，置于胸前屈臂成圆，肘尖略下垂，拳掌与胸相距 20 ~ 30 厘米。头正，身直，目视受礼者，面容举止自然大方。

8. 拱手礼

　　拱手礼在西周时期就开始在同辈人见面时广泛使用，现在更是被赋予了很多含义，比如在春节期间表示"恭喜发财"等。

　　拱手礼动作要领如下。

　　施拱手礼的方法是，行礼者立正站好，身体可以微微前倾。

　　男生将右手半握拳放在胸前，再用左手包住右手；女生则恰好相反，要用右手包住左手，反之则为丧礼。

　　同时，眼睛注视对方面带笑意。

　　在过去可能还需要拱手齐眉，弯腰并上下摇动双手，现在则将双手放在胸前轻轻摇动就可以了。

　　林语堂先生就十分推崇拱手礼，认为拱手礼十分文明，不与对方过多接触，从医学卫生的角度而言，不会因接触而传染疾病。同时，拱手礼是一个个人行为，发自个人内心的一种行为表达，拱手的时间、长短、力度、距离不受对方影响。尤其是在人数较多时，拱手礼施行方便，同时也不至于在问候时厚此薄彼。

小朋友可以在为尊长祝福祝寿的时候使用拱手礼，春节拜年时这也是一个非常适合的礼节。

前几天，我的一个学生发来一个妈妈的感慨：

今天一早去儿子幼儿园当秩序维护员，即站在楼梯口，保障小朋友的安全。我做到了和83位小朋友全部打招呼"早上好！"

主动回应的有5个（和我有眼神交流热情），占比6%；

家长提示回应的有6个（不跟陌生人讲话，瞟了我一眼），占比7%；

剩下的全是家长和孩子不回应也不说话，占比87%。

这让我的心灵受到了重大创伤。这就是我们要的教育吗？

各位家长，我们是否想清楚要教育小孩子什么？德育教育和做人是所有教育的前提。

千万别小看问候致意，往往它是给别人一份好心情、好印象的开始。这位妈妈满腔热情在幼儿园做秩序维护员，但结束后是凋零一地的感伤，让她觉得悲哀和恐惧。是的，你注意到了吗？能够问候别人并且回应他人的问候是一种教养。

古人有云：穷则独善其身，达则兼济天下。修身齐家治国平天下，把修身放在首位，教养体现细节，细节展示形象。

儿童礼仪老师讲故事：皮皮畅畅旅行记

姜婧婧

森林里，小象皮皮和长颈鹿畅畅是最要好的好朋友了，它们老早就计划结伴去郊游。

明天就放暑假了，它们郊游的愿望终于可以实现了，两个伙伴开心地约定明天早上7点在家附近的路口见面。

第二天早上，两个从未独自出门的小家伙一蹦一跳地在路口汇合了。

"皮皮，你怎么啥都没带啊？"拖着小巧行李箱的畅畅摸着脑袋问。

"出去玩就得玩得痛快，拖个箱子多碍事啊。不带不带……"

"哦，那好吧，我们去坐车吧！"

上大巴车时，皮皮不管不顾，"嗖嗖"地挤上了车，找到了一个最舒服的座位，长颈鹿畅畅则很绅士地礼让其他小朋友，并主动跟司机叔叔和旁边的阿姨问好，大人们伸出大拇指夸赞它"真是个懂礼貌的好孩子！"畅畅脸上一下红了，有些害羞了呢！

很快，车安全到达目的地。小朋友们三五成群排队玩起了过山车、海盗船、旋转木马，好一片热闹的景象。

天公不作美，突然下起了雷阵雨，畅畅赶紧拿出准备好的衣服和雨伞，眼见着皮皮被淋成了落汤鸡，赶紧招呼皮皮穿上自己的衣服，并到伞下一起躲雨。这会儿，皮皮似乎悟到了些什么……

雷阵雨过后，天空中悄悄地挂起了漂亮的彩虹，小朋友们开心地指着天空："彩虹，彩虹，快看！"

第三章 社交语言礼仪

语言大师林语堂有"语言的艺术"一说，意思就是语言不是一般的工具，它以独特的魅力成为人们生活工作中交流的常用工具，像一朵温馨柔美的花儿静静地开在心灵的空间，暗暗地吐露着芬芳。

那么在社交场合使用语言，小朋友需要学习哪些礼节呢？

❀ 自我介绍

一个好的自我介绍会让别人过目不忘，让对方产生进一步了解你的想法。一个糟糕的自我介绍会让别人敬而远之。

知识链接

首先，自我介绍最重要的就是实事求是，自吹自擂夸大其词都会惹人厌烦。刘兰芳说《岳飞传》时，两军阵前交战的时候，将帅一般都会自报家门，就是"来将通名"。岳飞报的家门：河南省汤阴县孝悌里永和庄姓岳名飞字鹏举。没有报所居大都市的名字，也没有报自己的职称，也没有报自己的政绩，就是报自己的姓名和出生地。一般生活中的自我介绍只需要说出姓名、身份、特长或者爱好就可以了。在时间条件允许的情况下，讲一个和自己姓名有关的小故事或适当的小幽默也可以。

很多场合都需要用到自我介绍，比如认识新朋友或是当众演讲。

儿童自我介绍标准版本应该是：大家好，我是刘静，我在实验小学读

2 年级，我喜欢跳舞，很高兴认识大家，谢谢。这其中包含了问候、自己的名字、在哪里读书和个人爱好，最后一定要有感谢。当然，根据场合的不同，有时也需要做出一些内容的增加或删减，但一个基本版本的自我介绍还是比较通用的。

❀ 如何介绍他人

为他人做介绍，则不仅仅是简单地介绍完姓名就可以了，一个好的介绍能让被介绍方感到尊重，让结识者更多地了解对方。当与家人外出路遇不认识的老师或者同学，在家中接待自己的朋友，打算推荐朋友加入一个集体，这个时候就需要你来介绍他人。

介绍的顺序要将地位低的，年纪轻的介绍给地位高的、年纪长的那一方。

介绍他人的时候态度要严谨认真，不能嘻嘻哈哈，更不能把别人的绰号也加以介绍，这是很不礼貌的行为。通常在介绍他人的时候，会介绍对方的姓名，还需要介绍出对方的优点和特长，当然这部分内容最好与当前的场合有关，此外还需要隆重地邀请大家欢迎或是主动带领大家鼓掌。

当自己是被介绍人的时候，要表现出结识新朋友的热情，认真倾听。在介绍人介绍完之后可以说："你好，很高兴认识你。"

❀ 如何有礼貌地打断别人的谈话

其实不只孩子们，经常在成人讲电话或彼此交谈时插话，很多时候成人之间的交流也经常被无礼打断。

我们最不喜欢小朋友插话，但又从未清晰地告诉过孩子，如果他确实有急事怎么办。首先，家庭成员之间可以有一个约定，比如在家中，如果毛豆有特别着急的事情需要打断我，他轻拍我的左臂，我便会暂停当前的事情来回应他，这是我们之间的小暗号和约定。在我打工作电话的时候，他有时也会有特别的需要，那么我会告诉他首先要评估一下，如果可以等

217

待，就等我讲完电话和我说，如果确实很急，就拍拍我的左臂，我会回应。久而久之，毛豆养成的一个非常好的习惯是，不插话、不打断别人，而是先评估自己的事情的轻重缓急。

如果父母在和朋友聊天，小朋友有事情要打断，这时候可以说："不好意思，我打断一下，妈妈我想问一下我的水杯在哪里？"

不好意思，打断一下；不好意思，打扰一下。这是两句小朋友需要学会的语言。

🌸 倾听礼仪

好的倾听者比好的倾诉者更难得，我们可以让小朋友自我检查一下有没有以下问题。

（1）与其说自己是个倾听者，不如说自己是个小小发言人。

（2）在倾听别人发言的时候很容易走神。

（3）很难听进去不同的意见。

（4）在倾听的时候没有对对方的观点表现出支持或是反对。

这其实是四个基本倾听礼貌，或许我们自己也常常会有这样的情况。

有一个故事叫玉器和瓦罐。韩昭侯是韩国国君，他说话十分不谨慎，往往无意之间就把一些重大的机密事情泄露出去。身边的大臣们十分着急，希望国君改掉这个坏的习惯，但是碍于身份地位的特殊，没有人敢擅自劝阻。

这时候有个人叫堂溪公，他自告奋勇去劝国君。

他见到了韩昭侯以后，开始说国君假如现在有一个美玉做的酒杯，价值千金，但是这个玉杯没有底，请问国君它能够装水吗？国君说一个玉杯没有底怎么能装水呢？堂溪公也不回答，接着又说国君有一只瓦罐，不是很值钱，但是它有底，而且不漏，请问它可以装酒吗？国君说当然可以了。于是堂溪公就因势利导，对韩昭侯说这就对了，一个瓦罐虽然值不了几个钱，是非常粗的一种器具，非常下贱、根本不值钱的东西，但是它不漏，可以用来装酒。一只玉杯价值千金，非常高贵，但是它没有底，所以连水都装不了。

人也是一样，作为一个地位很高的人，作为一个一举一动都非常重要的国君，如果你说话不注意，随时乱讲话，那么你就会泄露国家的机密，你就好比是一只没有底的玉杯，再值钱也没用，只会闯祸，还不如做一只实实在在但却有用的瓦罐。

这一番话让韩昭侯恍然大悟，从此以后，但凡采取重要的措施，和大臣在一起谋划的时候，韩昭侯都非常小心对待，也不再乱讲话。

因此，在倾听礼仪这一篇章，我们希望孩子们学会倾听，在倾听中有时可以吸取更多智慧。前几天，毛豆的班会课分享"疯狂动物城"的感受，晚上回到家中，我们一家人也分享彼此的感受，当毛豆发言时，我听到他说"我想把羊市长和兔朱迪的行为做一个对比……"凭借母亲对孩子敏锐的了解，我知道这个观点不是他的观点，于是我问他，你为什么会想到将"羊市长"和"兔朱迪"做一个对比呀？他说，这是我今天在班会课听到同学的发言受到的启发。

那一刻我非常开心，专注的倾听常会使人受益良多。

"水深流去慢，贵人语言迟""君子讷于言而敏于行"都是在教导人们对于说话，语言要慎重，小朋友的表现欲望总是特别强烈，倾听却是一种与人为善、虚怀若谷的姿态，有了这份姿态与别人的交往就会多一分和睦。

懂得倾听的人才会获得朋友，因为你分担了别人的烦恼。

圆圆的爸爸妈妈今天准备邀请他们的好友来计划"五一"小长假的旅行，吃完晚饭后，圆圆的爸爸拿出地图和旅行手册与叔叔阿姨一起热烈地讨论着，圆圆饶有兴趣地在餐桌旁听着大人们的讨论，一个叔叔说："去年我刚刚去过海南，那边的水果很多都是我们北方人都叫不上来名字啊。还有啊……"这时候圆圆打断说："你连水果的名字都不知道啊，我们幼儿园每天老师都会教我们认读水果卡片，你真是笨死啦。"一番话说得这位叔叔十分尴尬，只能笑着说小朋友你真厉害。

《论语·里仁》有：君子欲纳于言，而敏于行。君子应该尽量少说话，但是在行动的时候，在实践的时候要敏捷。子琴就问墨子说话多有好处吗？墨子说这个蛤蟆、青蛙还有苍蝇白天黑夜叫个不停，叫得口干舌燥。但是你觉得有很多人去听它们吗？那个学生说没有，很讨厌。墨子接着讲，但是你看看那雄鸡，每天只在黎明的时候按时啼叫。雄鸡一叫天下人就要起床，所以多说话有什么用呢？重要的是说话要有作用，要切合实际。这样大家才会听你的，大家才会重视你。

这是一段墨子和弟子非常有名的对话，古人强调说话不要多，说话要少。

❀ "应"是一种礼貌，"答"是一种选择

我每次在上儿童礼仪课程，讲到"回应"，就会有很多小朋友抱怨，认为有些成人会问他们一些不恰当、不尊重的问题。

那么接下来，我要请成人做个自测了，这些问题，你问过孩子吗？

❶ 你有女朋友吗？

❷ 你喜欢爸爸还是妈妈？

❸ 你们家爸爸厉害还是妈妈厉害？

❹ 你是男孩还是女孩？

❺ 把你的衣服给我穿吧？

❻ 你期中考试多少分？怎么考得那么差啊？

❼ 你在班中排名第几？

❽ 你怎么没当班长？

❾ 你们老师喜欢你吗？

❿ 你是班里最淘气的孩子吗？

以上问题，曾问过三个及三个以上的成人，需要认真反省一下，因为以上问题有很多带有误导倾向。如果经常有人问一个小男孩"你有女朋友吗"，等于告诉他，你必须要有女朋友，而孩子开始有女朋友，又有成人说"怎么可以早恋"，我想孩子会迷茫的，到底是该有还是不该有？以上问题中也有一些属于个人隐私，这就好像我们不能随便问成人女子的年龄，因为这属于隐私。那么各位有否想过，"成绩"对于孩子而言也是隐私，一次的成绩也不足以论断孩子的未来，但多次询问，反复被放大，也是孩子不能承受的。

因此，在儿童礼仪课堂我会这样教育小朋友，"应"是一种礼貌，"答"是一种选择。

尊长提问需要回应，比如看对方、聆听或是回应，至于是否回答问题，是孩子们的选择，因为他们有被尊重的权利。我会教给孩子们一句话："抱歉，我不想回答。"但无论如何都需要回应对方。

✿ 你的声音为你加分

悦耳的声音总能帮小朋友增添魅力，很多小朋友都在关注自己的仪表是否美丽，而忽视了另外的一个重要的元素就是声音。著名的第一印象定律显示：55%来自你的仪表仪态，38%来自你的声音，7%来自你要表达的内容。从中我们就可以看出，声音对一个人自身形象的塑造有多么重要。

❶ 声音阳光自然

很多女孩子觉得嗲声嗲气会给别人留下温柔可爱的印象，会让更多的人想要保护自己，就故意捏着嗓子说话，还会带出很多语气词来突出自己的可爱。殊不知这样不仅不会显得柔弱，还会让人觉得矫揉造作。

《弟子规》中对说话声音、语气有这样的描写："凡道字、重且舒、勿急疾、勿模糊。"

历史上有一个美男子，大家特别赞赏他，有一个相当重要的原因就是他的说话是"重且舒"。

他的名字叫裴楷，字叔则，是河东闻喜人。西晋时期非常重要的朝臣，也是当时的名士。裴楷有一个称号叫"玉人"，长得像玉一样，你只要跟他一见面，就好像面前是一个玉雕的人一样，好像人行走在玉做成的山上，光彩照人。

裴楷家教很好，他知道说话应该重且舒。他从小就是学识渊博、谈吐儒雅、咬字清楚，因为有名，所以被召到皇帝面前执读，就是如果有一些圣旨、有一些比较重要的文件，让他读给皇上听。

史书上记载，由于他口齿极其清楚，发音凝重，只要一到他讲话，"左右瞩目，听者忘倦"，一到他说话就能引起大家注意，大家甚至忘记了疲劳。

他曾凭借着讲话重且舒，曾刀下救人。

在《世说新语》里面记载晋武帝登基不久，找了一个江湖术士算卦，没想到算出来一个"一"字，晋武帝刚刚登基，原本期望的是"万"，这样才能千秋万代啊。算出来"一"字，让晋武帝觉得很不吉利，他要把这个江湖术士拖出去斩首，此时群臣相顾失色，裴楷就引用了何晏的《老子注》，非常凝重而舒缓地讲了三句话："天得一以清、地得一以宁、侯王得一以为天下贞。"裴楷由于重且舒的咬字，整个朝廷都听到了，皆大欢喜。晋武帝一听不但没有处死江湖术士，反而赏赐了他。

在儿童礼仪教学中，我们也会教孩子正确地表达音色，比如嗲声嗲气的声音适合家庭成员使用，在公共场合则不够端庄，比如问候的声音应充满阳光的感觉，声调上扬，才能给人以愉快的感觉。

❷ 音量要确保对方听到

此外，"尊长前、声要低、低不闻、却非宜"也是孩子们需要了解的。音量的控制与交流对象有关系，在尊长面前声音不能高过长辈，但也不能过低，确保对方能够清楚听到才可以。

太高的音量会让人们感觉到疲劳和嘈杂，会影响别人对谈话内容的吸收。声音过小，则会给人以不自信的感觉，也会影响交谈。在公共场合，音量最好控制在你和对方都可以听清但又不影响周围人最为合适。尤其是音乐会、电影院、图书馆等非常安静的地方，低声讲话不打扰到旁边的人和周围的环境，才是适宜的。

❸ 语速适中

有一些小朋友语速过快，滔滔不绝，他们的音调语气没有变化，让别人听了之后烦躁不安。这样会让他人觉得你还有重要的事情去做而急于结束谈话。语速要以发音吐字清晰、对方可以听明白为原则。

> **小贴士**
>
> 本·琼森在《木材，或关于人与物的发现》中说过："语言最能暴露一个人，只要你说话，我就能了解你。"愿所有小朋友通过本章节的学习能掌握一点语言的艺术，在交流中找到快乐。

儿童礼仪老师讲故事：我们毕业啦

作者：张爱丽

森林幼儿园大班毕业演出要开始了，河马校长特别邀请了小朋友的爸爸妈妈一起来参加。

长颈鹿点点今天是主持人，他穿着白衬衣，打着黑色的小领结，黑色裤子显得特别正式！爸爸今天出差，妈妈来参加点点的汇报演出，点点可高兴了，拉着妈妈的手进入演播大厅。

现场已经来了好多小朋友和他们的爸爸妈妈们，活泼的啄木鸟和妈妈来了，漂亮的小狐狸和爸爸来了，威武的小狮子和爸爸妈妈来了……整个演播大厅非常热闹。

这时候，河马校长看到点点妈妈，它迎了上去。点点看到河马校长走过来，向他介绍："河马校长好，这是我的妈妈，它在图书馆工作。"转头对妈妈说："妈妈，这是我们的河马校长，我们可喜欢它了。"河马校长握着点点妈妈的手说："您好，点点妈妈，欢迎您来参加点点的毕业演出，请到前面坐吧。"

毕业演出正式开始了，小朋友们和爸爸妈妈都特别安静。点点非常优雅地走上台深深地给大家鞠了一个躬，说："亲爱的爸爸妈妈们，亲爱的老师们，亲爱的同学们，你们好！我叫点点，我来自大一班，今天的晚会由我来主持，首先我代表全体小朋友们欢迎大家的到来，谢谢大家！"台下的观众给点点非常热烈的掌声！

精彩的演出开始了，第一个节目是来自大三班小白兔雪儿的舞蹈《春天在哪里》，点点介绍说："雪儿不光会跳舞，还会弹钢琴，现在有请小白兔雪儿……"

雪儿穿着白色的纱裙，头上戴着漂亮的花环，在舞台上轻盈地旋转着，跳啊，跳啊，就如舞动的小精灵。台下的观众目不转睛，当雪儿谢幕时，现场响起了雷鸣般的掌声……

节目一个接一个，演播大厅里时时传出热烈的掌声和欢呼声。阳光透过窗户照进大厅，暖暖的，连窗外的小鸟都叽叽喳喳落在窗台上向里观看。

我们毕业了！

第四章　排队等待礼仪

英国被称为"绅士淑女之国"。"移民观察"的主席安德鲁·格林爵士认为，"排队是英国文化不可或缺的组成部分"。据一项调查显示，绝大多数英国人痛恨夹塞，甚至超过随地吐痰。

有一次，列宁去克里姆林宫的理发室理发。当时，理发室里只有两位理发师，忙不过来，很多人都在坐着排队。列宁进去后，大家连忙让座，并且请列宁先理，可列宁微笑着对大家说："谢谢同志们的好意，不过这样做是要不得的，每个人都应该遵守公共秩序，按照先后次序理发。"说完后，他随手搬了一把椅子，坐在最后。

乘坐飞机时，经常会看到这样一些人，别人在排队等候登机时，他们悠闲地坐着，等到广播登机，他们会若无其事突然插到队伍的前面，似乎是顺理成章的。表情没有半分不好意思，似乎能够插进队伍是他们的能力，而按照规矩排了很远的队伍的人，似乎也无可奈何。有时乘坐大飞机，几百人同时登机，拉着箱子排队的人蜿蜒很远，不知就近站起来插进队伍的人有没有感受过后面等待者的心情。

我通常会对在我前面插队的人进行制止，也有很多人佯装不知，我都会清楚地告诉他们，请排队。

在物资匮乏的年代，我们争抢，在飞机上一人一座的时候，仍然争抢，国民素质需要与经济的发展同步啊！

❀ 排队的礼仪

❶ 只要有等待，就需要排队，有序才能确保安全和权利

这一点在公共洗手间也非常明显，通常排队应选择在由里往外最后一个洗手间处排队，可是这一点会被投机取巧的人利用，他们会径直走到某个洗手间门外排队。如果制止，常常会振振有词问，哪里写着要在外面排队？

礼仪就是一种文明，并非法律，真的很难约束住所有的生活细节，归根结底，文明在心。

❷ 保持适当距离，维护他人隐私

尤其是在银行和海关等地，需要遵守一米线，排队时应与前面的人保持适当距离，靠得太近可能有侵犯人家私人空间之虞，有可能妨碍他人的隐私。比如对方在输入密码时除了保持距离，也要移开视线。

但也无须间隙过大，因为排队整齐也是非常必要的。

❸ 排队的队形

很多人排队时喜欢东逛西晃，有时站在他后面，都不能确定他是否在排队，因此排队时如果没有排队的安全带引导，就应排成一路纵队，而不是三三两两并排站立。这样既可以防止他人插队，又可以预测到自己的等待时间。

队伍越整齐就越难被他人插队。

❹ 不同场合的排队文明

（1）医院

医院里排队无论是缴费还是等待就诊，保持安静是非常必要的，不要大声喧哗，领取化验单时不偷窥他人的处方或化验单，不随意与其他人交流病情，这属于隐私，不是每个人都愿意说出来，也不要在诊室门口倾听、观看别人的检查诊断，会影响医生的工作，也会干扰就诊者的情绪。

就医是很私人的事情，不能因为好奇而窥探，排队时，要在指定区域，按照指定方式等待。

（2）银行

银行里排队应该格外注意距离感和空间感，因为银行涉及财务管理，如果有一米线要认真遵守。很多小朋友在其他人输入密码时好奇地观看，或是在他人办业务时挤在旁边观看是不对的。

（3）机场

按照大多数人所排队形排队，不要拥挤和插队，机场的排队大多都希望快速有序，因为都有乘坐航班的时间要求。

过安检时，提前拿出电脑、充电宝、雨伞等物品，能够节约过安检时间，给自己和他人以方便。

（4）洗手间

洗手间排队一般都是在入口处，也就是从里往外的最后一个洗手间门外，只要有人排队，后来的人就不能到任何一个洗手间门前排队，这样全凭运气。需要按先来后到依序排成一排，一旦有其中某一间空出来，排在第一位的自然拥有优先使用权，这通常是国际惯例。

（5）车站

即使公共资源并不十分充分，仍需要排队，这是最文明、最节约时间的方法。不能因为资源有限，就以强悍的争抢来得到权利。

这一点在车站尤为明显，也尤为重要。

等候公共汽车时应按顺序排队，按照指定的排队方式排队，遇到老幼或孕妇要谦让对方，让他们排到自己的前边。上车时不要拥挤占座，先下后上，有秩序地乘车。在机场、火车站等场所，等候出租车时应该到指定区域

排队，当轮到自己乘车时按顺序从最前面的出租车开始依次乘坐，出租车也是按顺序前行，不要挑选车型和司机，也不要就近上车。

在生活中，排队是一件司空见惯的事情，等待是一种从小就应该学会的事情。孩子幼小时，懂得遵守规则，尊重场合，对孩子而言就是有了一颗尊重心的开始。

孩子在幼年时期就是一片洁净的天空，你引导什么就发展什么。孩子的教育没有机会从头再来，若想把孩子培养成小绅士、小淑女，那么就要从小帮助孩子养成规矩方圆内的习惯，当你的孩子排队等待的时候，它本身就是一道风景。

儿童礼仪老师讲故事：森林好声音

作者：潘璇

"森林广播电台开始广播了！重要通知：期待盼望已久的森林好声音大赛即将开始，请所有参赛选手务必明早8点在森林车站集合，前往森林大剧院！"

"WOW……"森林里随即发出了一片热烈的欢呼声。

第二天清晨，只见慢龟龟从远处走来，它可是森林里出了名的慢吞吞。它自言自语："知道自己慢就要比别人早啊！千万不能迟到！"

陆陆续续，大象、鹅、狗、斑马、鳄鱼、猫、长颈鹿都到达乘车点。

一辆红色的变形金刚大客车来了，小动物都依次排好队准备上车，慢龟龟说："我行动比较慢，请大家先上车吧，免得大家等我……"话还没说完，"嗷吼嗷吼，让开让开！我先上，我先上。"原来迟到的吼吼狮来了，只见它蛮横地拨开大家，刚排好的队伍被他冲乱了，可怜的慢龟龟居然被它推翻在地四脚朝天。它一个箭步冲上了车，"咕咚"一屁股坐在了最前排的位置，谁也没有理。

大家有序地上了车，可是吼吼狮坐在第一个位置，不得不让所有的人艰难地从他身边挤过……

第五章　乘车礼仪

前两天，我的车被别人追尾了。朋友从上海过来带了一箱新采的杨梅给毛豆小朋友，于是我便乐颠颠地开车去朋友住的酒店，周六因为堵车，车辆行驶缓慢，走走停停。我的脚就在刹车和油门之间频繁更换，在一次短暂停顿后刚刚起步，不及五米又被迫停下，我的心情还沉浸在对新鲜杨梅的期盼之中，突然被车子砰、砰、砰三声巨响震了一激灵。我沮丧地回头，看到一辆红色的车已经狂热地吻在了我的车屁股上，我愤怒地下车，就看到一个年轻的母亲探出半个身子，一个劲地说："对不起，对不起。"其态度之真诚和恳切让我无法说出不满，更为重要的是道歉之后，她探身回车抱出了一个一岁左右的小宝宝。我所有的注意力都集中在那个被吓得哇哇大哭的宝宝身上。她不断地欠身道歉解释："我刚刚看到车启动就踩油门，可是孩子突然从座位上站了起来，我便用手去扶他，没想到你的车又停了。"

"我们的车'走'保险吧，你先带孩子去医院吧。"我无奈地说。

❀ 后座的重要性

我们一直以来对宝宝的乘车问题都很疏忽，对孩子可否坐车、坐在哪里的态度也都模糊不清，因此，在街上看到母亲抱着孩子坐在副驾驶的位置，或者是孩子自己站在后排中央的情景太过平常，很多年轻的父母可以给孩子买名贵的衣服和玩具，却对于给孩子买一个宝宝安全座椅不以为然。

殊不知，一个重约 30 公斤的儿童，当车以 40km/h 的速度行驶且发生前撞事故时，未系安全带的儿童的前冲力将达到 1000kg，可以想象一下这是多么可怕的事情。那么在汽车中哪个位置是属于宝宝的呢？首选是后排，儿童安全座椅最好安放在第二排中间的位置，这里是全车最安全的地方，这个位置的附近有足够的缓冲空间，并且当宝宝单独和妈妈外出的时候，坐在这里也便于和妈妈交流。

在乘坐汽车外出时，对于可爱的宝宝而言，后排中间的位置是属于他和他的安全座椅的。

事实上，我身边很多年轻的父母原本也有这个让宝宝独立坐安全座椅的打算，甚至在宝宝出生后也买了汽车安全座椅，但在实施过程中，禁不住孩子的哭闹，座椅又被闲置起来。撒娇和耍赖、迁就与坚持这是父母和孩子之间永远也做不完的一道难解的题，但是，家长们一定要知道的是什么是必须坚持的原则，与安全有关的规则必定是不容妥协的，在伟大的生命面前一切都是渺小的。所以，宝宝乘车一定要坐在属于他的安全座椅里，对于孩子而言，后排才是属于他的位置。

❀ 孩子不应坐前座

毛豆小的时候，也很抗拒他的安全座椅，坐在上面就会哭闹，我是从短距离开始载他上路的，同车的还有月嫂或者毛豆爸爸，我不会在他不适应独自坐着的时候载他上路，因为他的哭闹会让我分心，无法专心开车。最初，是把汽车座椅放在家里，让他当座椅使用，他坐在上边游戏或是吃零食，他渐渐熟悉这个东西以后，我把它装在了汽车后排右座（因为他还是个婴儿的时候，安全座椅是面向后边的），当然，我只是带他在家附近兜个圈子就回来，目的就是让他熟悉乘车和他的安全座椅。那个时候，毛豆刚刚半岁，他坐在后面，月嫂在他旁边和他逗乐、玩玩具，但坐一会就会要求抱抱。我买了一个小鸟玩具装置放在车上，声控的玩具，拍手或是颠簸，它会发出叽叽喳喳的鸟叫声，身子和嘴也会动，他耍赖时，我会让月嫂打开这个玩具。如此反复数次，毛豆自己发现了在车上不会有人抱他，每次讲很多道理说很多话，还是不抱，他便很识时务地选择了放弃，安之若素地躺或坐在他的椅子里玩玩具或听汽车里的儿童音乐。

当孩子的颈部更加强壮，可以面朝前面坐车时，把他的安全座椅放在后排中间比较妥当，这个位置前有前排座椅、后有行李箱、左右都有缓冲区，相对安全。

直到现在，毛豆已经习惯并适应了他的安全座椅，他悠闲地坐在里面，自顾自地摆弄玩具和食品，很是开心，偶尔还会说："妈妈，抱抱。"但有时又不等待你的回答就已经放弃。孩子越早使用专用儿童座椅，就会越早习惯。

很多家长会因为孩子的抗拒或是心疼他独坐的孤独，便抱着孩子或允许孩子在车内自由玩耍，有时仅仅是形式性地让孩子系上成人的安全带，却不知这是对孩子最大的伤害，因为孩子极有可能在汽车紧急制动时被安全带伤害，造成勒伤甚至窒息。其实，车辆一旦发生碰撞，家长根本无法安稳抱住孩子，如果把成人安全带绑在两人身上，更有可能自己身上的安全带会勒住孩子的脖子，如果完全没有系安全带，则孩子有可能会撞破玻璃，后果不堪设想。要知道，即便在飞机上，也不会允许孩子和家长使用一条安全带，而是要求使用婴儿安全带。

如果家长把孩子抱在怀中，其实相当于抱了个"人肉气囊"，让孩子承担了危险。有试验证明，汽车在 40km/h 速度紧急制动，体重为 5.5kg 的儿童所产生的冲击力相当于一个重量为 110kg 的物体，这时家长很难抱稳孩子，一旦发生危险真的是心有余而力不足了。

❀ "乘车礼仪"这样说

现在的人越来越讲究礼仪，大家都知道"魔鬼"出自细节，谁也不愿意因为不拘小节而失礼于人。在我为企业做礼仪培训时，"乘车礼仪"屡屡涉及，因为乘车的座次也是有讲究的。

车的座次首先取决于车辆，其次取决于司机，当然，座次的尊卑是依据座位的舒适程度和上下车的方便程度而定的。

如果是吉普车，无论是谁驾驶汽车，座次都应是副驾驶座位、后排右座、左座。如果驾驶的是小轿车，由主人兼任司机，则副驾驶座位最为尊贵，然后是后排的右座、左座，中途副驾驶座位的人如果下车，后面的人应改坐副驾驶座位。如果是司机驾驶汽车，那么座次是后排右座、左座、副驾驶座位。女宾一般是不坐在前排的，当然如果女宾自己愿意坐在前排则另当别论。

之所以要说这么多，是因为我从来没有让毛豆坐过副驾驶位置，他也因此而从来不曾要求过坐在副驾驶位置。每次出门他总是和我或阿姨坐在一起，我们的位置被固定在后排，我会告诉他女士一般是不坐在前边的，后排的座位是最方便、最安全的，我努力让他知道汽车的座位不是随便坐的，每个人都应该坐在适合他的位子上。

一次，我开车带着毛豆和一个他的好朋友出去玩翻斗乐，我们一起下楼，发现我在操纵车钥匙开车锁后，毛豆快走几步到了车的右后门处回头等待阿姨，而另一个小朋友则和他的妈妈径直走到了副驾驶座位。这令我非常惊讶，因为即便后排拥挤一点，也要坐在后排座位上，那里的安全系数还是要高一些的，而且副驾驶座位附近有很多汽车操控装置，小朋友出于好奇总是会摸摸动动的，这样很危险。于是，我建议他们和毛豆一起坐到后排，他的母亲很不以为然地说："我们和他爸爸出门一直都是坐前边的。"结果，整个驾车过程，我都在和那个小朋友争夺档把，因为他总是在我开车的时候摇动档把，他妈妈不断地斥责也无济于事，短短的路途却让我出了一头的汗，而毛豆兀自在后面享受他的小鸟玩具装置，自顾自地和小鸟对话、对唱、对叫，乐在其中。

前两天，去做一个大学生求职礼仪的公开课，讲到乘车礼仪，很多大学生都觉得很难记、很烦琐，因为他们乘坐出租车的时候，一般都会选择坐在副驾驶座位，而现在突然了解乘车也要讲礼仪，对他们来说着实是一种负担。他们总是向我求救，可不可以不拘泥于这些礼节，我只能微笑着摇摇头，这是一些已经约定俗成的礼节，每个人都是通过这些细节了解别人和被别人了解的，对于即将进入职场的大学生，这些礼仪规则尤为重要，但礼仪不是束缚，而是为了让我们活得更好、更有尊严。

当一个人已经要走入职场时才开始讲究礼仪，礼仪对他只能是一种负担，如果从小培养将"礼仪"幻化为无形的引导，日后孩子成为一个彬彬有礼的人也是自然而然的事情了。

233

第六章　观看演出比赛礼仪

在 2008 年北京奥运会女子网球比赛中，李娜因为受到看台上加油声的干扰，扣球出界，结果错过扳平盘分的机会。当时又气又恼的李娜向看台怒吼一声"Shut up（闭嘴）"，引发了轩然大波。

之后，李娜在接受采访时解释了怒吼观众的原因："那个时候我已压抑很久了。其实我也知道观众既然都来看你打球，肯定是希望你赢，绝大部分观众还是懂网球的，但可能一小部分人因为太兴奋了或者怎么样，就会不合时宜地发出声音。网球的规则就是，在球员一个球还没有结束之前，是不允许有任何声音发出的嘛，但是在北京的时候，每打一拍球，后面都会突然出现不止一种声音。"

在 2013 年的深圳公开赛上，李娜吼观众的一幕再次上演。在与捷克球手扎克帕洛娃的决胜盘打到 3 比 1 领先时，对手拿到了破发点，李娜此时立起球拍吼观众："能不能不要说话！"

很多人在观看演出比赛时，会不合时宜地鼓掌，不失时机地拍照，肆无忌惮地叫好，来来回回地走动，却完全忽视了自己行为对选手的影响。

现在很多家长为了陶冶孩子情操，增长孩子见识，会经常带小朋友去观看音乐剧、舞台剧和各种竞技比赛，相比较一场精彩的演出或比赛所带来的震撼，在出发前学习相关礼仪更是尤为必要。成为一个受欢迎的观众，是小朋友们成长的一课。

遗憾的是，仍然会有很多不文明的现象发生。"随手拍"已经取代了

"衣着不整"和"随地乱扔果皮纸屑",成为目前剧场里最普遍且最执着的不文明行为。每一张门票上都会有入场须知,都会明确写着"未经许可,不得摄影、摄像和录音,严禁使用闪光灯"的字样,但很多人视若无睹,每场表演开始前,场馆内也会数次广播观看须知,但仍被置若罔闻。

那么究竟观看演出和比赛有哪些礼仪呢?

❀ 着装符合场合

音乐会、歌剧、交响乐等演出是比较隆重的场合,因此,对于观众的着装也要求严肃庄重一些,小朋友也不例外。如果带小朋友出席音乐会,家长西装革履,小朋友却为了清凉穿吊带裙,凉拖进场这是十分不合礼仪的。

小朋友在听音乐会的时候,着装应该避免运动服、休闲服,避免暴露或者新奇的着装,符合场合着装规范是非常必要的,大多数请柬和门票都会有着装要求。

❀ 准时入场很重要

灯光已暗,演出开始后,猫着腰找座位,不断打扰到别人是非常不礼貌的行为,更何况还有些人大摇大摆挺直腰杆寻找座位,在观众眼前晃来晃去,既干扰了舞台表演,也给观看者带来不便。

尽管每个城市的交通状况不尽相同,但堵车都是家常便饭,这不能成为迟到冠冕堂皇的理由。提前出门,尽量选择公共交通工具是确保守时的条件。很多人一定要开私家车,但场馆附近人群密集,车辆拥挤,即使准时到了,停车也会是个麻烦。所以,观看演出时要合理选择出行工具,确保准时入场。

有些演出为确保演出和观看效果,会在演出开始之后关门,如果你迟到了,就不得不等到演出的间歇或者休息时段才能进入。所以,应该提前准备,并查好路况信息,预留出可能堵车或者去卫生间,还有入场后寻找座位的时间，避免演出快开始才跑步入场。

如果选择了中间位置的座位，就更应该提前入座，以免来迟后打扰到后排和旁边座位的观众。留出时间，你就可以有良好的心情来观看表演，不会因为时间问题而显得匆忙慌张。如果需要离席，也应该是在曲目的间隙。

❀ 就座的礼仪

如果所选位置在中间，更应该提早入场，以避免寻找座位时打扰他人。

如果入场较晚，进入座位区间需要和旁边的人致歉，"对不起，打扰。""麻烦，借过一下。"

在入座之前尽量先去洗手间，以避免打扰他人多次。

儿童则尽量选择靠边上的座位，进出比较方便。

如果在演出进行的时候需要去洗手间或者有其他事情，请弯腰快速走出座位，返回时应先在剧院后排的空位上就座，中场休息的时候再回到自己的座位上，这样就会避免进进出出而打扰到其他观众。

如果你是坐在靠边位置的观众，而有人要进到里边的位置，这时候最好的方式就是你坐在位子上把膝盖转向他要去的方向，不要站起来影响其他观众。

🌸 食物和饮品

如果是要去观看音乐会一般不提倡带食物进场。如果是带小朋友观影或者是一些轻松愉悦的演出可以适当带一些食物饮品。而食物、饮品选择的原则就是饮品最好选择清爽的矿泉水，因为小朋友万一没拿稳杯子，如果是黏腻的汽水果汁就会影响到座位的使用，影响后一场的入座观众。而食品最好不要带咀嚼时会发生巨大声响的和碎屑过多的，比如瓜子、干脆面等都是我们不提倡带入场地的。

🌸 观看与欣赏

安静欣赏是最起码的礼仪，谁也不希望被吵闹的声音或者是邻座吃东西的声音打扰。因此尽量减少观看时的交头接耳和互相讨论。

北京就将呜呜祖拉禁止在 2010 年世界男篮锦标赛使用。国际篮联也宣布篮球世锦赛严禁使用呜呜祖拉，因为在室内比赛，这样震耳欲聋的声音将对球员和球迷的身体，尤其是听觉系统造成伤害，还会影响比赛的正常进程。篮联官员在当地时间周一表示，在南非世界杯上令人震耳欲聋的呜呜祖拉将被禁止带入世锦赛现场。这名官员还表示，一旦呜呜祖拉在现场使用，将不利于球场人员之间的交流。"我们希望球迷能够享受比赛，他们可以制造噪音，但是不应该太过了。"国际篮联秘书长帕特里·克鲍曼说，"由于观众离球员很近，呜呜祖拉发出的声音将会影响到现场。还有很多人认为会伤害到他们的听觉。"

将手机调成静音或震动模式。

无论是否观看自己国家主场比赛，当在奏响任意一国国歌时都应该起立致敬。无论获胜者是否为自己支持的选手，都应表示祝贺，比如鼓掌等。

在每一期的"最强大脑"节目中，遇有国际对抗赛，中国队赢了，主持人蒋昌建会激动地为中国队喝彩，但同时一定会说，让我们为另外一位选手精彩的表现给以鼓励的掌声。

在自己支持一方取得领先成绩的时候，欢呼呐喊都是可以的，但是在另一方领先的时候，观看比赛的时候要注意自己的言行，不要谩骂、侮辱、喝倒彩，这是违反体育精神也是失礼的表现。

2015～2016赛季的CBA联赛第19轮，辽宁队主场战胜来访的新疆队。退场时，辽宁队后卫郭艾伦被球迷掷出的矿泉水瓶击中，当场血流满面。送诊缝针后发现，伤口距离郭艾伦的左眼仅一厘米，如果水瓶击中的位置再上去一点，后果不堪设想。后经警方查获肇事球迷，刘某，年仅17岁，他本想砸的是新疆队员西热力江，不想却"误伤"郭艾伦。郭艾伦被砸只是观众不文明观赛的一个缩影，全国各地赛场出现的类似情况不在少数，中超联赛常年不绝的"京骂"、CBA联赛中主客队球迷的互殴，不同地域间的球迷甚至在网络空间掀起了"骂战"，这些不文明、不理性的观赛行为令比赛的精彩程度大打折扣。

有时场上是竞技比赛，场下是文明的赛场。

在观看乒乓球、斯诺克比赛或者游泳比赛的时候不要使用闪光灯。其实拍照本身就有待商榷，尤其是观看演出比赛时，因为按下快门时的咔嚓声，高高举起的手机屏幕发出的亮光，都会对其他观众造成影响。

现在体育运动的商业气息加重，我们经常看到有些家长过于看重比分而言行粗鲁，其实父母树立榜样对于您的孩子来说比这场比赛的比分更加重要。良好的观众礼仪往往能使大家对比赛投入更多的热情，收获更多的快乐。

❀ 鼓掌礼仪

在我们听音乐会的时候，总会看到观众在乐章与乐章之间鼓掌，这是因为对西方古典音乐的结构不了解，觉得乐章的结束就是曲子的终结。其实乐章和乐章的关系是连贯的，一曲乐曲结束后才需要鼓掌表示感谢。

当指挥家走出，走上指挥台并向乐队首席握手致意的时候应该鼓掌。

当指挥家的手完全放下，音乐有停止的节奏时需要鼓掌。在演奏不熟悉的乐曲前应该提前做好功课。

当整场音乐会结束的时候，只要指挥家演奏者不退场，观众的掌声也不应该停止。

观看其他比赛，要事先学习相关礼仪，不是每一次好球都可以鼓掌，哪怕是"从众"，有时也会出错。

比如斯诺克对鼓掌就有清晰的要求：

（1）在比赛开始前球员入场的时候，你可以礼貌地起立鼓掌。

（2）当击球运动员超分的时候，也就是所得分数超出桌面所剩分数的时候。

（3）当一杆清台的时候，或者即使没有清台但最后一杆导致本盘比赛结束的时候。

（4）当母球漂亮、精准的走位发生时。

（5）当做出一杆斯诺克时。

（6）当成功解救一杆斯诺克时。

（7）当出现精彩的 K 球时。

（8）当运气球发生时。

（9）当单杆过百的时候。

安全的做法是观看票面的相关要求，或者在候场时聆听观看须知，另外，开场和谢幕时的鼓掌一定要热烈。

🌸 退场礼仪

有时，我去幼儿园观看演出特别心疼，因为，最后表演的孩子通常要面对空落落的场地，大部分家长在自己的孩子表演结束后就会离开，最后一个演出的班级准备了很久的节目，观看者却只有寥寥数人。

似乎，提前退场成了一种习惯，但这是对表演者极大的不尊重。

小贴士

1. 要等演出和比赛完全结束，选手和演出人员谢幕后再起立离场。

2. 演出结束的时候，观众应该随着人流移动，不能反方向移动，不要催促推挤他人，人流拥挤时，顺着一定方向会确保退场的速度。

3. 不要在此时看手机、拍照或者整理衣服，开始行进，就不要随意停下，容易造成退场人流的混乱。

在一次世界杯的足球决赛中，东道主球队的球迷在场内有数万人，他们为自己的球队鼓劲加油、竭尽全力，可惜最后自己的球队还是输掉了，

他们十分痛心。但是，令人赞叹不已的是，这数万名球迷离场后，竟没有留下一片废纸，场地像刚清扫过一样干净。这就是文明礼貌的力量。

观看演出比赛，不仅仅是欣赏节目，有时，也是培养孩子良好礼仪的重要场所，正确的行为会对他们有积极的影响。

儿童礼仪老师讲故事：今天我要穿什么？

作者：张晶

"喵……"只听软绵绵的声音传来，原来是小猫咪咪起床了。咪咪快速地洗漱之后，摇着小尾巴围在妈妈身边，与妈妈一起准备早餐。阳光透过窗户映在了它们的笑脸和浅颜色的家居服上，画面很温暖。美好的一天就这样开始了……

"喵，妈妈，我要穿公主裙去上学。"

"咪咪，上学穿公主裙很不方便。值日、做操、做游戏……会受到影响。"

"不嘛，我就要穿公主裙……"咪咪一边哭着，一边嘟着嘴说。

妈妈看了看泪眼模糊的咪咪，无奈地说："那好吧，这是你自己做出的选择，那你就要承担随之而来的后果。"

咪咪见妈妈同意了，开心地抹掉眼泪，连连点头："喵，我自己承担，我自己承担。"

天晴朗。

花儿朵朵开，

云儿朵朵飘，

风儿吹着咪咪的公主裙摆，摇啊摇……

咪咪美美地哼着小调。

向路遇的山羊爷爷问好；

向绵羊婆婆问早；

"白鹅婶婶，你今天可真漂亮"

就这样一路开心地来到了学校。

顿时，迎面而来的是异样的眼光。

咪咪开始感到浑身不自在。

走进教室时，因为裙摆太大而碰掉了垂耳兔朵朵的书，小猫咪咪连忙道歉，并帮垂耳兔朵朵拾起书。

值日时，小猫咪咪长长的裙摆很不方便，公主裙污渍斑斓，失去了昔日的光彩……

下课时间，小猫咪咪不敢跑，也不敢跳，更不敢玩滑滑梯和跷跷板，小心翼翼，生怕踩到和挂到裙子。可没有想到飞驰而来的小狗跳跳因为踩到了小猫咪咪的裙摆，两人一同倒在了泥潭里，旁边的小树枝钩破了咪咪裙摆的蕾丝花边……

咪咪再也忍不住了，哭花了脸……

妈妈早早地就在家里为小猫咪咪准备了热热的洗澡水、暖暖的家居服和咪咪最喜欢的甜牛奶，似乎早就知道咪咪今天的遭遇。

"喵……"

门外小猫咪咪微弱的声音，透着失落与绝望……

妈妈打开门，只见小猫咪咪如灰姑娘一般站在门外，泣不成声。

妈妈心疼地将小猫咪咪揽在怀里，一边抹去小猫咪咪的泪水，一边褪去饱经风霜的公主裙。温柔地问道："宝贝，今天开心吗？"

咪咪摇摇小脑袋，哭得更伤心了……

"宝贝，妈妈特别理解你现在的心情。"说着，轻轻摸摸小猫咪咪的小脑袋。

"妈妈，你不批评我穿公主裙上学吗？"咪咪怯怯地问，带着内疚与自责。

妈妈笑笑说："妈妈很欣慰你履行自己的承诺。自己做出的选择，自己承担后果。这是很可贵的品质。谁都会有做错选择的时候啊，妈妈也会。所以不必害怕，我们本就是在不断地犯错误，不断地改正，才能收获更好的自己，不是吗？"

咪咪含着眼泪，连连点头。

"妈妈，你知道吗？其实穿公主裙去上学一点都不漂亮，在学校，公主裙总是会带给我和小伙伴带来很多麻烦，使我紧张、尴尬，甚至受到伤害。"

"宝贝，你说得对。穿衣服要考虑时间、地点和场合，当然还有季节和天气的因素。这样才是对场合、对别人、也是对自己的尊重。"

"所以，妈妈，今天我应该穿校服便装，而下周一我要穿校服正装因为要参加升旗仪式，对吗？"小猫咪咪闪烁着她清澈的大眼睛。

"是的，宝贝。你说得没错儿。"妈妈亲吻了小猫咪咪，并且抱它到浴缸。

"宝贝，后天是你的生日，明天妈妈带你去重新买一件公主裙。所以，洗澡之后要早些休息，好吗？"

"好啊，谢谢妈妈。"小猫咪咪开心极了，还不忘提醒妈妈逛街要记得穿舒服的鞋子。

"谢谢宝贝的温馨提示。"妈妈嘴角上扬，露出喜悦的微笑。

月儿弯弯，

树叶沙沙，

夜已深。

听不到虫鸣与鸟叫，

此时，只有小猫咪咪与妈妈枕边静静的呼吸声。

243

第七章　商场超市购物礼仪

日本动画片《蜡笔小新》在中国有很大的影响，它的开篇就是以小新帮妈妈去超市买食材而引出的一连串的笑料。也让我们认识了这个红短裤土豆头胖乎乎的可爱小男孩。

很多女孩子从小就喜欢商场，从琳琅满目的头饰发卡到亮丽多彩的漂亮衣衫，男孩子更喜欢逛玩具商品店。逛商场好像是休闲方式的第一首选，那么你知道购物有哪些礼节需要遵守吗？

❀ 对工作人员的问候进行礼貌回应

无论是在商场还是超市，都会遇到导购员，当导购人员热情地说："欢迎光临"的时候，小朋友也应该报以微笑回礼，或是回应"阿姨好"，不能置若罔闻。

每种工作都值得尊重，不要在自己的心里种下"客户是上帝"的想法。尤其是在孩子纯洁的心里，每个自食其力的人都特别值得尊重，成人的问候一定要回应。

对待导购小姐应该彬彬有礼，需要工作人员帮忙时要使用请托语，比如"阿姨您好，麻烦你帮我称下重量。"如果导购在帮其他顾客服务的时候要耐心等待，不要高声叫喊。

我在航空公司工作时，曾经在飞机上，一个四岁的女孩，按下呼叫铃，我走来后对我说"小姐，给我拿杯橙汁过来。"那是一个多年之后，我依然不能忘却的场景，她的母亲平静地看着我，似乎，我稍有怠慢，她就会出面。清晰记得这个场景，并不是因为自己听到这句话有多不开心，而是担心这样的孩子长大之后会怎样，在父母这样的教育下，长大之后想必就是指手画脚的"公主"。

现在我是一个男孩的妈妈，我培养他谦恭有礼，是希望他受人欢迎，受人尊重。

❀ 学会等待与排队

在商场的试衣间试衣需要排队，不要粗鲁敲门催促，大声抱怨。轮到自己试衣时主动请人员清点数量，每次拿进试衣间的衣服不要过多。

在收银台付款的时候要自觉排队，对老人孕妇残疾人应该有礼让精神，如果自己的手推车很满，而后一位顾客只有两三件物品的时候，不妨让后一位顾客先结账。

❀ 有序购物

在超市购物的时要注意手推车的停放位置，不要让推车停在过道中间阻塞通道。

超市商场不是游乐园，追逐嬉戏打闹都是不恰当的，有时会阻碍通道，或妨碍他人的行进，超市内很多物品是堆放的，容易被撞到或撞散。

❀ 交费后方能使用

在超市购物的时候不要随意拆开商品的包装，曾经有一段时间，"奇趣蛋"送礼物，结果悲哀地在超市里看到，一大波的"奇趣蛋"被打开，拿走了礼物，而未购买商品。

我经常说，只要未结账的商品就属于商场，所以不能提前食用或使用。即使小朋友非常渴望喝饮料，也要结账后再打开，这是起码的道德。

有些商品选择后，又决定不要，这样的商品也要放回原来的货架。尤其是冷藏和冷冻食品，经常可以看到有些顾客把速冻的食品就随意丢在非冷藏的货架上，这样会造成食品的变质。如果是熟食已经切开包装好，或是排骨已经按照要求剁好，尽量不要退回，因为下一位顾客未必购买，会造成浪费。

❀ 电梯使用礼仪

商场和超市的电梯一般分为滚梯和直梯两种，直梯一般是提供给买了较多商品或者是去停车场的顾客，如果不是这样的情况请把它留给需要的人。

在等候直梯的时候应该在电梯两侧，不要挡住下电梯的人群。

遵守先下后上的礼仪，并让老人和小朋友先上。

如果要控制电梯按钮，不要急于关闭电梯门，应先观望一下外面，以免夹伤他人。

电梯门关闭的时候也不要用手扒门，也不要存在侥幸心理超载乘坐电梯。

在电梯里不要大声喧哗，如果遇到老年人要主动询问他们去几层帮忙按电梯按钮。

乘坐滚梯的时候应该站在电梯右侧，把左侧作为紧急通道。

购物是一件愉快的事情，那么希望各位小朋友和家长能够充分享受购物愉悦的同时也能把这份愉悦传递给他人。

儿童礼仪老师讲故事：多多去购物

作者：薛立芹

森林里的"开心果超市"隆重开业了！超市门口挂满了彩球，货架上的商品有好吃的，有好玩的，琳琅满目，应有尽有。好多小动物都来超市里选购自己喜欢的物品。

小仓鼠多多也和妈妈一起来到了超市。超市里面好热闹啊，多多看到很多好朋友都来了。小象、小羚羊、小鳄鱼……多多正要去打招呼，小猴子波波一阵风似的迎面跑来，边跑边大声喊着："多多，快来呀，这边有我们最喜欢的玩具。"可是它跑得太快了，一不小心碰到了旁边饼干展架，展架上一盒盒的饼干全掉了下来，正好砸在路过的小白兔身上，小白兔吓坏了，大声哭了起来。多多赶紧跑过去扶起了小兔子，轻声地安慰它，并对小猴子说："波波，你总是这么莽撞，妈妈说过超市是购物场所，不能乱跑乱撞，你看多危险呀。"小猴子不好意思地拉着小兔子的手说："对不起，你疼不疼呀？"小猴子看到小白兔还在哭，就拿起货架上的一瓶酸奶，递给小白兔说："小白兔，别生气了，我请你喝一个酸奶吧。"小白兔接过酸奶又放了回去，一边抽泣着一边说："小猴子哥哥谢谢你，可是妈妈说过超市里没有交钱的东西是不能吃的。"小猴子的脸更红了，用手挠着头不知说什么好。连忙帮超市的鸵鸟阿姨收拾地上的饼干。这时超市里响起了广播找人的声音，原来是小猴子没有和妈妈打招呼就跑来找多多，妈妈以为它走丢了，急坏了。多多赶快和妈妈一起拉着波波的手去服务台找它的妈妈。然后它们一起挑了新鲜的蔬菜和水果，波波还选了几瓶酸奶，因为它要送给小白兔妹妹呢。

　　该去交钱了，结账口排着长长的队伍，小仓鼠多多担心地看了看身边的波波，波波向它做了个鬼脸，然后规规矩矩地站到队伍最后面，并对多多说："我知道你要说什么，我会按顺序结账，不会再冒冒失失了。"旁边的小动物都对波波竖起了大拇指。波波的脸又红了，这次不是难为情，是有些害羞了……

第八章　餐厅酒店就餐礼仪

前几天，我去一个酒店吃饭，还未走到餐厅便听到了刺耳的嚎叫，我之所以说是嚎叫，是因为声音里充满了耍赖、刁蛮的味道，不是单纯的哭泣和呼喊，而是对父母的要挟和耍横，我猜想这是一个被惯坏了的孩子，走到餐厅，我便看到他们一行四人，包括佯装生气作势要走，却又回头观望的母亲，拼命哄劝孩子的奶奶，坐在地上两腿乱踹、一滴泪水也无、大肆呼喊的孩子和悠然自得仍在饮酒吃饭的父亲……

这样的场景令人汗颜，因为这是一家五星级酒店的自助餐厅。

在《论语·学而》里，孔子说："君子不重则不威，学则不固。"

对于小朋友来说，想要得到大家喜爱的目光，就要从小注意自己的行为举止。

一个关于用餐礼仪的非常尖锐的事实，被放大镜无数遍投射，让媒体诟病，中国孩子的用餐礼仪。

随着国民生活质量的不断提高，小朋友和父母去旅行外出就餐的机会越来越多，外出就餐大到星级酒店用餐，小到街边风味美食，都有礼仪的约束。有些小朋友认为礼仪的讲究仅仅是在某些隆重的场合跟随长辈的时候才用得到，其实，礼仪要求的表里如一，是无论在何种场合任何时间的。也许你在快餐店养成的良好用餐礼仪，再到其他隆重场合的时候才能运用娴熟。

随着英剧《唐顿庄园》的热播，越来越多的英国人热衷于举办传统晚宴聚会，试图复兴英国贵族的传统餐桌礼仪。

在中国古代，人们非常重视培养孩子良好的饮食习惯，而这也正是今天的家长们最关心的问题。其实我们不仅要关心孩子吃得饱不饱，好不好，有没有营养之外，也要关注孩子在餐桌上的礼仪。

很多人说中国人的教养已经不复存在，在国外旅行，早餐时分的西餐厅里中国孩子喧闹、奔跑、嬉戏、追逐，有人这样写："我向厨师要了一个鸡蛋卷，但递过来的瞬间，被一个中国小孩抢先接了过去，而我站在那里等了五分钟才等到我要的这一份添加料的蛋卷，他头也不回地就拿走了，甚至没有向递给他的厨师说一句谢谢，似乎他的语言系统里完全没有'抱歉和谢谢'。"

在我们的父辈饱经战乱、饥饿、贫穷，甚至没有办法让一个家庭满足基本温饱问题时，我们忽略了教养，忽略了礼仪。我们几乎没有时间和空隙去考虑别人，用尽一切方法满足自己的基本需求，这也是马斯洛需求层次理论中证明的人的最基础的需求。但今天，正如书中所言"仓廪实而知礼节，衣食足则知荣辱"，在温饱问题基本解决后，比学习奥数、英语、钢琴更重要的是让孩子们学会基本的礼貌。

所有华丽的装饰、证书，都比不上一餐饭吃出的风度和教养，有时真的是"你在品味食物，而别人在品味你"。

有些行为受年代、经验和教育的影响，习惯了大嗓门，经历过物资极其匮乏，一切凭票供应的年代习惯了争抢，在有限资源无限需求的时期，上车必须靠挤，但那个年代过去了，在今天，我们不能再以旧的行为模式来影响孩子。所谓与时俱进，在生活方面也须如此。

知识链接

《弟子规》讲："对饮食，勿拣择；食适可，勿过则。"对于喝的、吃的，不要挑三拣四，"食适可"，食够量就可以，"勿过则"，不要过分。

这是根据《论语·学而》的君子食无求饱讲的。《论语》里讲的"君子食无求饱"的意思是君子吃够就可以了，不要吃撑，实际上讲的就是这个道理，要适可，不要过量。

我在教授儿童礼仪课程时，很多家长说孩子坐不住，我能怎么办？我想这是一个好习惯的养成过程，为什么有很多孩子可以坐在那里自己用餐呢，这样既安全又卫生，为什么只有自己的孩子跑来跑去管不住呢？

在这个世界上，有一种弥足珍贵的品质叫作"修养"。

所谓修养，就是吃自助餐的时候能够安静独立用餐，只拿自己能够吃完的食物，不会随意插队，能够按顺序等候拿餐，不会在餐厅尖叫追逐和呼喊，拿取食物不过分挑拣，不破坏容器中剩余的干净食物，拿取后夹子能够放回原位以方便下一位顾客，厨师烹制食物后在接过来时说谢谢……

这些细微的体贴和善解人意并不昂贵，却能让他人感受到温暖。所有的礼仪培养都是越小越好，顺理成章养成好习惯，而不是家长们一直说教，等他长大就懂了，等他长大可能已经养成很多糟糕的习惯，改起来会无比困难。

❀ 餐前等位

到达餐厅后，无论餐厅大小，都不要自己直接进入餐厅寻找位置，应该首先向餐厅的服务员打招呼，或者先到接待台告知服务员预约者的名字，请求带位。排队的时候，不要频繁地更换队伍。有时候小朋友会考虑哪个队伍等位快一点而换来换去，这样会让队伍中断，也会导致后面排队人的混乱。

❀ 座次安排

应该等长辈入座后方可入座。如果是在外就餐，还应该把长辈或者客人让到上座，上座为背窗面门可观景的座位为上座。小朋友不能坐在主位和主宾位，外出就餐要听从长辈的安排，坐在恰当的位置。

《红楼梦》里有一段描述贾府中秋赏月的桥段说，"凡桌椅皆是圆的，特取团圆之意。上面居中，贾母坐下。左边是贾赦、贾珍、贾琏、贾蓉，右边是贾政、宝玉、贾环、贾兰，团圆围住"。宴会在圆桌上进行，座次仍是"尊卑有序""长幼有序"。贾母是"老祖宗"，在上面居中坐下。贾赦是大房，所以成左；贾政是二房，所以居右。这是封建社会诗礼之家的一套礼仪。

封建社会的宴饮活动，不但座位安排很有讲究，面东为尊、以左为上。而且迎接宾客要打躬作揖，席间宾主频频敬酒劝菜，筷要同时举起，席终净面后要端茶、送牙签等，礼仪十分繁缛。

现在时代不同了，过去那一套礼仪制度当然不适用了。但是，我国是礼仪之邦，人们在宴饮活动中重视礼节、礼貌，几千年来已形成了文化传统，其中表现伦理美、形式美的一些规律一直沿用到现在。

❀ 点菜礼仪

如果是你请客做东，比如生日宴会或者取得好成绩的庆祝宴会，作为小主人应该邀请客人点菜，每位客人点完菜后再自己做补充，或者和父母核对一下菜单，看荤素搭配与口味搭配是否合理。

如果你是赴宴者，比如参加同学的生日聚会，那么点菜的时候要有主人邀请你点菜再接过菜单，不要一进门就说："我喜欢吃西芹牛柳，一定点这个啊。"如果你来点菜，请选择口味适中、价格合理的菜肴。

如果作为主人，大家一致认为你来点菜就可以，那么可以和父母合作点菜，要顾及餐桌上每个人的口味，比如可以询问："大家有什么忌口吗？""可以吃辣吗？"不能只顾自己的喜好，对别人点的菜也不要挑三拣四。

注意菜肴的组合搭配。一般来说，一桌菜肴应该有冷盘有热菜，有饭有汤，如果桌上男生多一点可以多点一些荤菜，如果女生多一点，可以选择略带甜口的菜肴。不要铺张浪费。

据说，唐玄宗有一次和太子，即后来的唐肃宗吃饭。这一天御膳房准备了熟肉，有一只熟的羊腿，唐玄宗就叫太子把这只羊腿给切开。太子说："遵命。"于是就把羊腿给切开，把肉给剔下来。剔完了以后，给父王递了上去，然后太子就用饼把手上的羊油给擦掉。这个时候，唐玄宗就在旁边观看，心想你居然这样啊？拿饼擦手啊？心里很愤怒。唐玄宗刚要发怒的时候，却发现太子把这个饼给吃下去了。唐玄宗一下转怒为喜：好孩子，懂得节约。于是就认定他是一个比较好的皇位继承人。

❀ 和服务员友好地交流

在不同的餐厅就餐，你会遇到不同的服务员，让您的孩子学习如何与他们互动，能让你和孩子享受一段美好的用餐时光。虽然提供服务是他们的职责所在，但是我们仍要怀着感恩的心情来对待他们，这会让他们更加欢迎您。希望您和您的宝贝能够使用文明十字用语（请、您好、谢谢、对不起、再见）。保持一个积极、感恩、尊重的态度，而不是抱怨。虽然用餐时光短暂，但是我们依然希望能够拥有一个愉快的用餐时光。

❀ 中餐餐具的使用

筷子：

筷子一头方一头圆。方的象征地，圆的象征天。方形属坤卦，圆形为乾卦，常言民以食为天，大概此言由此出。

持筷时，通常使用右手，无名指和小指来固定筷子的下方，大拇指和食指轻捏筷子的上方，两根筷子要对齐，握筷应在筷子的上方1/3处。用筷子夹取食物一定要看准目标，不要徘徊，不要空筷而返。不要用筷子敲打碗和盘子，不要把筷子插在饭的中央。

杯子：

首先饮茶的杯不要有破损不要有茶垢。小朋友不要为了好玩而把饮料倒入分酒器或者酒盅里。当别人替小朋友倒茶的时候，应该道谢或者用手轻扶杯子。

碗：

吃饭不要身体就着饭碗吃饭，这样弯腰驼背十分不雅。舀汤的时候要把汤碗拿起来，用左手拿着碗，右手用公勺把汤盛进碗里。盛到八分满即可。不要发出汤匙和碗碰撞的声音。

🌸 用餐礼仪

（1）待所有人就座后，长辈先动筷子之后再开始就餐。

《弟子规》中有这样的描述"或饮食，或坐走；长者先，幼者后。"喝东西、吃东西的时候，或者落座和走路的时候，都应该长者在先，幼者在后。

（2）坐姿要得体，用餐的时候手肘要离开餐桌。这样做是为了表达尊重。为了卫生，每个菜盘都会有公筷，请遵循使用公筷母匙的原则。

（3）小口进食，不要狼吞虎咽，一口食物没有咽下就不要再夹。古人非常注意观察一个人的吃相。你吃东西的时候能够反映出你的修养，反映出你的家教。

唐代有一个文学家叫郑浣，此人是进士出身，曾官位颇高。他的生活很简朴，特别是对饮食从不挑挑拣拣。有一次，他的远房孙子从老家来找他，因为这个孙子是农民，没有见过世面，也不懂礼节，穿的衣服当然也很破。所以郑浣家里有很多人包括仆人都嘲笑这个远房的孙子，只有郑浣没有。他觉得这个孙子很朴素。郑浣问这个远孙子，说你来找我有什么事？结果这个孙子就跟他讲："我常年在家乡种地，做老百姓，我想当一名县尉，这样我就可以衣锦还乡，光宗耀祖。"郑浣听罢，颇为感慨，觉得这个孩子有远大的抱负和想法，也想帮他试试。

当下，郑浣就写了一封信，把他介绍给某一个地方的县令，看看能否给他安排一个职位。就在郑浣给他送行的那天晚上，郑浣请他吃饭，意在为他践行。

用餐时，郑浣小心观察他的吃相。那天吃的是蒸饼，这个远方孙子吃的时候把饼的皮给撕了，只吃里面的瓤。这令郑浣非常生气，他一边叹息饼皮与瓤并没有什么分别，只是口感不同而已，一边对这个远房孙子说："你竟然如此奢侈浪费，我以为你在家乡务农，原本淳朴踏实，懂得爱惜粮食，没想到你如纨绔子弟一般浪费。"

这个远房孙子有些害怕，就战战兢兢把手上剩下的那些皮通通给郑浣递过去。郑浣接过来，把他掰剩下来的皮全吃了。

第二天郑浣就打发人把这个远房孙子送回家，认为他不堪重任。

郑浣就是通过一个饮食的细节来观察一个人的。

现在很多企业在招聘面试时，也常常通过下午茶和一顿商务午餐来更多地了解和测试应聘者，见微知著。

（4）如果食物需要用火加热，就要注意食物温度，不要烫到自己，提醒他人不要被烫到。

（5）即使是非常饿也不要把自己的盘子堆得满满的，不要自己喜欢某道菜就迫不及待地转到自己面前，夹走很多一点也不礼让他人。避免用筷子在盘子里翻来翻去，只为了挑你最喜欢的菜肴。也不要从某一道菜里挑走你最喜欢的某种食材。

（6）上了新菜的时候要首先把它转到客人或长辈那边，夹菜的时候要从靠近自己的盘子开始，不要站起身来夹菜。

中国传统有套规矩，比如孩子只能吃尊长放在自己面前的菜，只能吃尊长夹到自己碟子里的菜，站起来伸出筷子到远处那个碟子里夹菜，会被认为是非常失礼的。也不能向同一碟菜连续伸三次筷子，如果你的筷子第四次伸出去的话，长辈会用筷子把你的筷子敲掉提醒你一下，意味着这顿饭你不要吃了，你应该反思一下。

"勿拣择"在用餐时是指不能挑挑拣拣，在外用餐，未必每道菜都合自己的口味，但不过分挑拣，也不把喜欢的食物都拿到自己面前，这是基本的礼貌。

（7）咀嚼的时候不要吧唧嘴，喝汤的时候不要发出吸溜吸溜的声音。不要舔手指或者是餐具。

（8）嘴巴里有食物的时候不要讲话。如果要回应朋友的话，请先用手示意他等你咽下食物再回答他。你的朋友也会欣赏你这样懂礼的行为。

（9）如果要打喷嚏或者咳嗽一定要转头用纸巾或者手遮挡一下。

（10）如果需要其他调味品，就请邻座帮忙拿一下，不要自己站起来去探拿。用牙签剔牙的时候要用手或者纸巾遮挡一下。

（11）在吃饭过程中，尽量自己夹菜添饭，并主动帮长辈夹菜，长辈为自己夹菜的时候应该道谢。

（12）结账的时候不要拿着钞票挥来挥去，大声呼喊"服务员埋单"，这样显得十分粗鲁并且不尊重服务员。可以等服务员经过我们身边的时候轻声说"请帮我们结账"。不要总是抱怨服务员动作慢耽误时间，这样是没有教养的表现。

很多人说，小孩子吃一顿饭需要如此麻烦吗？何必如此严格？殊不知孩子是祖国的未来，孩子是我们的希望，不是我们过于严苛，而是唯有如此才能让他们成就真正的美好人生。

儿童礼仪老师讲故事：我们去赴宴

作者：文琦

新年到，新年到，动物王国的聚会开始啦。为了感谢一年来好朋友的帮助，小兔子想请大家聚会，于是它定了"森林酒店"高雅的餐厅。小兔子邀请了好朋友小猪，小羊，小狗，小牛……

而且还给它们分别发了请帖。

这天，小羊哥哥穿着整齐的西装来赴宴，小猪妹妹步伐轻盈地穿着公主裙来参加 PARTY，小狗先生还打了领结，好朋友们都精心地打扮来参加这场聚会。小兔子 18：00 很有礼貌地在门口迎接了每位来宾。

晚宴开始啦，小兔子作为主人，先是感谢了大家今晚可以来参加聚会，然后邀请大家开始共享晚宴。就在这时，只听见小猪吧唧吧唧吃饭的声音，大家就都看着小猪，它非常难为情。它身边的小牛小声地提醒小猪："小猪小猪，吃饭的时候不能发出声音哦，这样是没有礼貌的。"小猪赶紧点点头，慢慢地，不出声音地把剩下的饭吃完。

就在大家听着音乐，快乐地品尝着美食时，小狗先生突然开始大声地讲话，并在餐厅里乱跑，连美妙的音乐都变得闹哄哄了。大家都看着小狗先生。这时小兔子优雅地走过来，温柔地对小狗先生说："小狗先生，我们在餐厅里面吃饭的时候，要安静地坐在自己的座位上哦，直到用餐结束，就像我们一样。"小狗先生羞愧得脸一下红了，急忙说："嗯嗯，我知道了，小兔子，我知道该怎么做了。"此后，餐厅里到处弥漫着优雅的气息。

晚宴很快就结束了，小兔子和每一位来宾拥抱，深深道谢，送出餐厅。一切那么快乐美好，小伙伴们感觉这一晚与其他时刻那么的不同，充满了仪式感，它们期待着下次的相聚。

第九章　乘坐交通工具礼仪

毛豆六个月的时候我带他去了内蒙古的呼和浩特，七个月的时候去了河北的张家口，八个月的时候带他去了秦皇岛的北戴河海滨，十个月的时候带他去了成都，这期间乘坐飞机、汽车（私家车、出租车和公共汽车），甚至在成都的三圣花乡游玩之后因为打不到出租车而乘坐了三轮车，现在毛豆的旅程仍在延续……

虽然毛豆还小，但这丝毫不妨碍他做一个受大家喜欢的、有礼貌的小宝宝。

❀ 乘坐飞机礼仪

第一次带毛豆坐飞机，他的眼睛充满了好奇，从我们办理乘机手续开始，他的眼睛就一直很专注地看着我的行为，看我递过去身份证、交运行李、领取登机牌，他的模样让我想起了小时的童谣："飞机飞机落落，下来让我坐坐"，因为他的表情告诉我他对新鲜的环境有热切的期待和浓厚的兴趣。机场的服务非常贴心，婴儿车在办理登机手续的时候不用交运，可以在登机口交运，这样就免去了抱着毛豆在机场的穿梭之苦。

我推着他一边走一边欣赏北京首都机场壮观、气派的三号航站楼，推车的时候也就有点走神，差点与对面的行李车撞到，结果毛豆不干了，不是因为我的紧急停止，而是因为对面的行李车上坐了一个五六岁的小男孩，毛豆也伸出手"啊啊"地表示要坐到那样的行李车上。我只能无奈地从车上抱他下来，连忙钻进一家店铺分散他的注意力。

其实，行李车顾名思义就是推运行李的，婴、幼儿绝对不能坐或站到上面，因为车上既没有安全带，四周也没有围挡，而且底部并无封闭，小朋友很容易把脚漏下去的。机场的行李车大多都是手刹，即按下去车会走动、松开车就会停下来，但这个装置十分灵敏，加之机场的地面十分光滑，推动起来车速较快，有时骤然松开，推车人猝不及防，会闪个趔趄，小朋友坐在上面是很危险的。而家长在孩子产生好奇心的时候，一定要把握一个"有所为、有所不为"的原则，小小的宝宝也是懂得"得寸进尺"和"见好就收"的。所以，我一般遇到坚决不能让毛豆做的事情，会在拒绝后立刻帮他转移注意力。

北京首都机场还有一个儿童娱乐区，有很多积木、玩具和游戏机，区域面积很大、很漂亮，我便脱了鞋陪毛豆进去玩耍，不曾想就在我身后跟进了一个40多岁的女子，穿着鞋跑了进来拍照，这个活动区是铺着干净地垫的，那一刻毛豆正在上面爬来爬去地炫耀他的爬行本领呢。我连忙提醒她，这是孩子的活动区域并且是需要脱鞋方能进入的，她回头嫣然一笑继续拍照。

　　我不禁想起最近在网络上点击率超高的一个视频，一个中国女子在香港机场因晚到而登机口关闭无法登机，便躺在地上哭闹撒泼。这段视频伴随大量报道在香港广为流传，国民素质需从娃娃抓起，可娃娃们都有眼睛，他们都是在模仿中长大的，所以，很多宝宝礼仪也是讲给大人听的。

　　机场是公众场所，宝宝也是公众的一员需要爱护这个场所，因此我的经验是准备几样小玩具和小零食，在毛豆烦躁或候机时间过长的时候给他，但不能选择球类，它会滚来滚去，玩耍时所需场地也比较大，有可能会干扰其他乘客，也不要选择音乐声较大的玩具，因为有些客人赶飞机起床很早或者路途辛苦，难免在座位上小憩一下，我们应该体谅，玩具的选择要以方便自己和他人为好。其次，在公众场合，作为家长应该始终看护好自己的宝宝，而不能让他独自走来走去，机场行走的人，行李多且因为赶着登机速度也快，不小心撞到容易发生危险。另外，乘机的商务客人较多，候机时他们大多在闭目养神或者看书、使用电脑，宝宝走过去可能会妨碍到别人。再有，家长应该养成在公共场合和宝宝说话放低音量的好习惯，这种行为就会影响到宝宝，大喊大叫的声音是公共场合的噪音污染，我们应该知晓并提醒宝宝。

　　登机后要对号入座，即便想要更换座位，也应向乘务员咨询或者等待飞机起飞以后再行更换，因为飞机必须保证配载平衡，货舱的货物位置是依据客舱的客人座位来安排的，所以，不能在起飞前随意更换座位。另外，入座后小宝宝的鞋子就要脱掉，不要让宝宝穿着鞋站在座椅上，当然大一点的宝宝不需要妈妈抱着，或者不会站在座椅上，就不必要脱鞋了。此外，飞机由于环境局促，尽量不要让孩子自行走来走去，这样会妨碍空姐工作和其他客人休息，而且飞行中难免会有气流颠簸，对孩子而言是非常危险的。安全的做法是全程系好安全带，婴儿应该使用套在家长安全带上的婴儿专用安全带，千万不可以嫌麻烦而拒绝空姐的建议，在宝贵的生命面前一切的不便都是微不足道的。飞行前24小时家长一定要为宝宝预定一份婴儿餐或儿童餐，要知道这可是免费的哦，它新鲜的样子和可口的味道足够吸引宝宝很长时间的注意力。如果不预定，购买十分之一票的婴儿可就没有餐食了。

想做一个公共环境中的宠儿，希望自己怀中的宝宝被更多人喜爱，乘机的细节是不容忽视！

❀ 出租车乘坐礼仪

带毛豆在成都游玩的日子里，最郁闷的事情就是出租车了，不知是出租车太少还是打车的人太多，总之太难等到出租车。于是，每次漫长的等候时间，我就抱着毛豆轻声哼唱改编自动画片《凯蒂猫》里的原创歌曲Hello taxi……毛豆浑然不知我的焦虑，在我怀中和着歌曲的节奏一蹿一动。

每次，上车后我都会对出租车司机说，你好，我要去哪里哪里。但是有一次却出了糗，在我刚说出地点的时候，毛豆突然就把车门打开了，还好车还没有启动，但我还是被司机责备了一番。其实，我每一次上车后，都会在说出目的地后，抱着毛豆向车厢的左侧挪动，因为几乎所有出租车的左侧门都是锁闭无法开启的，但这一次没想到毛豆的手太快了。此后，我便重新调整了乘车程序，上车之后先向左挪动，入位后锁闭右侧车门，然后再报出目的地。接着就给毛豆脱鞋，以防止他用脚把前面座椅蹬踏脏了。如果他愿意也可以站到座椅上向后车窗张望，看热闹、看车辆。在他无聊的时候，会给他一个玩具或是给他说说儿歌，但是绝对不允许他去骚扰司机师傅，因为安全第一。

在毛豆不会独立行走之前，有一个动作是备受赞誉的。那就是无论乘坐哪种交通工具，坐到位子上的第一件事就是给毛豆脱鞋，以避免他的鞋弄脏座椅和前面的座椅靠背。我经常和毛豆乘坐小区门口停靠的超市免费班车去购物，每次上车脱鞋后都会得到司机师傅的隆重表扬，尤其是在从超市返回小区的时候，因为他要说给那些将菜、油、熟食放在座椅上的人听，因为座椅的洁白车套很容易被菜泥和油渍污染。

同时在车上我尽量不给毛豆吃零食，一来是因为车辆颠簸、刹车时宝宝吃东西容易噎到或撞到，而且家长要忙着喂食物无法照顾好宝宝。其

次，在车上吃零食有可能掉渣或是流汤，弄脏汽车座椅和环境就不太好了。再有也不太卫生，因为吃东西之前无法洗手，宝宝也不方便戴上围嘴，要知道病从口入啊。

此外，无论乘坐什么交通工具，都要准备一个小袋子，随时收集自己的垃圾，因为带着小宝宝出门，产生垃圾是太平常的事情，比如用过的纸尿裤、湿纸巾、零食包装纸（袋）等。

公共交通工具礼仪

（1）遵守秩序、排队等候。

（2）对号入座，不争抢座位，不多占座位。

（3）主动问候工作人员。

（4）在公共交通工具上不吃零食，避免污染环境，如必须进食，随身携带小垃圾袋。

（5）乘坐交通工具不随便离开座位，保持秩序和安全。

（6）乘坐公共交通工具，入位后，如果宝宝太小请给他脱鞋，避免弄脏座椅。

（7）建议妈妈出门带几样小玩具，它可是宝宝哭闹不安时的绝好帮手。带一些小零食，但应选择不会污染和弄脏环境的食物，比如贝因美小馒头可以一口一个，或者山楂片等，不要带容易掉渣、流汤或必须用碗、勺等工具辅助食用的食物。

（8）交通工具上所有带红色标识的物品和标牌都不能随意乱动，比如应急出口、应急灯、消防用品等，它是具有警示作用并与安全有关的，要让宝宝从小便理解这一点。出门在外，安全永远是第一位的。

小贴士

　　每个家长都特别喜欢听大家对自己宝宝的夸奖和赞誉，但这一切都源于家长从小的培养，并且使这些良好的行为变成永远的习惯。

第十章　节日礼仪

中国自古就是礼仪之邦，中华民族历来就非常重视遵循礼规，礼貌待人。有关礼仪的解读在中国古时候早有成熟的观点，而《仪礼》《礼记》《周礼》的出现更是标志着礼仪发展到一个更高层次。

可是现在，我们却常常会感觉到礼仪的缺失，看到在公共汽车上肆无忌惮跑来跑起、撞来挤去的小朋友，我们只能无奈地望着他们的父母；看到餐馆里大呼小叫、不肯坐下的小宝宝，或者他的父母、亲人端着碗在餐厅里追着喂宝宝吃饭的情景，我们只能摇摇头感觉遗憾；看着在商场里、超市里、公园里脱下裤子给孩子撒尿的父母，理直气壮浑然不觉旁人的提醒的样子，我们一脸苦笑；看到小朋友张嘴说出"他妈的""王八蛋"等话语，当真是出口成"脏"的无忌童言，我们一脸惊骇……我们是礼仪之邦，可是我们的礼仪风范到哪儿去了？

一般从进入 12 月就开始了一个密集的节日周期，这似乎也成了许多父母最挠头的事情，节日里走亲访友、外出就餐不可避免，可是小宝宝却不一定会在关键时候给面子，家长们陷入带或不带宝宝出门的两难境地。其实，节日期间正是进行宝宝礼仪培养与教育的最好时期。我们只要注意方式方法，什么时候开始礼仪教育都不算晚（至少您意识到了），什么时候开始礼仪教育都是可贵的。

❀ 外在形象很重要

《弟子规》要求："冠必正，纽必结，袜与履，俱紧切。"帽正纽结，鞋袜紧切，是一个人外在形象的基本体现，如果一个小宝宝帽子歪戴，衣服上有污点和大面积褶皱，纽扣扣得乱七八糟，鞋上布满尘土污渍，脸蛋上也像个小花猫似的一道一道鼻涕和食物渣子，这样的小朋友还会有人想要抱抱或是与他亲近一下吗？

中国人历来喜欢节日期间穿新衣服，穿得隆重和干净，现在中国人过节已经兼容并蓄，包括圣诞节、复活节、感恩节之类的西方节日也会过得煞有其事，其实找个理由让自己快乐一下有什么不好？想过的节越多，日子也就越踏实红火，节日只是我们想要快乐的噱头而已嘛。所以，圣诞节时，常会看到很多中国宝宝戴着红色的圣诞老人帽子，春节的时候会穿得一身红彤彤得像个福娃娃，中国人喜欢吉祥而喜庆的红色，这样会把节日也过得热烈红火。

小朋友要穿得干净且整齐才是最关键的，服装的价格品质都可以量力而行，但即使是从批发市场买来的圣诞服或唐装，也要把衣服清洗一下，然后用剪子把线头处理干净，其实很多大品牌的服装未必与普通服装有多大的质量分别，但是大品牌的衣服总是会把线头处理得很好，用细节彰显身价。另外，给宝宝穿衣服也要考虑美观，不能无视色彩、款式而乱搭一通，还美其名曰："小孩子，怎么穿都好看。"美的教育和影响力无时不在，长大后流露出来的穿衣品味很多是小时候耳濡目染积累的。

❀ 举手投足皆有礼

从元旦开始，小朋友就已经开始唱"新年好"了，通常我们的小宝宝在六七个月的时候已经学会了拱手礼，用这个手势表达感谢或是新年问候。拜年是中国民间的传统习俗，是人们辞旧迎新、相互表达美好祝愿的一种方式。从前，我们在春节向长辈"拜年"时还需要叩头施礼，而长辈也会给小朋友们准备一个红包。

一般小朋友们施行的都是拱手礼，我们国家领导人在参加春节茶话会或是参加新年团拜会时，都会采用拱手礼。拱手礼的姿势是起身站立，上身挺直，两臂前伸，双手在胸前高举抱拳，通常为左手握空拳，右手抱左手，拱手齐眉，上下略摆动几下。而练过武术的小朋友施行的则是抱拳礼，将左手四指并拢伸直成掌，拇指屈拢，右手握拳，左掌心掩贴右拳面。抱拳礼的具体涵义为左掌表示德、智、体、美齐备，象征高尚情操，拇指屈回表示自谦。右拳有勇猛动武的含义，左掌掩右拳相抱，是约束自己、节制动手的意思。左掌右拳拢屈，表示团结友爱在一起。左掌为文，右拳为武，还有文武兼学之意。

当然，在很多地区仍然保留鞠躬行礼的风俗习惯，入乡随俗是得体的。

❀ 甜美笑容就是礼

小宝宝们的笑容最是纯净美好，不会虚伪地假笑，也不会生硬地挤出笑容，一旦笑容挂在脸上，必定是嘴角上扬、眼睛眯成月亮弯弯的样子，可爱极了。但也有孩子似乎天生不爱笑，总是酷酷拽拽的样子。

上海的世博会用《微笑说你好》作为主题歌，现在很多服务型企业也都把"微笑"作为最重要的服务项目之一，微笑会让一个相貌平常的人更加动人，微笑也能使人心情愉悦，但是为什么很多宝宝不爱笑，似乎天生就爱皱眉头。

其实这和家庭有很大的关系，父母如果不爱笑，终日是严肃的表情，那小宝宝一定笑不起来。如果，父母很少时间陪伴他，只是把他丢给阿姨或是爷爷奶奶带，那么他和父母在一起也很难笑，总是缺少爱的沐浴的孩子实在缺少笑的理由。也有一些家庭终日吵吵闹闹，小小的宝宝已经学会察言观色，活得小心翼翼，他更是无法笑出来。所以，每日陪伴在宝宝身边的人或是父母一定要习惯微笑着和宝宝说话，微笑着倾听宝宝说话。

一个微笑的脸庞难道不是节日期间最浓厚的祝福吗？还有什么比在节日里看到一个乐呵呵的宝宝对你说"恭喜发财"而更快乐呢。

❀ 节日要说祝福语

语言常常可以反映一个小朋友的家世、修养，甚至也是他和他的父母、监护人的道德、思想和文化修养的体现。古人所谓"修辞立其诚，所以居业也"，将诚恳地修饰言辞看成是立业的根基，不无道理。

一次，朋友聚会，其中一个朋友家的小孩子4岁多，长得虎头虎脑特别可爱，大家都喜欢和他说话、陪他游戏，点菜期间，轮流陪他出去看鱼或是在儿童乐园玩。他倒也很开朗、丝毫不认生，很快就和我们这些叔叔阿姨亲近熟悉起来。

只是饭菜上桌后，他开始有点蛮横了，站在椅子上一会挥着筷子说要吃鱼，一会又用手指着排骨说要吃肉，大家都在忙于给他转桌上的转盘，甚至当白灼基围虾上来后干脆就端到了自己的碗前，终于，他吃饱了，我们感觉舒了一口气。这时他突然指着一位朋友说："妈妈，你看他胖得像头猪，还吃呢。"顿时那个朋友的脸就成了猪肝色，既不能和小孩子发火，此话又甚是伤人，脸憋得越来越像酱猪肝。

节日期间最讲究说吉利话，拜年是中国民间的传统习俗，是人们辞旧迎新、相互表达美好祝愿的一种方式。因此，在每个节日前应提前教孩子一些节日的祝福语，比如，圣诞节时说"圣诞快乐""Merry Christmas"；元旦的时候要说"新年好""元旦快乐"；春节的时候要说"某某给您拜年了""过年好""恭喜发财"之类的吉祥话。

小贴士 礼仪对于我们来说，绝不仅仅是一个装饰品或者几个装腔作势的动作而已，很多时候，它能够体现出一个人的修养、家世和品位。真正懂礼仪的小朋友，一定能够主动问候别人、一定能够守秩序，保持耐心，一定能够吃饭有吃饭的样子。这是因为父母很早就开始培养他们，这些礼仪的细胞已经深入骨髓，甚至流淌在血液中了，不是枷锁，而是自然地流露。

附　录

礼仪故事：

问候鸟（选自《幼儿礼仪图画故事》作者：纪亚飞著）

森林里有一只鸟，它并不十分美丽，因为它的羽毛是灰色的，没有那么五彩斑斓，它身子小小的，飞翔起来的姿态也不是特别优美，它总是在低空飞行，可是你知道吗？它是整个森林最受欢迎的动物。

因为它的名字叫"问候鸟"。

清晨，小熊伸了个懒腰醒过来，揉揉眼睛似乎还没有睡醒，妈妈让它去刷牙，它几乎是闭着眼睛在刷，有时，头还会重重地下垂一下，自己被惊醒再继续刷牙，这时空中有一个美妙的声音响起"亲爱的小熊，早上好"，声音里似乎有阳光的味道，小熊一下子振奋了。看看问候鸟那甜甜的笑容，小熊沾着牙膏泡沫的嘴也跟着咧开了，它迅速收拾好书包，准备去上学。

小猴子还在睡觉，嘴角还有口水呢，看来睡得很香甜，太阳公公用阳光轻轻挠小猴子的脸蛋，可是它一点也感觉不到阳光的跳动。问候鸟来了，它用翅膀温柔拍着小猴，用甜甜的、糯糯的语言轻轻呼唤："亲爱的小猴，早上好。"这甜蜜的语言让小猴子的口水再次流下来，看来肚子也咕咕叫了，要吃早餐了，小猴快乐地醒来，迅速在树杈上翻了个筋斗，那样子帅极了。

小象醒来了，可是长鼻子还有气无力地耷拉着，完全提不起精神，它感觉好像还没到清晨，这时问候鸟来了，它的声音清亮、愉悦，像是爆米花一样的味道，一下子就在小象周围弥漫开了，"亲爱的小象，早上好啊。"听到这么欢快的声音，谁的耳朵都受不了，小象开心地卷起鼻子开始吃早餐了，今天上学一定不能迟到。

问候鸟每个清晨都会用最开心的话语问候大家，森林里的小动物已经习惯了它每天清晨那欢快的声音："亲爱的，早上好"，更重要的是大家已经习惯了睁开眼就可以看到问候鸟那笑容满面的样子，似乎总是在传递喜悦和快乐。所以，问候鸟是整个森林最受欢迎的动物，连严肃的牛校长每次见到问候鸟的笑容都会瞬间融化自己僵硬的表情，堆积出笑容呢。

今年的夏天似乎雨水特别充沛，连续很多天，淅淅沥沥下个不停。问候鸟仍是每天早上准时在森林里出现，问候每一个小动物，有时，尽管听上去声音中有鼻音，可它的笑容仍是那么灿烂，大家不知道问候鸟生病了。

有一天，小熊起来了，可是问候鸟一直没来，小熊就蔫蔫的，无精打采，靠在树旁，伸着脖子等问候鸟，清晨看到灿烂的笑容听到悦耳的声音"亲爱的小熊，早上好"，已经是一种习惯了。

等啊等，问候鸟还是没有来，小猴子来了问"看到问候鸟了吗，今天早上它忘了去我那里了。"小象也来了，长颈鹿也来了，原来今天早上大家都没有看到问候鸟，它们连忙去找它，在它的家里，问候鸟软软地躺着一点力气也没有，小猴摸摸它的额头，它在发烧啊，它们赶紧去请河马医生。喜鹊为问候鸟衔来了虫子，一点点喂到它嘴里，吃了些食物，似乎脸色红润了一些，也有点力气了。但它仍说不出话来，它感激地冲小伙伴点点头。

河马医生说，问候鸟着凉了，喉咙发炎，所以，要休养几日。

刚才大家惦记问候鸟的病情，都焦急地守在问候鸟的家里，现在留下喜鹊看护，其他小动物就离开了，因为河马医生说了，问候鸟需要多休息。

回去的路上，小象的鼻子甩来甩去，还是那么没有精神，小猴子也一样，有时蹦蹦跳跳，但不像平日那么活泼快乐，小熊突然扭过头说："亲爱的小猴早上好啊，亲爱的小象早上好啊，亲爱的牛校长早上好啊。"

它憨憨的笑容和憨憨的语言，让大家一下子就振奋了起来。

原来没有问候鸟的早上是这么无聊和没劲的，小猴说："明天早上我来问候大家好么，相信森林里的其他小动物也和我们一样，早上已经习惯了问候鸟的问候，就像最美味的早餐一样，少了就会像早餐没有吃东西一样，提不起精神。"小猴子翻了一连串的筋斗说："这个任务交给我吧。"

第二天早上，小猴子早早起床，它蹑手蹑脚跑到一只小松鼠的旁边，说："亲爱的小松鼠，你好啊"，可是小松鼠像没有听到似地，继续酣睡，小猴子有点郁闷，早上的第一个任务就没有完成好，这怎么行，于是它再次大声说："亲爱的小松鼠，你好"，响亮的声音让小松鼠一个激灵醒过来，腾地一下跳起来，说"发生什么事了吗？"小猴子不好意思地说："问候鸟生病了，所以，我来问候大家。"

小松鼠说："问候鸟说话的时候是微笑的，声音是上扬的，像歌谣一样好听，一睁眼看到它的笑脸，会顿时心情大好。可是你的声音是下沉的，我听了更想睡觉呢。"

小猴子害羞了："那你教教我吧，问候鸟生病的时候，我看到整个森林气氛都是闷闷的，大家好像都没什么精神，所以，我想每天问候大家，让森林里的气氛还是那么的快乐。"

小松鼠清了清喉咙说："小猴子，早上好"，还没等它说完，小猴子已经笑得在地上打滚了，说："你的声音，我怎么听了以后汗毛要竖起来了。拜托，你真诚点哦。"

小松鼠说："看来问候也不是件容易的事情哦。问候鸟对我们真的重要。"既然，大家都喜欢被问候，不如我们把大家组织在一起练习吧。

小猴子一骨碌爬起来说："那我们要向问候鸟请教一下，为什么它的问候那么美妙，语言也很简单，可是大家却那么喜欢呢。"

在喜鹊的精心照顾下，问候鸟的身体已经基本恢复了，小猴子和小松鼠来找它时，它正要起床："亲爱的小猴，亲爱的小松鼠，早上好啊。"

不知道为什么，它们听到问候一下子就开心了，连走路的步伐都变快了呢。赶紧向问候鸟请教，为什么它的问候让大家那么开心？

问候鸟说："你不知道我有多爱咱们的森林，多爱大家，所以，我每次问候大家的时候都把爱放在声音里了，当我看到大家时，我的笑容会自己浮现，亲爱的小猴子，你爱我吗？那么这次再问候我一下吧。"

小猴子有点害羞，它翻了个筋斗后大声冲问候鸟说："亲爱的问候鸟，早上好！"喔喔，连小松鼠都情不自禁开始给它鼓掌了，小松鼠的脸上也挂着美美的笑容，一定是被小猴子感染的。

又是一个清晨，太阳公公笑眯眯地把光芒洒在地上，一缕一缕悦动如音符，像是在问候大地，节奏优美旋律轻快，土地也仿佛接收到了这美妙的问候，青青绿草摇动起来，波澜起伏，接着花儿们也开始摇曳，身姿曼妙……

小猴子也出发了，上学路上，它开心地问候每一个小动物，大家的心里都是美滋滋的。